U0058035

遊戲治療必備技術：
經過時間考驗的方法

Charles E. Schaefer & Donna Cangelosi　著

自然就好心理諮商所　策畫

陳信昭、陳碧玲　總校閱

陳信昭、王璇璣、蔡翊楦、謝秋雯、蔡若玫、陳碧玲　合譯

ESSENTIAL PLAY THERAPY TECHNIQUES

Time-Tested Approaches

Charles E. Schaefer
Donna Cangelosi

Charles E. Schaefer 是 Fairleigh Dickinson 大學心理系的榮譽教授。他是美國遊戲治療學會的共同創辦者及榮譽主席,也曾獲頒終生成就獎。Schaefer 博士曾撰寫超過 60 本書,其中包括 *The Therapeutic Powers of Play, Foundations of Play Therapy, Play Therapy with Adolescents*,以及 *Short-Term Play Therapy for Children* 第三版。他在 New Jersey 的 Hackensack 從事兒童心理治療私人執業。

Donna Cangelosi 在 New Jersey 的 Wayne 做兒童、青少年及成人的私人執業工作,從事心理治療、臨床督導及父母教育。她是 *Play Therapy Techniques* 及 *The Playing Cure* 的共同主編,以及 *Saying Goodbye in Child Psychotherapy* 一書的作者。Cangelosi 博士在心理動力遊戲治療的理論與應用方面寫了很多專業文章及書籍篇章。

陳信昭

學歷：台北醫學大學醫學系畢業

現職：殷建智精神科診所主治醫師
　　　台南市立醫院精神科兼任主治醫師
　　　台灣心理劇學會導演及訓練師
　　　台灣心理劇學會學刊共同主編
　　　台灣兒童青少年精神醫學會監事
　　　國際哲卡・馬任諾心理劇機構導演及訓練師
　　　台南一區中等學校心理衛生諮詢服務中心顧問醫師
　　　社團法人台灣心陽光協會理事長
　　　自然就好心理諮商所創辦人

專長：兒童青少年精神疾患之診斷與治療
　　　心理劇實務、訓練及督導
　　　心理諮商督導
　　　沙盤／遊戲治療應用

陳碧玲

學歷：國立彰化師範大學輔導與諮商研究所碩士

現職：自然就好心理諮商所總監
　　　國立台南大學諮商與輔導學系兼任講師
　　　國際沙遊治療學會合格治療師

專長：沙遊治療
　　　遊戲治療
　　　兒童心理諮商
　　　中年婦女心理諮商

陳信昭

請見總校閱者簡介

王璇璣

學歷：國立成功大學醫學系

國立成功大學管理碩士

現職：台南市立醫院精神科主治醫師

專長：精神疾患之診斷與治療

蔡翊楦

學歷：國立暨南大學諮商心理與人力資源發展學系碩士

現職：自然就好心理諮商所諮商心理師

專長：兒童青少年個別心理諮商及團體諮商

星座諮商

焦點解決心理諮商

謝秋雯

學歷：國立高雄師範大學諮商心理與復健諮商研究所博士

現職：國立北門農工輔導教師

　　　諮商心理師

專長：個別心理諮商

　　　團體心理諮商實務及督導

蔡若玫

學歷：香港理工大學管理學院品質管理研究所碩士

　　　長榮大學翻譯研究所碩士

現職：自由譯者

陳碧玲

請見總校閱者簡介

　　我們最早運用玩具與遊戲接觸個案是二十幾年前在台南師範學院（現台南大學）兒童諮商中心從事兒童諮商工作的時候，當時中心有一間大遊戲室擺放著各式各樣的玩具。個案們都很喜歡接觸玩具，有的還相當著迷，甚至時間到了還捨不得離開；而也因為有了玩具，我們跟個案之間的關係似乎更容易建立。

　　1999 年底，信昭剛好有一筆經費可以用來更新他所任職的成大醫院兒童青少年精神科的兩間遊戲治療室，於是我們開始汰換那些被蹂躪多年的玩具，並且將兩個房間分別規劃成遊戲治療室和沙盤治療室。碧玲負責玩具和迷你物件的採購工作，時常看她大包小包拿著回家，細數著一天的戰果，臉上流露出天真的滿足。等到兩間治療室裝備得差不多的時候，裡面景觀煥然一新，兒童心理治療的環境與硬體獲得大大的改善。當精神科住院醫師輪到兒童精神科訓練的時候，即使對遊戲或沙盤治療並不熟悉，他們也願意開始投入跟兒童個案的遊玩之中，並且驚訝於「遊戲」也能帶來如此好的效果。諮商與輔導研究所的研究生到兒童青少年精神科來實習時，這兩間遊戲室也正是最頻繁運用的空間。

　　2004 年成大醫院兒童青少年精神科門診遷移到醫院正對面一棟整建後的四層樓房中的二樓，其中規劃出診間、測驗室、團體治療室、家庭治療室、遊戲治療室以及沙盤治療室，整體的兒童治療空間及設施大為完善，提供給住院醫師、諮商與輔導研究所碩博士班研究生、行為醫學研究所碩博士班研究生更為完整且多樣化的學習場域。

　　2006 年信昭離開任職將近 16 年的成大醫院，選擇到精神科診所服務，並且設立心理工作室從事心理諮商或治療實務、督導工作，以及心理

劇團體。在從事心理治療實務及督導工作中，遊戲、沙盤及角色扮演都是經常運用到的方式。

　　碧玲在台南大學任教 25 年，最常教授的課程就是遊戲治療、沙遊治療，以及兒童青少年諮商輔導等方面的課程。最近幾年來，碧玲全心投入沙遊工作中，不但走過了自己的沙遊治療體驗，也參加了讀書會、個別督導、團體督導，還曾一年內二度前往美國加州參加各為期兩週的榮格取向沙遊治療工作坊，以及會後的個別督導。第二次到加州參加工作坊的時間距離我們家大兒子參加基測的時間只有一個多月，由此可知碧玲在學習沙遊治療方面的強烈決心。莫拉克颱風期間剛好是碧玲留職停薪一年的期間中，她之前任教的台南大學輔諮系認輔了那瑪夏三民國中（災後借用普門中學校舍上課），在那半年期間，碧玲每週有兩個半天到三民國中從事受災學生的沙遊治療，她更特別去找到適合帶上車的迷你物件收集推車，時常看著她將沙盤、物件搬上搬下，載運到學校，做完之後再載回家，看起來真是忙碌，但碧玲似乎樂在其中。在受災學生的沙遊治療過程中，碧玲本身在專業上也獲益良多，同時家裡也多了許多關於象徵及神話的書籍，藉此加深了對於沙盤世界的理解。2011 年 8 月，碧玲和她的沙遊學習夥伴與她的老師一起在瑞士舉行的世界沙遊治療學會 2011 年年會中，口頭報告了她們對受災兒童青少年的沙遊治療成果。為了這趟報告，信昭特地將家庭的年度旅遊安排到瑞士，於是全家四人提前兩週出發，以自助搭火車的方式遊覽了聖莫里茲、策馬特、蒙投、茵特拉根、琉森、伯恩、蘇黎世等地，看見了號稱全世界最美麗國度令人讚嘆的美景，也是我們全家人對碧玲超級用心學習沙遊治療以及努力從事沙遊實務工作的鼓勵及見證。

　　2010 年 5 月，信昭在台南創辦了自然就好心理諮商所，裡面設有個別治療室、婚姻與家庭治療室、心理劇團體室、遊戲治療室以及沙盤治療室。自然就好心理諮商所的個案以兒童及青少年為主，因此遊戲治療室便

是最常用到的一間治療室，有時候個案較多的某些時段還會發生「搶」治療室的情況。於是，我們將沙盤治療室布置成遊戲與沙盤治療雙功能的房間，以便能夠滿足實際需要。經營一間心理諮商所沒有想像中簡單，還好參與其中的夥伴都彼此支持，九年多以來諮商所已經慢慢步上軌道，每年也有不少諮商研究所的研究生願意前來實習，感謝所有曾經在諮商所付出的夥伴們。碧玲於 2014 年 2 月從大學教職退休之後加入自然就好諮商所一起努力，並且將其中一間治療室改裝成兼具沙遊治療室的功能，希望能夠在遊戲治療及沙遊治療方面提供更多元的服務。

隨著我們這些年來對遊戲治療以及沙遊或沙盤治療的熱衷及興趣，我們也翻譯了相關的書籍，前後參與出版了《策略取向遊戲治療》、《沙遊治療》、《遊戲治療新趨勢》、《孩子的第一本遊戲治療書》、《兒童遊戲治療案例研究》、《經驗取向遊戲治療》、《沙盤治療實務手冊》、《遊戲治療：建立關係的藝術》、《沙遊分析》、《親子遊戲治療》、《團體遊戲治療》、《親子遊戲治療手冊》等書，也在自然就好心理諮商所辦過多次專業讀書會及工作坊。上述每一本書在遊戲治療領域裡面各有不同層面的功用，期待能夠對這方面的專業人員提供多元的參考資料。到後來卻發現，收穫最大的其實是我們自己，因為在翻譯的過程中讓我們體會到遊戲治療和沙遊／沙盤治療的多元面貌，進而找到我們本身各自最適合的方法及取向。

前年在網路書店看到本書的原文版，買來看過之後發現這本書羅列58 類遊戲治療技術，並且詳述簡介、原理、技術、實證發現及應用等方面，非常值得對遊戲治療有興趣的專業人員作為參考之用。前言中的「本書所包含的技術提供臨床工作者許多經過時間考驗的方法，以符合兒童的個別需求、興趣及優勢。然而，在一個成功的治療中，技術永遠比不上治療師與兒童及其父母建立的關係來得重要。治療關係越好，我們就可以預

期兒童所做的改變越大」相當吸引我，也是我長久以來的信念，因此興起翻譯此書的念頭。在翻譯此書的過程中，感謝璇璣、翊楦、秋雯、若玫的協助，她們都是我們共事過的夥伴，深知她們在這方面的熱情及能力，很高興有機會一起完成這本很實用的書籍。最後，非常感謝心理出版社林敬堯總編輯及高碧嵘執行編輯的協助，方能使此書得以順利出版。

　　本書雖經多次校閱，疏漏尚且難免，還望各位先進不吝指正。

陳信昭、陳碧玲

2019 年 7 月

於台南自然就好心理諮商所

　　基本上，遊戲治療是在專業關係中運用遊戲的治療力量來促進個案的療癒及成長。遊戲治療領域受益於諸多對兒童的創意遊戲治療技術，然而，只有某些技術在經過一段長時間的考驗之後仍然備受歡迎。在這本書中，我們挑選了一些經典、禁得起時間考驗的技術，在 30 年當中這些原創技術或較近期的變化技術仍然深受歡迎。本書中的某些技術甚至已經流行幾世紀或千年了。因此，它們可以被分類為「歷來最佳」的遊戲治療技術。受到基本人類需求、力量及興趣的刺激，它們的有效性超越年齡和文化，每一位遊戲治療師的治療工具箱裡面都應該有這些技術。

　　技術可以被定義為治療師實施一種或多種治療性改變方法的具體流程。技術不同於策略，後者指的是治療師回應兒童特定行為的方式（例如，設限、反應感受、重新框架、詮釋）。技術不同於治療師啟動的行為（therapist-initiated behaviors），後者指的是將抽象理論和改變方法轉譯成特定的實務介入。全書將描述 58 種基本的技術，這些技術之所以被挑選出來，不只是因為它們長期受歡迎，也因為它們使用簡單且所費不多，再加上可以適用於多種兒童問題。

　　我們使用跨理論的方法來獲得最包羅萬象的實務技術。因此，我們從很廣範圍的理論取向來蒐集，包括精神分析、榮格、阿德勒、人本、認知行為、敘事、完形、焦點解決及指導式。就像許多治療師一樣，我們從不同理論中折衷挑選技術，但最終並未嘗試去整合這些技術（Lazarus, 1981）。基本的前提是，你擁有越多的方法，你就越能夠符合個案的多樣個人需求。很顯然的，一種方法無法對所有兒童或所有主述問題都有效。遊戲治療師必須儲備許多技術，才能符合所有兒童的需求。

本書中的每一個技術包含有簡介——提供技術的歷史觀點；原理——說明治療的力量；描述——如何在遊戲治療中實施；回顧一些實證發現；以及綜觀對特殊兒童困難及疾患的應用。此外，核心技術的最近變化技術也納入在內。因此，臨床工作者就會有數以百計的技術可以用在他們的實務當中。所有技術以下列類別做分類：玩具與物品遊戲、隱喻與說故事、角色扮演、創意藝術、心像與幻想、競賽遊戲，以及其他技術。

本書所包含的技術提供臨床工作者許多經過時間考驗的方法，以符合兒童的個別需求、興趣及優勢。然而，在一個成功的治療中，技術永遠比不上治療師與兒童及其父母建立的關係來得重要。治療關係越好，我們就可以預期兒童所做的改變越大（Kazdin, Whitley, & Marciano, 2006）。

新手或有經驗的兒童精神衛生實務工作者，不管其理論取向或專業為何，應該都會對這本遊戲治療技術書籍感到興趣，包括臨床、諮商或學校心理、社工、婚姻與家庭治療、精神醫學或兒童生活專業。

參考文獻

Kazdin, A. E., Whitley, M., & Marciano, P. (2006). Child–therapist and parent–therapist alliance and therapeutic relationship in the treatment of children referred for oppositional, aggressive, and antisocial behavior. *Journal of Child Psychology and Psychiatry*, 47(5), 436–445.
Lazarus, A. (1981). *The practice of multimodal therapy*. New York: McGraw-Hill.

第一部分

玩具與物品
遊戲技術

1

玩球遊戲

拋球遊戲

簡介

　　拋球遊戲是人類最早出現且延續最久的遊戲形式之一。史前人類就會用丟擲木棒、骨頭和石頭來玩遊戲（Reid, 1993）。這類活動可以提升丟擲物品的速度及準確度，有利於原始人類的存活，因為他們是靠著狩獵維生。早在西元前 2050 年，埃及的圖畫文字就出現了玩球。這類活動中出現各種球，包括棒球、足球、橡膠玩具球和沙灘球等。由於丟球和接球的身體活動帶來一種兼具動態、觸感及視覺的樂趣，我們大多樂在其中。玩接球的目標是以合作的方式讓球在兩個人或更多人之間來來回回，讓人感覺很好玩。在《球：發現遊戲的目標》（*The Ball: Discovering the Object of the Game*）這本書中，Fox（2012）說明了為何丟球、接球、彈球及擊球這些活動從古早年代就是人類藉以獲得樂趣的重要部分，他提到很少活動能夠像接球遊戲一樣帶來這麼多樂趣和深度滿足。

原理

　　丟接遊戲的療效有很多助益。它考量到兒童有活動及運動的本能需求，能很快提升兒童的情緒並且強化他們的勝任感，也能釋放高張的挫折感及內化的壓力。丟接球本身就是一種社交活動，它讓兒童透過這種相互合作的方式來與其他人連結。在治療早期，與兒童玩球可以與其建立起放鬆、愉快的關係氛圍，並且促進兒童的情緒表達。玩球可以讓兒童「整個投入」，包括他的情緒、專注、興趣及力量。

描述

年齡

4 歲以上。

材料

　　一些各種顏色的軟球（例如泡棉球、沙灘球），避免使用被丟到會痛或受傷的球。

技術

破冰

　　在團體遊戲治療中，軟球遊戲可以有效促進參與者之間的正向社會互動。團體遊戲治療師在活動一開始時說：「如果你想玩接球遊戲，你就舉起手來。很好，在這個遊戲中，當你接到這個球時，你就說一些你想說的話，然後再將球丟給其他舉手的人。我們要開始了：『我喜歡吃巧克力，你們呢？』」（治療師將球丟給某位團體成員。）

合作玩球遊戲

可以作為小型遊戲治療團體的破冰活動，治療師告訴團體成員盡量讓兩顆或更多顆球（或氣球）在空中跳動，看看他們可以讓球保持多久不碰到地面；治療師可以用碼錶來計時。另一種玩法是給團體成員一些「襪子捲成的球」，讓他們丟進字紙簍裡面。你也可以增加此活動的難度，方式是將字紙簍放到椅子上面或是讓字紙簍不斷移動。

捕抓那個感覺

在團體治療中，要孩子們彼此來回丟球。一旦孩子接到球，他就要針對某個說定的主題表達一種情緒，例如，什麼會讓他高興。舉例來說：

甲：我很高興我們要搬家了，因為我很喜歡新家。（丟球）

乙：你很高興是因為你喜歡新家，我很高興是因為……

來回丟球的這種身體活動會讓孩子保持專注，而且好玩的氣氛會有助於減少對情緒表達的壓抑。

發問球

在紙上寫下一些問題然後貼在沙灘球上面，接到球的人就要依序回答上面的問題，例如：「對丟球給你的那個人說一件他做得很棒的事情。」

實證發現

Salmon、Ball、Hume、Booth 和 Crawford（2008）發現激烈的身體活動——例如球類遊戲——可以預防 10 歲兒童的體重過重問題。

應用

由於球類遊戲是兒童極為熟悉且好玩的活動，它可以廣泛運用於個別治療以利關係的建立，也可運用於兒童團體治療以促進凝聚力。

壓力球

簡介

壓力球是一種軟球，通常用單手就可以抓住整個球。它的直徑大概 1～3 英寸，材質是泡棉或軟凝膠。壓力球也可以用遊戲麵糰或黏土來做成。最早的壓力球是中國壓力球，時間可追溯到宋朝（西元 960～1279 年），當時人們會在手上轉動兩顆球，用來減輕壓力及增進手部協調。現今，中國壓力球的製作材質從不鏽鋼到玉都有。

原理

壓力球的療效助益包括：

- **釋放身體的緊張**：每次你一握拳，不管手上有沒有東西，你都製造出肌肉的緊張；一旦放開手，肌肉也跟著放鬆。這個過程可以放鬆長期的肌肉緊張，並且釋放壓力感。因此，在初始晤談期間放一個壓力球讓孩子玩，有助於釋放孩子的緊張及焦慮。
- **情緒的促進**：緊握軟質壓力球可以帶來愉悅的觸覺、動覺和視覺感官刺激，可以提升一個人的情緒。
- **增進專注力**：用手操弄像是壓力球這種物品，可以幫助孩子減少分

心，並且更加專注在課堂上的指示。坐立不安的兒童得以用一種正向及放鬆的方式釋放過多的精力。兒童可以在桌子下面或口袋裡面緊握壓力球。這個活動可以幫助患有注意力不足過動症或是上課覺得無聊的孩子，讓他們更加專注。

描述

年齡
2 歲以上。

技術

對抗特定的壓力源
對於即將面對可能造成疼痛的醫療或牙科療程的兒童，可以給他一顆壓力球以幫助轉移注意力並獲得安撫。對於有點激躁或不舒服的兒童，也可以用壓力球幫助他安靜下來。

漸進式肌肉放鬆──適用於青少年及成人
指示：在緩慢且規律的擠壓及放開壓力球的同時，專注在肌肉緊繃及放鬆的身體知覺。做了 3 分鐘之後，換另一隻手做並且重複同樣動作。接下來試著緊繃及放鬆身體的其他肌肉群，包括臉部、肩膀、胃部、大腿及腳。

醜八怪先生（Schmidt, 1997）
這個技術會用到軟橡膠製的擠壓玩具〔例如「爆爆火星人」（Martian Popping Thing）〕，當玩具被擠壓時，它的眼睛、耳朵和鼻子會迸出來。這種具體的隱喻可以顯示一個人在受到過度壓力時大腦會有何感覺。玩這個玩具時可

以舒緩緊繃的肌肉，有助於減輕人們的壓力程度。醜八怪先生受擠壓時出現很好笑的表情，可以增進療癒的效果。

　　把玩具給孩子之後，要孩子用力擠壓、放鬆，再擠壓、放鬆數次。當孩子擠壓玩具的時候，治療師解釋孩子心中的醜陋想法及感覺會被擠出心中，然後順著醜八怪先生的脖子來到肩膀，最後進到肚子裡。在擠了十下之後，孩子就暫停、放鬆，然後做深呼吸。醜八怪先生可以用在團體及個別治療中，協助處在各種不同壓力的學齡兒童。

大笑壓力球

　　這種壓力球的特點有額外的功用：被擠壓時會出現誇張的笑容！可在 www.officeplayground.com 買到。

實證發現

1. Kimport 和 Robbins（2012）發現，擠壓壓力球 5 分鐘就可以減少大專學生的負面情緒。若是對他們下指令：「用一隻手握住並擠壓球，然後把球丟到另一隻手，重複同樣動作。」如此交替總共做 5 分鐘，他們所減少的負面情緒比沒有指示他們怎麼玩（隨便玩）所減少的還要多。

2. *Journal of Psychosocial Nursing*（2006）的研究報告指出治療式撫觸與壓力球都有助於減少成人的焦慮及壓力，也有助傷口的癒合過程。

3. Waller、Kent 和 Johnson（2007）發現，一位老師促使有咬指甲習慣的一位 14 歲男孩利用玩壓力球來取代咬指甲，結果他的咬指甲習慣有明顯改善。

4. Stalvey 和 Brasell（2006）發現，在直接指示和獨立操作期間，可以運用壓力球的六年級學生在分心頻率方面有減少。喜歡動覺學習的人比其他學習者更持續的運用壓力球，注意力持續度也增加得更多。不過，所有

型態的學習者都認為自己的態度、注意力、書寫能力及同儕互動由於使用壓力球而獲得改善。

應用

對於出現焦慮、強迫及拔毛等症狀的兒童及青少年，壓力球經常用來舒緩身體緊張及心理壓力；對注意力不足過動症的孩子可以減少分心及不安動作，並且可以減緩兒童的負面情緒。

參考文獻

Fox, J. (2012). *The ball: The object of the game*. New York: HarperPerennial.

Hudak, D. (2000). The therapeutic use of ball play in psychotherapy with children. *International Journal of Play Therapy, 9*(1), 1–10.

Kimport, E., & Robbins, S. (2012). Efficacy of creative clay work for reducing negative mood: A randomized controlled trial. *Art Therapy: Journal of the American Art Therapy Association, 2*(2), 74–79.

Salmon, J., Ball, K., Hume, C., Booth, M., & Crawford, D. (2008). Outcomes of a group-randomized trial to prevent excess weight gain, reduce screen behaviors and promote physical activity in 10-year-old children. *International Journal of Obesity, 32*, 601–612.

Schmidt, M. (1997). Mr Ugly. In H. G. Kaduson & C. E. Schaefer (Eds.), *101 favorite play therapy techniques* (pp. 313–315). Northvale, NJ: Jason Aronson.

Stalvey, S., & Brasell, H. (2006). Using stress balls to focus the attention of sixth-grade learners. *Journal of At-Risk Issues, 12*(2), 7–16.

Waller, R., Kent, S., & Johnson, M. (2007). Using teacher prompts and habit reversal to reduce fingernail biting in a student with attention deficit hyperactivity disorder and a mild intellectual disability. *TEACHING Exceptional Children Plus, 3*(6), 1–8.

2

絨毛娃娃遊戲

簡介

　　研究顯示，西方國家中高達 70%的幼童會對絨毛或懷抱玩具等柔軟物件產生依戀。這些物件，又稱為安全客體或過渡性客體（Winnicott, 1953），特點是材質柔軟，很容易讓孩子回想起嬰兒期被母親或照顧者擁抱、安撫、餵養以及一起遊戲的經驗。在正常發展的過程中，一個嬰兒在 4～12 個月之間很容易對某種柔軟物件產生依戀，而這個柔軟物件在嬰兒單獨入睡時可以提供額外的安撫來源。

　　Hong（1978）區分了主要和次要過渡性客體。主要過渡性客體通常是柔軟、柔順且可懷抱的依戀客體，例如毛毯和枕頭，通常出現在半歲到 1 歲之間，而且與依戀及分離有關。Bowlby（1969）觀察到，在缺乏自然的依戀客體情況下，孩子可能會將行為導向無生命的替代客體，因此「依附就可能導向毛毯或可懷抱的玩具，而不是母親的身體、毛髮或衣服」（p. 312）。

　　次要過渡性客體指的是柔軟且可懷抱的玩具，例如泰迪熊，它有確切的形狀，使得客體具有人格化，容易對它投射人類的某些特性。次要客體通常出現得較晚，大約在滿 1～2 歲間或更晚，似乎是用來自我安撫以及處理自主及獨立議題。

　　次要客體，例如泰迪熊或家庭寵物，都有安撫的特質，可以提供孩子舒

適、安全感和陪伴。母親不在時它可以暫時替代，孩子感到緊張、疲累或不舒服的時候也特別會抱著它（Triebenbacher, 1997）。當孩子在睡前感到焦慮或是碰到陌生人的時候，不太需要鼓勵就知道要去抱抱、捏捏或拍拍他的填充玩具。它們也有助於發展自主性，因為孩子可以完全控制這些小型的無生命娃娃。

材質是這些可懷抱客體很重要的一個特點，即使是非人類的哺乳類動物亦然。你可能會想到，Harry Harlow（Harlow & Zimmerman, 1958）的經典研究中發現，被隔離的猴子寶寶比較喜歡接觸穿著柔軟衣服的「母親」娃娃，而不是用金屬線做成的「母親」娃娃，即使兩者都有提供食物。一般來說，猴子寶寶一天會依附穿衣服的娃娃達 22 小時之久。

到了 4 歲，多數對絨毛娃娃產生依附的孩子出門時就不再帶著它們。然而，有許多青少年和成人卻無法擺脫對可懷抱玩具的依附。Travelodge 公司最近對六千名成人所做的調查發現，35%的英國成人睡覺時會有泰迪熊陪伴著。這些成人表示可懷抱的熊熊能帶來平靜、安全和舒適的感覺。

原理

觸摸柔軟的娃娃會產生愉悅及放鬆的感覺，進而減少焦慮及壓力感。同時，絨毛娃娃可以充當過渡性客體，讓我們感到安全，因為能讓我們記起慈母般的柔軟及保護。根據 Winnicott（1953）所說，這些過渡性客體可以幫助孩子從與母親的合一感過渡到分離及個體化。

描述

年齡
2 歲以上。

技術
　　令人驚訝的是，可懷抱玩具在臨床實務上並不是那麼常用。有些研究支持以下的應用：

降低孩子在陌生環境中的不舒服，像是在遊戲治療室
　　Passman 和 Weisberg（1975）發現，當孩子被留在不熟悉的遊戲室時，若有可懷抱玩具陪伴，可以促使孩子更容易遊戲、探索，也比較不會哭泣，其效果比起帶孩子最喜歡的硬式玩具或不帶東西來得更好。

　　因此，可行的做法是鼓勵孩子在第一次遊戲治療單元中帶自己的可懷抱玩具進遊戲室，或是在遊戲室裡面放幾個可懷抱玩具。你可以要求孩子幫絨毛娃娃取一個名字，舉例來說，就有一位 10 歲小女孩在第一次遊戲治療單元將泰迪熊取名為「抱抱女士」。

降低孩子在壓力環境中的不舒服，像是住院、天然災害、失去親人、父母離婚
　　越來越多研究顯示，在孩子面對壓力時給他們可懷抱玩具，將可降低他們的壓力指數。

實證發現

1. 在 Bloch 和 Taker（2008）的研究中，41 位實驗組學齡前兒童來到一間模擬醫院，他們被要求去充當泰迪熊病患的父母。與控制組相比，實驗組對未來的住院有顯著較低的焦慮程度。

2. Epstein（2003, pp. 81-96）描述一位男孩依戀一隻柔軟又敏感的泰迪熊。這位 6 歲男孩進入手術室時緊抓著泰迪熊，但它在男孩被麻醉之後先被送到恢復室。男孩的手術很漫長又狀況百出——事實上，在手術打開他的脊髓並且移除一個大腫瘤的過程中，他的心跳停止跳動達 29 分鐘。當他在術後醒來，手術團隊很高興看到他的腦功能恢復良好，足以讓他第一句話就開口詢問：「誰拿走了我的泰迪熊？」

3. Ullan 和同事（2014）在一個隨機控制型研究中發現，若是住院兒童（平均年齡 3 歲 9 個月，樣本數 48）在接受手術之後獲得一隻絨毛娃娃陪伴，他們的術後疼痛感顯著比控制組低。這個娃娃是一隻兔子絨毛玩偶，穿著醫師的服裝，胸前還有一個紅十字。作者們認為療效是因為娃娃可以分散孩子的注意力，並且改善他們的情緒。

　　　之所以選這個絨毛娃娃，是因為之前的先驅研究顯示住院兒童很能夠接受這類玩具。兒童們會自發的對這類玩具表現出情感反應（例如，他們會擁抱它們、對它們說話，而且不願意離開它們）。娃娃之所以穿特別的制服，是因為之前的研究（Burstein & Meichenbaum, 1979）顯示，孩子玩的玩具若是在象徵上與剛經歷的醫療處置有關，與沒有玩這類玩具的孩子相比，他們在術後有比較低的焦慮感。與這些象徵性的玩具一起玩，似乎能夠幫助經歷有壓力的醫療處置經驗的孩子找到控制感及掌握感。

4. 一項對精神科住院青少女的研究（Jaffe & Franch, 1986）發現，在 14 位青少女中，有 12 位的房間裡有 1～15 隻絨毛玩偶。女孩們放這些柔軟玩

偶是為了在害怕時讓自己覺得自在和安全，還有處理分離焦慮，以及為了讓自己感到有同伴。

5. 在 Kushnir 和 Sadeh（2012）的研究中，104 位有著嚴重黑暗恐懼的四到六歲兒童接受「懷抱小狗」介入。實驗組兒童獲得一隻絨毛小狗玩具，並要求他們照顧那隻小狗，將小狗視為保護者或睡覺時可以傾訴煩惱的對象。此隨機控制型研究發現，與等候的控制組相比，實驗組兒童的黑暗恐懼有顯著的降低——黑暗恐懼是學齡前兒童常見的一個問題。療效在 6 個月之後的追蹤仍然存在。

6. 嬰兒和學步期兒童若是在睡覺或不舒服時能有他們依附的「過渡性客體」陪伴，他們就比較少有睡眠困擾，同時也比較有自信，並且比較容易表現出情感（Litt, 1986）。

應用

　　絨毛玩具可以充當過渡性客體，幫助幼童因應與主要照顧者分離的處境。它們有助於減少害羞、壓抑的孩子在社交情境中的焦慮，也提供處在情境壓力（例如住院）的孩子一些安撫的來源。許多成人也從這類安撫玩具獲得益處，舉例來說，研究發現泰迪熊等絨毛玩具可以改善失智症患者的激躁、苦惱和退縮，進而增進他們的生活品質。

參考文獻

Ahluvalia, T., & Schaefer, C. E. (1994). Implications of transitional object use: A review of empirical findings. *Psychology, A Journal of Human Behavior, 31*(2), 45–57.

Bloch, Y., & Taker, A. (2008). Doctor, is my teddy bear OK?: The Teddy Bear Hospital as a method to reduce children's fear of hospitalization. *IMAJ: Israel Medical Association Journal, 10*, 597–599.

Bowlby, J. (1969). *Attachment and loss: Vol. 1. Attachment.* London: Hogarth Press.

Burstein, D., & Meichenbaum, D. (1979). The work of worrying in children undergoing surgery. *Journal of Abnormal Child Psychology, 7*(2), 121–132.

Epstein, F. (2003). *If I could get to five: What children can teach us about courage and character.* New York: Henry Holt.

Harlow, H., & Zimmerman, R. (1958). The development of affectional responses in infant monkeys. *Proceedings of the American Philosophical Society, 102*(5), 501–509.

Hong, K. (1978). The transitional phenomena. *Psychoanalytic Study of the Child, 3*, 47–79.

Jaffe, S., & Franch, K. (1986). The use of stuffed animals by hospitalized adolescents: An area for psychiatric exploration. *Journal of the American Academy of Child Psychiatry, 25*(4), 569–573.

Kushnir, J., & Sadeh, A. (2012). Assessment of brief interventions for nighttime fears in preschool children. *European Journal of Pediatrics, 171*, 67–75.

Litt, C. (1986). Theories of transitional object attachment: An overview. *International Journal of Behavioural Development, 9*, 383–399.

Passman, R., & Weisberg, P. (1975). Mothers and blankets as agents for promoting play and exploration by young children in a novel environment: The effects of social and non-social attachment objects. *Developmental Psychology, 11*, 170–177.

Triebenbacher, S. (1997). Children's use of transitional object: Parental attitudes and perceptions. *Child Psychology and Human Development, 27*(4), 221–230.

Ullan, A., Belver, M., Fernandez, E., Lorente, F., Badia, M., & Fernandez, B. (2014). The effect of a program to promote children's post-surgical pain: With plush toys, it hurts less. *Pain Management Nursing, 15*(1), 273–282.

Winnicott, D. W. (1953). Transitional objects and transitional phenomena. *International Journal of Psychoanalysis, 34*, 89–97.

後記：Harlow 的金屬線猴子實驗

　　Harlow 將出生數小時的猴子寶寶隔離，將牠們交由「母親替代者」撫養。這個實驗顯示，猴子寶寶花更多的時間與「穿衣服的母親」相處，而較少與「金屬線母親」相處。Harlow 的結論是，接觸的舒適度是發展情感反應極為重

要的一項變數，而餵奶則顯得較不重要。

　　猴子寶寶只有在饑餓時才會去找「金屬線母親」，而且一旦吃飽，牠們一天中的多數時間又會再回到「穿衣服的母親」身邊。假如有恐怖的東西放進籠子裡，牠們會尋求「穿衣服的母親」保護。（讀者可以上 YouTube 觀看"Harlow's Monkeys"的影片約 2:07 到 2:32）

3

醫療遊戲

簡介

　　醫療遊戲是一個很有用的老方法，能幫助孩子因應有壓力的醫療經驗（例如看醫生、住院、檢查牙齒）。沒有人知道醫療遊戲可以追溯到多久之前，但很可能兒童接受醫療的歷史有多久，醫療遊戲的歷史就有多久。

原理

　　此遊戲技術所帶動的療癒力量包括壓力預防、宣洩及壓力管理、焦慮／恐懼的自我表達，以及直接教導醫療知識和因應技巧。醫療遊戲也可以提供一種「修通過程」，在遊戲中兒童記住並重複有壓力的醫療經驗，同時透過遊戲中的角色成功克服疾病和疼痛來獲得一種掌控感（Clark, 1998, 2003）。

描述

年齡

3 歲以上。

材料

　　模擬的醫師裝備。有醫師服的話最好。特別的醫療遊戲材料包括：

- **醫師裝備——模擬的遊戲組合**（Meijer）。這個醫師裝備必須要有足夠的醫療用具供一整個年輕「醫師」團隊同時使用。堅固的 19 項塑膠組合包括：聽診器、可發出聲音的呼叫器、裝電池的手機、鑷子、繃帶、溫度計以及其他。所有用具都可以裝進一個合用且可拴緊的塑膠盒中，包括聽診器和呼叫器所用的電池。

- **醫師角色扮演服裝組合**（Melissa & Doug）。包括了醫師服、口罩、帶音效的聽診器、反射槌、耳鏡及注射筒。Playmobil 公司有出產模擬醫療設施（開刀房、牙醫辦公室等），附帶有相關的玩具和人物。它們的材質都是硬塑膠，使用後都可以用水洗淨。

　　除了模擬的醫師裝備之外，最好還能有真實的醫療裝備，例如不帶針的注射筒、聽診器、紗布、繃帶、靜脈輸液管、膠帶及不會破的溫度計。

技術

角色交換

　　兒童角色扮演成醫師／護理師，並且對治療師、醫師、護理師、寵物或遊戲物件（例如絨毛動物）執行某項檢查或處置。通常在孩子經驗過帶來壓力的醫療處置之後才會做此項演出。對於孩子所經驗過無助和無力的壓力事件，這個方法可以帶給孩子力量感及控制感。孩子通常會假裝成一位醫師、護理師或孩子生活中的某位專家，然後「教導他們的娃娃、絨毛動物或家庭成員在醫療處置中將會發生些什麼事情」。透過這種方式，他們就可獲得對經驗的掌握感。

壓力預防角色扮演

　　治療師或父母扮演醫師的角色，並且對病患（兒童、布偶或娃娃病患）執行某種醫療處置。這種角色扮演有助於孩子熟悉於即將到來且有壓力的處置，進而學習因應這些處置的技巧，並且表達出對這些醫療經驗的害怕、焦慮及誤解。

實證發現

1. 在回顧了遊戲治療的實證支持證據之後，Phillips（2010）總結認為有關遊戲治療有效性最令人信服的支持證據是在兒童面對醫療處置方面。

2. 更具體來說，Zahr（1998）在 50 位兒童接受手術的前一天對他們演出一場布偶秀。分別代表兒童、父母、醫師和護理師的布偶們演出兒童從入院到出院過程中將會經歷的一連串醫療事件，還附帶說明將會發生什麼事以及會感受到什麼知覺經驗。孩子可以跟布偶玩、操弄醫療器具，並且重新演出遊戲。與接受例行照護但無治療性遊戲的控制組相比，實驗組呈現較少的焦慮、更大程度的合作，並且在注射時平均血壓和心律明顯較低。

3. Nabors 和同事（2013）想要探究即將接受住院醫療處置的兒童及其手足將醫療遊戲當作因應方法的使用。兒童的年齡介於 2～10 歲。研究結果顯示，患有慢性疾病的兒童及其手足都受到遊戲的吸引，同時在重新演出醫療處置的非結構式醫療遊戲中，他們都從表達及釋放情緒過程獲益。醫療遊戲製造出一種掌握感，而多數的角色也都重新獲得健康。相對的，控制組兒童沒有參與這類醫療遊戲。

應用

　　醫療遊戲適用於當兒童對即將到來或剛經驗過的醫療處置（包括住院或要看醫生）有所害怕或焦慮時。在許多情況下，兒童的醫療照護對其手足亦有強烈衝擊，也可能對他們產生醫療上的焦慮。通常手足也會想要參與醫療遊戲，藉此也可獲得父母的特別關注。

禁忌

　　對於遭受過極度創傷醫療經驗的兒童，醫療遊戲可能會帶來強烈的焦慮。

參考文獻

Clark, C. D. (1998). Childhood imagination in the face of chronic illness. In J. de Rivera & T. R. Sarbin (Eds.), *Believed-in imaginings: The narrative construction of reality* (pp. 87–100). Washington, DC: American Psychological Association.

Clark, C. D. (2003). *In sickness and in play: Children coping with chronic illness.* Brunswick, NJ: Rutgers University Press.

Nabors, L., Bartz, J., Kichler, J., Sievers, R., Elkins, R., & Pangello, J. (2013). Play as a mechanism of working through medical trauma for children with medical illnesses and their siblings. *Issues in Comprehensive Pediatric Nursing, 36*(3), 212–224.

Phillips, R. (2010). How firm is our foundation?: Current play therapy research. *International Journal of Play Therapy, 19*(1), 13–25.

Zahr, L. (1998). Therapeutic play for hospitalized preschoolers in Lebanon. *Pediatric Nursing, 23*(5), 449–454.

4

嬰兒娃娃遊戲

簡介

　　自有文明以來，2 歲以上的兒童都會跟娃娃一起玩。證據顯示，娃娃是希臘人和羅馬人生活中的一部分，而在埃及的寺廟中也發現有木製和黏土娃娃。歐洲的娃娃最像現今的遊戲用娃娃，自 14 世紀起源於德國。

原理

- 嬰兒娃娃遊戲提供兒童意識及潛意識表達的出口。嬰兒娃娃給了兒童一個投射，可反應出他們對嬰兒及家庭關係的感受。娃娃也讓兒童得以重新演出真實生活中的創傷事件，諸如虐待／疏忽，以及尋求對自己的滋養。舉例來說，有一位 6 歲女孩所演出的場景是母親娃娃因嬰兒娃娃尿床而痛打她，並且威脅要「殺死她」，這樣的一幕很可能表達出她在家被虐待的重要臨床訊息（Cattanach, 1993）。
- 玩嬰兒娃娃可以提供滋養和照顧別人的練習機會。治療師可以用玩嬰兒娃娃對幼童示範滋養行為。
- 這類遊戲有助於兒童做好家中要增添新生嬰兒的心理準備。舉例來說，成人所做的嬰兒娃娃遊戲可以向兒童示範如何照顧新生兒（例如，

怎麼抱以及在新生兒旁邊要做和說些什麼）。

- 嬰兒娃娃可以提供兒童自在和安全感（也就是利用柔軟的娃娃作為過渡性的安全客體）。
- 照顧娃娃可以促進兒童的勝任感。幼童通常對他們的世界無力掌控，但是承擔成人角色可以帶來力量和控制感。
- 透過嬰兒娃娃遊戲也可能帶來矯正性的情緒經驗。對一位受虐／被疏忽的兒童，我們可以示範給予嬰兒娃娃該兒童在真實生活中無法獲得的溫暖照顧。由於兒童很可能會認同娃娃，該兒童就可以間接獲得滋養。

描述

年齡

2 歲以上。

材料

　　適合女孩和男孩的各式各樣擬真且高品質的嬰兒娃娃（14 到 19 英寸高）在商場上都買得到。大概到 2、3 歲，兒童通常就能表現得好像娃娃可以看到人，而且可以跟他們互動一樣。娃娃的挑選原則是柔軟、可洗且材料無毒。

　　需要同理回應的互動式娃娃（例如會吃、尿濕、哭泣）是用來教導和練習滋養及照顧別人（社會情緒技巧）的絕佳用品，因為兒童必須回應嬰兒娃娃所發出來的訊息。

　　市面上可買到的嬰兒娃娃有互動嬰兒安納貝爾娃娃（Zapf）和似真嬰兒（Hasbro）。

技術

滋養角色扮演

　　若是發現兒童不當對待嬰兒娃娃，或是發現兒童像嬰兒娃娃一樣曾遭受不當對待，這個技術就很有用。在嬰兒娃娃遊戲時間裡，治療師持續展現一種滋養的角色楷模，舉例來說，治療師將娃娃當成一個真實的嬰兒，用極大的細心和愛心來照顧娃娃。嬰兒娃娃不是一般的玩具，它代表兒童，因此它需要有自己的名字，也必須介紹給兒童認識。最好也要有一些道具，例如奶瓶、嬰兒食品、餵食用的盤子和湯匙、睡覺用的搖籃、白天和夜間穿的衣服、尿布等。

　　假如兒童正在不當對待娃娃，就要提供娃娃同理、終止嚴重的虐待，同時試著解釋嬰兒為何會那樣表現。假如兒童還是無法照顧娃娃，就拿過來自己照顧，直到兒童可以用適當的方式照顧娃娃。

實證發現

　　臨床上越來越常用嬰兒娃娃來幫助嚴重失智的成人。Tamura、Kakajima 和 Nambu（2001）發現嬰兒娃娃可以安撫他們、減少激躁行為、促進溝通，並且產生溫暖和滋養的感覺，進而使這些成人更加快樂。

應用

　　對於因收養、嬰兒期遭受虐待／疏忽，以及其他早期失落和分離經驗而產生的依戀議題，此技術特別有用。對於在家中出現攻擊行為的兒童，此技術也很適當，因為娃娃本身可以提供一種安全的出口，讓兒童將對父母或手足的憤怒感覺轉移到娃娃身上。

參考文獻

Cattanach, A. (1993). *Play therapy with abused children*. London; Jessica Kingsley.

Tamura, T., Kakajima, K., & Nambu, M. (2001). Baby dolls as therapeutic tools for severe dementia patients. *Gerontechnology, 1*(2), 111–118.

5

嬰兒奶瓶遊戲

簡介

在 Sigmund Freud（1953）人格發展理論中，認為嬰兒從吸吮的動作中獲得快樂，並且從母親餵養他時對他的輕搖、親吻和擁抱中學習到愛。Eric Erickson（1963）認為嬰兒從人生第一階段的經驗中會造就他對自己和別人的基本信任或不信任。根據這些與依戀行為相關的理論和研究，嬰兒奶瓶具有重要的心理意義，也是探觸及處理與滋養和安撫有關的兒童需求及感受很有力的工具。Anna Freud（1964）所描述的臨床案例可以說明此點：

當團體一進入遊戲室，除了巴迪以外的男孩都跑去拿奶瓶並開始吸吮起來。查理拿起玩具電話。

查理：我要打電話給我媽媽。她在＿＿＿＿＿工作，我要跟她講話。

治療師：你想要跟你媽媽講話。

查理：嗨！媽媽，我只是一個嬰兒，媽媽。（吸著奶瓶）我現在拿著奶瓶，妳要趕快回家。

治療師：妳要媽媽回家照顧她的嬰兒。（p. 229）

原理

　　Axline（1947）及 Moustakas（1979）將奶瓶列入遊戲治療中最重要的玩具之一。奶瓶提供了幾種治療益處，包括：

- **溝通**：奶瓶讓兒童得以表達與意識、下意識及驅力有關的感受和需求。Murray（1997）曾提到：

  受困擾的兒童很少在我對他說話時回應我，但他會吸奶瓶中的水。有一段時間，這是他在單元中唯一的良好感覺。它似乎扮演了我們之間的橋梁。（p. 238）

- **處理未滿足的需求**：對於在滋養方面有未滿足需求的兒童，奶瓶特別有用。Bowlby（1969）認為嬰兒會根據他們與主要照顧者建立的關係來發展一種「內在運作模式」。這種模式是對自己、對世界、對關係運作方式的一種內化理解。根據這個理論，從兒童內在模式而來的記憶、經驗及預期對他的自我感以及與他人的互動具有重要影響。Benedict 和 Mongoven（1997）提到遭受過創傷、痛苦或疏忽親職經驗的兒童會發展出負面的運作模式。治療的目標是幫助他們感受到關係可以很滋養、付出和安全。Benedict 和 Mongoven 提到：

  治療師可以採取照顧者的角色，將兒童當作嬰兒般來提供滋養。治療師可以餵養、抱住、輕搖他或是唸書給他聽，以提供他所需要的滋養。（p. 301）

- **依戀的形成**：在治療中使用嬰兒奶瓶可以促進信任及依戀感。Benedict 和 Mongoven（1997）認為治療師對兒童需求的敏感度有助於幫助兒童投入治療並促進信任關係。以下案例可以說明上述情況：

  瑪莉亞帶著有點想睡覺的神情進入治療室，便開始玩起治療師的娃

娃。她抱著它們、親它們，並用奶瓶餵它們。餵食儀式持續了一段長時間，好像這些「嬰兒」很餓一樣。餵食娃娃之後，瑪莉亞拿起其中一個奶瓶並假裝自己在喝。治療師看出瑪莉亞對奶瓶的興趣，便提供她一個專屬的較大奶瓶。瑪莉亞非常興奮，立刻開始用力地吸著自己的奶瓶。（Benedict & Mongoven, 1997, p. 307）

- 舒適及撫慰：在遊戲治療中吸著嬰兒奶瓶的兒童經常微笑並帶著愉悅的表情。Murray（1997）曾寫：

這些孩子躺著吸奶瓶並且微笑著。這微笑帶著愉悅的樣子，似乎也有著祕密合作的樣子，彷彿他們正在想著：「我知道我太大，不應該吸這個，可是這樣很好玩，我也很高興你讓我這麼做。」（p. 238）

- 幻想：「假裝本身就給了孩子對待世界的力量」（Schaefer, 1993, p. 10）。然而，早期遭受情緒孤立及虐待的孩子經常缺少象徵性遊戲的能力發展。
- 掌握：利用奶瓶來鼓勵退化式的嬰兒類型遊戲，可以幫助兒童修通並掌握因未滿足需求而帶來的害怕及焦慮（Holmberg & Benedict, n.d.; Schaefer, 1997）。

描述

年齡
3～6歲。

材料

裡面有開水的塑膠奶瓶或運動水瓶。

技術

　　對於顯露出滋養需求的幼童，可以在遊戲室提供一個奶瓶。基於衛生因素，每位兒童應該有個人專用的奶瓶。嬰兒奶瓶最常以非指導式的方法加以運用，也就是由兒童主導，然後治療師提及在遊戲中所表達出來的感受及需求。儘管如此，Schaefer（1997）曾提出一個適合家長的結構式遊戲，叫做「玩嬰兒遊戲」。這個技術可以用來處理幼童在手足出生之後所產生的情緒需求。在這個活動中，母親每天特別找一個專屬地方和專屬時間來跟孩子玩，彷彿孩子又回到嬰兒階段。可以運用奶瓶、毯子和其他嬰兒玩具，以鼓勵退化、滋養和安全感。對於正掙扎於手足出生的兒童，此技術可以減少競爭感及憤恨感。

變化技術

　　Theraplay（Booth & Jernberg, 2009）的滋養遊戲技術可以為家長示範如何增進孩子的安全依戀。

實證發現

1. Lebo（1979）檢視了兒童在治療期間使用特定玩具時的表達陳述數目，然後將此數目轉換成「口語指數」。嬰兒奶瓶被認為是可以帶出最多陳述數量及變化技術性的前 28 名玩具之一。

2. Ryan（1999）運用嬰兒奶瓶來幫助一位發展遲緩兒童理解並投入象徵性遊戲。Ryan 記載了下列案例：

派崔克要治療師幫他旋開奶瓶，然後他問治療師要不要喝，同時說自己已經太大了。

治療師：我不介意，假如你要我喝。

在自行將奶瓶灌滿柳橙汁之後，派崔克要治療師幫他將蓋子轉緊。

派崔克：你喝。
治療師：好。或許我是嬰兒？
派崔克：是呀。
治療師：哇！我的奶瓶在哪裡呢？

派崔克邊微笑邊將奶瓶拿給治療師喝。她喝了，還邊喝邊發出滿足的聲音。派崔克專注的看著，但卻對治療師的假裝遊戲沒有任何愉悅的跡象。過一會兒，治療師終於停止吸吮。

治療師：（微笑著）看一位女士喝奶瓶一定很怪。

派崔克專注的瞪著看，她又多喝了一些。

派崔克：還要更多嗎？
治療師：我可以。我沒有真的吸出來，我只是假裝正在喝奶瓶而已。

派崔克接下來開始假裝自己正扮演照顧者的角色，告訴治療師等他去裝滿奶瓶，並且自行旋開和旋緊蓋子。他給治療師很多果汁喝。

派崔克：喝吧。
治療師：（微笑著）你在照顧我，給我很多果汁喝。（p. 174）

應用

對於過去曾遭受失落、虐待、分離、不安全依戀及創傷的兒童，嬰兒奶瓶特別適合用於治療。對於有新手足剛出生的兒童，或是因環境變動而有失落感及不安全感的兒童，嬰兒奶瓶也頗為有用。

禁忌

對於退化到依賴和無助狀態感到不自在的兒童，或是若孩子的父母反對他們玩那些促進退化的遊戲，滋養遊戲可能就不那麼適當。

參考文獻

Axline, V. M. (1947). *Play therapy: The inner dynamics of childhood*. Oxford, UK: Houghton Mifflin.

Benedict, H. E., & Mongoven, L. B. (1997). Thematic play therapy: An approach to treatment of attachment disorders in young children. In H. G. Kaduson, D. Cangelosi, & C. Schaefer (Eds.), *The playing cure* (pp. 277–315). Northvale, NJ: Jason Aronson.

Booth, P., & Jernberg, A. (2009). *Theraplay: Helping parents and children build better relationships through attachment-based play* (3rd ed.). San Francisco: Jossey-Bass.

Bowlby, J. (1969). *Attachment and loss: Vol. 1. Attachment*. London: Hogarth Press.

Erikson, E. H. (1963). *Childhood and society*. Middlesex, UK: Penguin Books.

Freud, A. (1964). *The psychoanalytic treatment of children*. New York: International Universities Press.

Freud, S. (1953). Three essays on the theory of sexuality. *Standard Edition*, 7, 125–245.

Holmberg, J. R., & Benedict, H. (n.d.). Play therapy: How does that work anyway?: A resource handout for parents. Retrieved from *www.gapt.org/pdf_files/ARTICLES%20VOL%20 1-9/08-01%20(2)%20PT%20HOW%20DOES%20THAT%20WORK-HOLM-BERG.pdf*.

Lebo, D. (1979). Toys for nondirective play therapy. In C. E. Schaefer (Ed.), *Therapeutic use of child's play* (pp. 435–447). New York: Jason Aronson.

Moustakas, C. E. (1979). *Psychotherapy with children: The living relationship*. Oxford, UK: Harper.

Murray, D. (1997). The baby bottle technique. In H. G. Kaduson & C. E. Schaefer (Eds.), *101 favorite play therapy techniques* (pp. 236–238). Northvale, NJ: Jason Aronson.

Ryan, V. (1999). Developmental delay, symbolic play and non-directive play therapy. *Clinical Child Psychology and Psychiatry, 4*(2), 167–185.

Schaefer, C. E. (1993). *The therapeutic powers of play*. Northvale, NJ: Jason Aronson.

Schaefer, C. E. (1997). The playing baby technique. In H. G. Kaduson & C. E. Schaefer (Eds.), *101 favorite play therapy techniques* (pp. 3–5). Northvale, NJ: Jason Aronson.

6

玩具電話遊戲

簡介

　　3～4 歲的兒童開始有能力投入真正的電話對話（Gillen, 2002）。他們也會玩玩具電話，並且發現這種遊戲可以讓他們跟治療師、或還沒準備好要直接溝通的對象做間接溝通。電話可以用來協助說出暫時還未說的真實感受、說出過去想說卻無法說的話，或是預演必須說出來的話。遊戲治療師已經將假裝電話遊戲技術運用在兒童和青少年超過 75 年了（Durfee, 1942）。

原理

- 促進自我表達：用玩具電話假裝說話可以給予不想說話或不想維持眼神接觸的兒童足夠的心理距離，以便能投入與治療師或想像人物的對話。
- 自我提升：幼童經常認為使用電話是一種力量、控制、成熟及成就的來源。

描述

年齡

4～12 歲。

材料

兩支玩具手機或兩台舊型、無法打通的真正電話。

技術

治療師與兒童電話對話

透過在電話中間接回答治療師的問題，兒童或許可以表達出面對面難以說出的事情。假如電話談話太困難，兒童頂多就是掛斷而已。治療師可以詢問兒童一天過得怎麼樣——也就是活動或經歷的感受；或是兒童想要談的任何東西。這個簡單的技術可以讓兒童感到很特別，經常可以跟安靜的孩子開啟一段對話。

想像的對話

假裝打電話遊戲可以鼓勵兒童與不在現場、已去世或想像的人展開雙向對話。到了 7 歲左右，兒童通常可以扮演電話訊息傳送者和接收者兩種角色。這種假裝對話可以透露出兒童真實或想要的社交互動的許多狀況。

治療師可以建議兒童做以下電話對話的角色扮演：

「假裝打電話回家。」

「假裝打電話給去世或不在這裡的父母。」

「假裝打電話給以前認識的一位朋友。」

「假裝打電話給小時候的自己。」

「假裝你是你媽媽，然後打電話給我問你的情況。」

「假裝打電話給上帝或好心的神仙，要求實現一個願望。」

「假裝打電話給你的胃（或其他身體部位），問它為什麼會不舒服。」

「假裝打電話給你的老師。」

「假裝打電話給你身體裡面的智者，要求獲得一些忠告。」

「假裝打電話給你惡夢中的怪物。」

另一種做法是，治療師可以假裝接到上述那些人打來的電話（例如：「叮鈴！嗨！他在這裡。彼得，你媽媽要跟你說話！」）。

廣播消息

在此技術中（Hall, Kaduson, & Schaefer, 2002），兒童和治療師假裝正在電台中傳播消息給打電話進來詢問事情的兒童，而該兒童就扮演該主題的專家來回答問題，像是如何因應不專心的情況。治療師扮演打電話進來的兒童，提供機會給該兒童來強調兒童的成功經驗以及治療中的議題。透過這種角色扮演活動來發現問題解決能力和資源，兒童便可獲得更多自信。

案例說明

Spero（1980）報告了一個受虐 8 歲女孩的案例，她很難接受對施暴母親的負面情緒。她描述母親是一位愉快、好心又很會照顧人的一個女人。在治療早期，她的治療師建議她用玩具電話打給在家的母親，問她是否可以早一點來學校接她。在扮演母親角色的時候，女孩說讓她在家會「很不方便，而且會打亂她的安排」。當女孩用頭痛的理由做第二次要求時，她母親說女孩將會因打亂她的行程而受罰。雖然女孩無法直接面對及接受對母親的負面形象，她還是想像出她們之間很典型的互動經驗。

實證發現

　　Gillen 和 Hall（2001）發現假裝電話遊戲可以增加 3～4 歲兒童的社會溝通技巧。

應用

　　對於難以對陌生人表達自我的生性害羞、壓抑的兒童，電話遊戲特別有幫助。它提供這些兒童一個安全距離，讓他們可以表達出想法、感受及渴望的內心世界。

參考文獻

Durfee, M. (1942). Use of ordinary office equipment in play therapy. *American Journal of Orthopsychiatry*, 2, 495–502.

Gillen, J. (2002). Moves in the territory of literacy?: The telephone discourses of three-and four-year-olds. *Journal of Early Childhood Literacy*, 2(1), 21–43.

Gillen, J., & Hall, N. (2001). "Hiya, Mum!": An analysis of pretence telephone play in a nursery setting. *Early Years: An International Research Journal*, 21(1), 15–24.

Hall, T., Kaduson, H., & Schaefer, C. (2002). Fifteen effective play therapy techniques. *Professional Psychology: Research and Practice*, 33(6), 515–522.

Spero, M. (1980). Use of the telephone in child play therapy. *Social Work*, 25(1), 57–60.

7

魔法棒

簡介

　　魔法棒指的是宣稱具有神奇力量的棒狀物。魔法棒的歷史可以追溯到古埃及時期，當時魔法棒被放在法老的墳墓裡面，供法老的靈魂使用。西方文學最早提到魔法棒的是《奧德賽》（*Odyssey*）──邪惡的女巫使用它將奧德賽的部下變成豬。近幾年來，J‧K‧羅琳的小說《哈利波特》（*Harry Potter*）中男巫師經常使用的工具就是魔法棒。

　　關於「三個願望」技術的發展性改變，Ables（1972）發現三到六年級兒童通常會許願得到物質性的東西。其他常見的願望包括獲得另一個人──例如手足──特殊的個人技巧或特質、寵物、參加一個活動、金錢，還有其他。

　　大學生最常見的願望（King & Broyles, 1997）包括友誼、快樂、健康、婚姻、金錢、成就、自我進步以及幫助其他人。雖然男人與女人的願望一般來說很類似，但男人有較多與性及權力有關的願望，女人則有較多與快樂、美貌及健康有關的願望。Horrocks 和 Mussman（1973）發現一旦兒童成熟到進入成人階段，他們的願望會變得更為一般和利他，也比較少物質性。此外，成年中期之後會逐漸增加有關成就的願望。

原理

　　這種現實治療技術是由精神科醫師 William Glasser（1965）所引入，他相信個案在許下三個個人願望時將會帶入他自身的實際議題。其中一個願望會與他所面對的真實問題或議題有關。一般來說，個案會揭露未滿足的需求及渴望，接著就可討論它，以便為治療設定合乎現實的目標。

描述

年齡

4 歲以上。

材料

　　魔法棒可以是購買而來的精緻棒狀物，或是獨特造型的棒子。

技術

三個願望

　　這個技術是拿魔法棒給孩子看，然後說：「想像一下，只要揮一揮這支魔法棒，我就可以讓你許下的三個願望成真，你想要許什麼願望呢？」另一種指導語則是：「想像一下，只要揮一揮這支魔法棒，你就能改變你生活中或這世界上的任何一件事，你想要改變什麼？」

變化技術

具有特殊力量的棒子

　　拿幾支具有特殊力量的棒子給孩子看，舉例來說，第一支棒子能讓你成功的改變自己或家庭中的任何事（Allen, 2003）；第二支棒子可以讓別人改變行為；第三支棒子可以讓你獲得渴望的任何東西。跟孩子討論在這樣的改變之後，生活會有何不同，以及如何為所需的改變設定目標。

奇蹟問句

　　在焦點解決治療中（Miller, 1996），「奇蹟問句」可以讓個案對未來目標的願望變得更具體。治療師一開始可以說：「想像一下，今晚睡覺之後有一件奇蹟發生了──幾乎就像是有人對你揮了魔法棒一樣，你現在所面對的問題或困難都消失了。醒來之後你並不知道到底發生什麼事，但你留意到改變已經發生了。在你醒來然後經歷一整天的過程中，你會注意到什麼而讓你知道奇蹟已經出現了呢？」

　　阿德勒取向遊戲治療師經常會問的類似問句是：「假如這支魔法棒會立即消除你的問題，你的生活將會有何不同？」

神奇鑰匙

　　在此技術中（Crenshaw, 2005），治療師要求兒童想像自己獲得一把可以開啟城堡內某一個房間的鑰匙，而這個房間裡面有他生活中缺少的一樣東西或是可以增加幸福的一樣東西。在視覺化房間裡面的東西之後，兒童被要求將這個東西畫出來。

巫師手杖

Popescu 和 Gane（2011）發展出適合用於 6～12 歲兒童的「巫術」心理治療，將魔法棒技術整合到此方案中。哈利波特類的手杖被用來當作問題解決的策略，也當作兒童的安全及依戀對象。

魔毯

在遊戲室內放一張彩色且有邊飾的毯子，邀請兒童坐在上面並想像它有神奇力量可以帶他到很遠的地方、離開不愉快的情境，或僅是充當安靜或獨處的一個安全處所（Conyers, 1997）。

神奇箱子

要求兒童假裝你在他面前的桌子上放了一個神奇箱子，裡面放有兒童想要的任何一樣東西。要求兒童打開箱子並告訴你裡面有什麼東西，目標是揭露兒童精神內在的深層願望及渴望。

魔術戲法

治療師表演的一些魔術戲法所帶來的神祕、興奮及挑戰感通常可以抓住學齡兒童的興趣。魔術有助於與他們建立初期的關係（Gilroy, 1998），並且克服對治療的抗拒（Bow, 1988）。最好是使用一些簡單的魔術戲法，這樣兒童也可以學習並且自己試著做做看（參見 55「魔術戲法」，有進一步詳述這個流程）。

給我家庭的三個願望

由家庭遊戲治療師 Katherine Arkell 發展出來，此技術提供每位家庭成員夾有三張紙的寫字板，然後要求他們為家庭畫出三個願望——每個願望畫一張。

他們可以畫任何想畫的東西，但不能寫任何一個字。接下來每位成員分享他們的圖畫，方式是將圖畫面向其他成員，讓他們來猜想是什麼願望。

實證發現

魔法棒技術還缺乏實證研究。

應用

魔法棒遊戲可以幫助所有兒童表達他們未滿足的需求以及隱藏的願望，這可以充當一個跳板，來討論滿足潛藏在主述問題之下的需求和渴望，可以有哪些合乎實際的方法。

參考文獻

Ables, A. (1972). The three wishes of latency age children. *Developmental Psychology*, 6(1), 186.

Allen, V. (2003). The magic wand. In H. G. Kaduson & C. E. Schaefer (Eds.), *101 favorite play therapy techniques* (Vol. 3, pp. 303–305). Northvale, NJ: Jason Aronson.

Bow, J. N. (1988). Treating resistant children. *Child and Adolescent Social Work*, 5, 3–15.

Conyers, D. (1997). The magic carpet technique. In H. Kaduson & C. Schaefer (Eds.), *101 favorite play therapy techniques* (pp. 230–232). Northvale, NJ: Jason Aronson.

Crenshaw, D. (2005). Clinical tools to facilitate treatment of traumatic grief. *Omega: Journal of Death and Dying*, 51, 239–255.

Gilroy, B. D. (1998). *Counseling kids: It's magic, therapeutic uses of magic with children and teens*. Scotch Plains, NJ: Therapist Organizer.

Glasser, W. D. (1965). *Reality therapy: A new approach to psychiatry*. New York: Harper & Row.

Horrocks, J., & Mussman, M. (1973). Developmental trends in wishes, confidence, and sense of personal control from childhood to middle maturity. *Journal of Psychology: Interdisciplinary and Applied, 84*(2), 241–252.

King, L. A., & Broyles, S. J. (1997). Wishes, gender, personality, and well-being. *Journal of Personality, 65*, 49–76.

Miller, S. (1996). *Handbook of solution-focused brief therapy*. San Francisco: Jossey-Bass.

Popescu, O., & Gane, S. (2011). The wizarding school: A psychotherapy program for children. *International Journal of Integrative Psychotherapy, 2*(2), 1–18.

8

泡泡遊戲

簡介

　　兒童玩肥皂泡泡的歷史從 17 世紀以前就開始，當時在現今比利時就出現過這類遊戲的繪畫圖案。泡泡瓶每年銷售超過兩億瓶，由此可知其持續受歡迎的程度。泡泡的形成是因為空氣進入中空的球狀液體裡面，泡泡的色彩則來自光線反射在泡泡的表面。泡泡會向上漂浮，是因為暖空氣比冷空氣輕。假如吹進泡泡的空氣比外面的空氣來得溫暖，泡泡就會上升。

原理

　　吹泡泡對兒童的療效助益包括情緒提升、關係的建立、示範有療效的呼吸方式、轉移壓力，以及團體凝聚力。

描述

年齡

3～6 歲。

材料

瓶裝泡泡液及泡泡棒。

技術

吹泡泡呼吸法

　　幼童喜歡吹泡泡，可以利用這個活動學習深呼吸並自我放鬆。首先，要求兒童握直棒子，然後快速的吹，結果會產生很多小泡泡。接下來要求兒童做個深呼吸，然後慢慢的吹（持續大約四秒），這會吹出較少但更大的泡泡。可以先示範這些給兒童看。吹大泡泡所需的長呼吸就類似放鬆呼吸時所做的呼吸。對兒童說明吹泡泡活動是為了學習在感到焦慮的時候可以放鬆自己。這是兒童隨時都可以使用的方法。

「好玩」泡泡遊戲

　　吹、追、抓和戳破泡泡所帶來的樂趣可以提升孩子的精神，並且促進學齡前兒童之間的連結。對於處在壓力下和有社交困難的兒童，這種方法很有幫助。

實證發現

　　Chilamakuri、Nuvvula 和 Sunkara（2014）從他們在兒童牙科的經驗中發現，對於處在看牙醫壓力情境下的兒童，吹泡泡呼吸法是對兒童教導具體放鬆方法的一種簡單、有吸引力且高度有效的技術。

應用

　　當兒童情緒上不舒服，或是經歷諸如打針或醫療檢查等壓力情境，吹泡泡呼吸法是教導放鬆的絕佳方式。

參考文獻

Chilamakuri, S., Nuvvula, S., & Sunkara, N. (2014). Play therapy in pediatric dentistry. *Journal of Pediatric Dentistry*, 2(1), 28.

9
積木遊戲

簡介

用積木建造東西的欲望在生命早期就已出現，而且是每個人都會有的傾向。超過一百年來，積木是幼兒教室裡面最有用、最耐用的玩具。除了建造積木之外，Lincoln Logs、Legos（樂高）和 Tinkertoys 等公司的產品也很受兒童歡迎。除了用積木建造之外，擊倒積木塔也是一個幼兒很感興趣的活動（Hanline, 2001）。

原理

一直以來，治療師都會用積木遊戲來增進兒童的認知發展，方式是要求他們投入某種活動，而這個活動需要對自己的行動事先計劃並預期結果（Cartwright, 1974）；用來促進他們的社會發展，方式是要求一個家庭或同儕團體共同建造一間房屋或其他東西（Rogers, 1987）；用來提升他們的情緒，方式是參與一個好玩又有挑戰性的活動；用來促進攻擊的宣洩，方式是讓他們擊倒已建好的積木建構；以及促進他們的自我感，方式是強化他們的問題解決能力及勝任感。

描述

年齡

3 歲以上。

材料

　　對 3～5 歲的學齡前兒童,一組紙板積木、泡棉或中空木製積木,或是 Duplo 積木都很適合。對較大兒童來說,木製套裝積木很受歡迎。平滑但有沙粒感、精確的數學比例,以及無限延伸建造的可能性,都是套裝積木深受所有年齡層兒童喜愛的原因。學齡兒童及青少年也很享受組裝樂高積木的過程。這些小小的塑膠樂高積木於 1940 年代開始發行,在西元 2000 年曾被《財星》(*Fortune*)雜誌和英國玩具零售商協會封為「本世紀最偉大的玩具」。

技術

兩人一組教學

　　治療師充當積木遊戲指導老師——在與缺乏社交技巧的兒童進行互動式建構遊戲時可以做指導、示範、促進及增強式合作。

團體建構

　　若要對 4～8 歲兒童的團體教導社交技巧,可以讓他們用積木做團體遊戲。Short(1997)建議的做法是給孩子們一大袋木製積木(各種尺寸及顏色),然後要求他們一起建造出某樣東西。只有兩個規則,其一是必須用盡所有積木;其二是每個人都必須有所參與。目標是促進合作、團隊工作及凝聚力。

家庭積木遊戲

給家庭一大箱積木，並要求他們用積木做出某項東西，例如房屋。治療師則觀察家庭的互動模式（例如聯盟、主導、未參與的成員）。

擊倒憤怒之牆

在此技術中（Leonetti, 1997），兒童一邊用橡膠球擊倒中空積木或紙牌積木做成的牆，一邊說出令他生氣的事情。目標是幫助難以表達情緒的兒童宣洩、釋放憤怒。

「不要打破冰塊」遊戲

兒童認為「不要打破冰塊」遊戲好玩、有挑戰性又令人興奮。治療上可以用此遊戲來建立關係或是提供情緒的宣洩釋放（Cangelosi, 1997）。此遊戲其中一種應用是要求兒童描述一個讓他感到生氣、挫折、受傷、悲傷或憤恨不平的情境，接下來兒童就用塑膠槌敲落一個冰塊，象徵「擺脫了這種感覺」。治療師鼓勵兒童想想下次碰到類似情境的有效處理方法，接下來換治療師示範擺脫個人負面情緒的有效因應方式。治療師和兒童繼續輪流做，直到所有冰塊都被敲下來為止。

此外，Kenny-Noziska（2008）利用「不要打破冰塊」遊戲與學齡兒童建立關係。每當治療師或兒童敲掉一塊冰，他就必須說出一件跟自己有關的事情，舉例來說，最喜歡的食物或電視節目。

Jenga

jenga 這個字衍生自史瓦希里語，意思是「建造」。此遊戲在 1970 年代由 Leslie Scott 所創，目前由 Parker Brothers 公司發行。這是一種堆積遊戲，供 6 歲以上、兩人或更多人一起玩。起先將 54 塊木製積木建成一座塔（18 層、每層

三塊）。第一位遊戲者用手將任何一層的某一塊積木拿出來，然後放在積木塔的最上面，但不能弄倒積木塔（弄倒其中任何一塊都不能）。此遊戲可以促進專注力、問題解決以及挫折忍受力。遊戲時間大約 5～15 分鐘。

樂高治療

　　樂高積木組合及其附件是一種結構式、可預測及組合式的建構玩具，無怪乎患有自閉症類群障礙症的兒童深受此玩具吸引，因為這類兒童特別喜歡系統、組合的東西。參與樂高治療（Legoff, 2004）的兒童首先要知道一套清楚的「樂高俱樂部」規則，並且在個別治療中發展出樂高積木建造技巧，包括合作建造。在團體治療單元中，兒童學習與他人溝通、表達感受、修正困擾行為、發展問題解決技巧，以及各種正向互動的方式。已經發現樂高本位的互動式遊戲團體對兒童及青少年的社交技巧有幫助，特別是自閉症類群障礙症的兒童（Legoff & Sherman, 2006）。

實證發現

1. Rogers（1985）觀察到在與同儕玩積木時，幼兒園兒童展現的親社交行為——例如微笑、輪流、助人及詢問（相對於命令），是反社交行為——例如打人或丟積木的三倍。

2. Legoff 和 Sherman（2006）發現，比起控制組兒童，接受樂高團體治療的 8～12 歲高功能自閉症兒童在社交勝任能力方面有更顯著的改善。

應用

　　建造材料的遊戲可以提升自我控制，因為它需要有預先計畫、衝動控制及挫折忍受的能力。因此，它特別適用於注意力不足過動症的兒童。它也被發現有助於促進學齡前或學齡兒童的合作式遊戲，對高功能自閉症兒童及青少年也有助益。

參考文獻

Cangelosi, D. (1997). Pounding away bad feelings. In H. G. Kaduson & C. E. Schaefer (Eds.), *101 favorite play therapy techniques* (pp. 142–144). Northvale, NJ: Jason Aronson.

Cartwright, S. (1974). Blocks and learning. *Young Children, 15*, 141–146.

Hanline, N. (2001). Young children's block construction activity. *Journal of Early Intervention, 24*(3), 224–237.

Kenny-Noziska, S. (2008). *Techniques–techniques–techniques. Play-based activities for children, adolescents, and families*. West Conskohocken, PA: Infinity.

Legoff, D. (2004). Use of Lego as a therapeutic medium for improving social competence. *Journal of Autism and Developmental Disorders, 34*(5), 587–598.

Legoff, D., & Sherman, M. (2006). Long-term outcome of social skills intervention based on interactive LEGO play. *Autism, 10*(4), 317–329.

Leonetti, J. (1997). Knocking down the walls of anger. In H. G. Kaduson & C. E. Schaefer (Eds.), *101 favorite play therapy techniques* (pp. 286–290). Northvale, NJ: Jason Aronson.

Rogers, D. (1987, Spring). Fostering social development through block play. *Day Care and Early Education*, pp. 26–29.

Rogers, D. L. (1985). Relationship between block play and the social development of young children. *Early Child Development and Care, 20*, 245–261.

Short, G. (1997). Group building activity. In H. G. Kaduson & C. E. Schaefer (Eds.). *101 favorite play therapy techniques* (pp. 299–300). Northvale, NJ: Jason Aronson.

10
氣球遊戲

簡介

　　氣球在 19 世紀中期由 Michael Faraday 發明，但直到 1931 年才開始大量製造現今可以用嘴吹氣、彩色的橡膠氣球（Swain, 2010）。從那個時候開始，氣球遊戲便逐漸成為無數兒童很喜歡的活動。大家已經發現有許多方法可以讓氣球變得很好玩，例如雜耍、拍氣球、爆破、彩繪及彈跳。

原理

　　氣球遊戲已經被用來促進攻擊的宣洩、自我肯定，並且讓自己對過度警覺、壓力的放鬆和鎮定方法有更多的隱喻式領悟。

描述

年齡
3 歲以上。

材料

一大包圓形（9 到 12 英寸）、各種顏色的橡膠氣球。充氣到 85% 滿的氣球最適合拿來玩遊戲。

技術

氣球爆破

氣球爆破最早是由 Levy（1938）在他的結構式「釋放治療」方法中使用。他這種簡單策略的主要目的是提升膽小、壓抑或易害怕兒童（3～8 歲）的自我肯定，方式是透過爆破氣球，進而釋放受壓抑的攻擊能量。治療師提供許多各種顏色、尺寸及形狀的氣球，然後說：「我們現在來玩氣球！」非常重要的是，第一個氣球只要小爆破，以免破掉的時候製造太大聲響而讓兒童害怕及退卻。接下來治療師鼓勵兒童用任何他想要的方式來爆破氣球。踏和跳是最常見的方式。準備特殊的工具——釘子、槌子、標槍等，以便兒童可以玩出特殊的問題或衝動。隨著遊戲的進展，提供更多的氣球，也要越來越接近爆破點。對於非常焦慮的兒童，在使用這種氣球遊戲之前可能必須先進行比較不會發出那麼嚇人聲響的遊戲，例如紙張嘎嘎響、大喊等。在氣球爆破活動之後，治療師要幫助兒童處理在活動中所體驗到的正向感受（例如力量感、自我肯定、勇敢）。

釋放憤怒

首先與兒童討論減少憤怒感受的各種因應方法，例如吹泡泡呼吸法（慢而深的呼吸）、談話，以及頓足。接下來一邊吹脹氣球並綁緊它，一邊提到有些兒童有時候會生氣到有快爆炸的感覺。然後示範爆炸的情況，方式是要求兒童用腳去踏破氣球或是用針去戳破氣球。吹脹另一個氣球，要兒童用手抓住吹口使氣球不要漏氣，接下來談論因應方法，每當提出一種因應方法之後就要兒童

放掉氣球的一點點氣。最後，與兒童討論生氣時用安全的方法釋放憤怒的好處（Horn, 1997）。

氣球雜耍

作為治療團體第一個單元的破冰活動，可以挑戰兒童拍打所有氣球（一人一個氣球），使其盡可能留在空中不掉下來。在之後的單元中，治療師可以讓活動變得更有挑戰性，方式是增加更多氣球或限制（例如，只能用手肘或是吹氣讓氣球升空）。這個活動可以促進合作、團體凝聚力及彼此的歡樂。

訊息氣球（Steer, 2003）

首先，讓兒童寫下一些訊息或是畫出圖畫以表達對某位逝去摯愛的回憶。這些訊息被貼在一顆氦氣氣球上面。兒童、治療師以及任何一位支持人士一起走到戶外舉行一個釋放儀式。問兒童有沒有想說些什麼話，接下來由兒童釋放氣球並看著它冉冉升空。另一個方法是給兒童一段香並點著它，然後要求兒童看著煙帶著愛的訊息給去世的人。

實證發現

文獻回顧發現，沒有針對氣球遊戲技術的實證研究。

應用

氣球遊戲對兒童來說是很好玩的活動，可以提升他們的情緒。有助於在個別治療中建立關係，也有助於兒童團體治療的凝聚力，還可以用來教導兒童因應憤怒、害羞及喪慟。

參考文獻

Horn, T. (1997). Balloons of anger. In H. G. Kaduson & C. E. Schaefer (Eds.), *101 favorite play therapy techniques* (pp. 250–253). Northvale, NJ: Jason Aronson.

Levy, D. (1938). Release therapy in young children. *Psychiatry, 1*, 387–390.

Steer, C. (2003). The message balloon. In H. G. Kaduson & C. E. Schaefer (Eds.), *101 favorite play therapy techniques* (Vol. 3, pp. 315–316). Northvale, NJ: Jason Aronson.

Swain, H. (2010). *Make these toys: 101 clever creations using everyday items*. New York: Penguin.

11

拳擊袋遊戲

克制憤怒就像是抓住一塊燒紅的煤炭丟向他人；你可能是唯一燒傷的
人。

——釋迦牟尼

簡介

　　拳擊袋（充氣式不倒翁娃娃）是由乙烯樹脂或塑膠做成的可充氣玩具，站
起來大約 120 公分高。在 1960 年代引進時，拳擊袋被廣告為玩具，用來幫助兒
童釋放過多的精力。拳擊袋像有沙包的底座，因此在被擊倒之後可以很快又站
起來。最早拳擊袋上面是畫小丑，但後來就出現各式各樣的角色，包括拳擊
手、足球選手、棒球選手、裁判、海綿寶寶、蜘蛛人和各種卡通人物等。「治
療性的拳擊袋」約 100 公分高，可充氣，由白色乙烯樹脂所做成，但上面沒有
畫上任何圖案，因此兒童可以用可擦拭麥克筆寫上或畫上任何圖案，然後用力
打擊袋子以釋放感受。

原理

　　Virginia Axline（1947）描述非指導式遊戲治療提供機會讓兒童「玩出他累積的緊張、挫折、不安全、攻擊、害怕、困惑」（p. 16）。在列出的推薦遊戲器材中，Axline 收錄了表達攻擊的玩具，例如玩具槍和玩具兵。拳擊袋也可以具有此功能，並且有幾種治療上的益處，包括：

- **宣洩**：在兒童生活中的成人通常不鼓勵兒童表達負面情緒。拳擊袋可以幫助兒童釋放壓抑的生氣、暴怒、喪慟及挫折（Landreth, 2002）。
- **自我表達**：壓抑感覺會造成兒童的焦慮、憂鬱及各種行為問題。打拳擊袋的動作可以釋放未表達、隱藏及潛意識的情緒、想法及衝突。這樣可以幫助治療師理解兒童過去所經驗到的情緒痛苦、憤怒或暴力的程度（McGuinness, 2001）。
- **促進關係**：個人中心治療師認為提供兒童打拳擊袋和公開表達負面情緒的自由，可以傳達出信任及無條件接納的訊息。這樣可以對兒童表達他們可以作自己，不用擔心評價，也不必有改變的壓力，如此就可以促進工作同盟。
- **壓力緩解**：Ginsburg（1993）認為釋放負面情緒可以緩解緊張、焦慮及攻擊，並且帶來平靜和釋放感。

描述

年齡

3 歲以上。

材料

充氣式拳擊袋。

技術

　　拳擊袋有不同的運用方法，取決於治療師的取向。在非指導式遊戲治療中，拳擊袋放在遊戲室裡面，兒童想要玩的時候就可以自由去玩。在指導式治療中，一旦兒童感到焦躁或是需要憤怒感受的宣洩出口，治療師就會鼓勵兒童利用拳擊袋釋放負面的感受。

　　不論治療師的取向為何，拳擊袋的使用需要有特別的限制，以確保身體的安全及預防失控的攻擊性和情緒的過度漫流，限制包括：兒童不能在遊戲室裡面傷害自己、治療師或遊戲器材。假如拳擊袋遊戲變得過度刺激或是造成攻擊性的行動外化，進而產生安全疑慮，治療師必須立刻中止活動。假如打拳擊袋有助於兒童釋放負面情緒並且變得較為平靜，那就是有用的活動。

　　在將拳擊袋運用於治療時，McGuinness（2001）提到必須減少兒童的負面情緒與其攻擊行為之間的連結。他主張必須很小心的回應兒童在拳擊袋上所表達的憤怒情緒，才能幫助兒童了解他們潛藏的害怕和悲傷，以及調和他們的攻擊性。McGuinness贊成聚焦在兒童所傳達出來的感受和經驗，他提供了以下的案例：

　　治療師：你要這傢伙知道你很生氣，你要這傢伙知道被傷害是什麼滋味，你要告訴他們不可以再傷害你。

　　兒童很生氣但卻得到賦權：拿起一把劍、一支槍或一支球棒，然後使用絕大能量去「傷害」拳擊袋。兒童花了很多時間打它的臉——或許與身分認同有關；還有打它的耳朵——或許意味著曾暴露於口語虐待或暴力爭吵。

治療師：你要這傢伙知道臉部受傷是什麼滋味，還不只一次。你要這
　　　　傢伙知道聽到傷人的話是什麼滋味。這傢伙需要一些教訓，
　　　　它必須知道傷很重是什麼滋味。

兒童：對，他需要得到教訓。我很強。（對著拳擊袋）這樣你喜歡
　　　嗎？（兒童繼續打拳擊袋。一旦兒童經驗到治療師對他情緒事
　　　件的理解，兒童就會更深的進入他的遊戲。）

治療師：你要這傢伙知道你現在很強，你有一些力量可以勝過這傢伙
　　　　了。你還想告訴這傢伙什麼事情嗎？（pp. 325-326）

變化技術

拳打報紙、拋丟，然後擺脫一切

　　由 Lindaman（2003）描述的這個技術提供 3～11 歲兒童一個宣洩經驗。這個技術需要用到六大張報紙。治療師用兩手抓住一張報紙的兩邊，兒童則用拳頭打穿報紙。重複幾次之後，兒童和治療師將報紙捲成球狀，然後兒童將報紙球丟進治療師用雙手拉成的圈圈裡。接下來治療師和兒童將球彼此互丟以擺脫它們。

憤怒的面紙遊戲

　　由 Filley（2003）引入，這個適用所有年齡的技術需要有白紙、蠟筆、面紙、一小杯水及膠帶。治療師要求兒童設想一個最近讓他感到挫折或生氣的情境，再由兒童利用蠟筆和一張白紙畫出一張畫，象徵著人或是情境。圖畫好之後，兒童將畫貼在牆上或門上，大約眼睛高度。接下來兒童用面紙在一杯水中吸水，再擠掉多餘水分。兒童站在離畫三到四英尺遠，然後用面紙丟向圖畫。遊戲的目標是讓濕面紙黏在圖畫上面。兒童可以持續將濕面紙丟向圖畫，直到他不再感到憤怒。

撕書頁

　　示範給兒童看如何撕下電話簿的書頁，把書頁揉成紙球，再丟入垃圾桶中，以便讓自己擺脫憤怒的情緒。

實證發現

1. Bandura、Ross 和 Ross（1961）發現，暴露於攻擊示範的學齡前兒童比較容易出現攻擊行為。在他們經典的充氣式不倒翁娃娃實驗中，年齡 3～6 歲的 36 位男孩和 36 位女孩被分成三組。第一組暴露於攻擊示範，第二組暴露於非攻擊示範，而第三組則沒有暴露於任何示範。在攻擊示範場景中，成人示範了對不倒翁娃娃敲打、拳打、丟東西、用槌子敲以及大叫。在非攻擊場景中，成人玩玩具但忽略不倒翁娃娃。接下來所有各組的兒童都自由的玩 20 分鐘。

　　　　結果顯示，暴露於攻擊示範的兒童比其他兩組都更容易模仿身體和口語的攻擊行為。整體來說，兒童比較容易受到相同性別的示範所影響。此外，觀察到非攻擊示範的兒童比控制組出現較少槌子攻擊行為。最後，男孩比女孩更容易模仿攻擊行為。

2. Bushman、Baumeister 和 Stack（1999）發現，打拳擊袋會增加而非減少後續的攻擊性。研究參與者被分成三組。第一組閱讀贊成宣洩的文章，第二組閱讀中性的文章，而第三組閱讀反對宣洩的文章。接下來參與者寫一篇小品文章。為了引發憤怒，一半的參與者被給予負面回饋，另一半則給予正面回饋。接下來參與者可以選擇打拳擊袋、進行非攻擊活動，或什麼事都不做。接受負面回饋的第一組參與者比接受負面回饋的第二組和第三組參與者更容易選擇打拳擊袋。此外，接受正面回饋的參與者會選擇投入非攻擊活動。

　　研究者的第二項研究顯示，投入宣洩行為並不能降低憤怒。參與者被分成兩組，一組打拳擊袋而另一組沒有。接下來兩組參與者都與虛擬的對手玩競賽遊戲。在遊戲的過程中，參與者會有機會用一陣噪音處罰他們的對手，而噪音的強度和時間長短就被當成攻擊的強度。研究者發現，打拳擊袋的參與者比控制組更有攻擊性。研究者留意到憤怒的參與者很享受打拳擊袋，某種程度來說這個活動讓他們感覺很爽快。他們提到，比較享受打拳擊袋的參與者在接下來的實驗中也對對手更有攻擊性（Bushman et al., 1999, p. 375）。

應用

　　對於經過真實生活的挑釁或挫折之後仍壓抑住憤怒情緒表達的兒童而言，拳擊袋活動對他們會有幫助。拳擊袋活動也可以幫助害羞、壓抑的兒童變得更自我肯定，並且對遭受過虐待、家庭暴力和不公義的兒童注入力量感。由拳擊袋所引發的身體和情緒表達應該要附帶修通的過程，這樣才能讓有攻擊性的兒童對引發憤怒的情境有更好的因應（Bohart, 1980）。

禁忌

　　打拳擊袋可能引發某些兒童的身體激奮、愉悅和力量感，進而增強和增加未來出現攻擊行為的可能性（Baumeister, Dale, & Sommer, 1988; Bushman et al., 1999）。Markham（2009）認為打拳擊袋會增強憤怒感覺與攻擊行為之間的連結。

　　根據過去的研究，在讓兒童運用拳擊袋來發洩憤怒之前需要先有完整的評估。若兒童過去曾出現暴力或高度攻擊的行為、衝動控制差，或是很享受對人施加身體痛楚，就不適合使用拳擊袋。此外，最好是使用空白、無臉的拳擊

袋，而非有人臉的拳擊袋。這樣可以讓兒童釋放負面情緒，同時減少專注在對人的攻擊上。關於這方面，在回顧有關宣洩理論的文獻之後，Bushman（2002）總結如下：

> 為了降低憤怒和攻擊，有可能最壞的建議就是告訴人們，在毆打枕頭或拳擊袋時想像挑釁者的臉就在上面，然而這卻是許多一般心理師告訴人們該這麼做的。（p. 730）

參考文獻

Axline, V. M. (1947). *Play therapy: The inner dynamics of childhood*. Oxford, UK: Houghton Mifflin.

Bandura, A., Ross, D., & Ross, S. A. (1961). Transmission of aggression through imitation of aggressive models. *Journal of Abnormal and Social Psychology, 63*, 575–582.

Baumeister, R. F., Dale, K., & Sommer, K. L. (1998). Freudian defense mechanisms and empirical findings in modern social psychology: Reaction formation, projection, displacement, undoing, isolation, sublimation, and denial. *Journal of Personality, 66*(6), 1081–1124.

Bohart, A. C. (1980). Toward a cognitive theory of catharsis. *Psychotherapy: Theory, Research and Practice, 17*(2), 192–201.

Bushman, B. J. (2002). Does venting anger feed or extinguish the flame?: Catharsis, rumination, and aggressive responding. *Personality and Social Psychology Bulletin, 28*(6), 724–731.

Bushman, B., Baumeister, R., & Stack, A. (1999). Catharsis, aggression and persuasive influence: Self-fulfilling or self-defeating. *Journal of Personality and Social Psychology, 76*(3), 367–376.

Filley, D. K. (2003). Angry Kleenex game. In H. G. Kaduson & C. E. Schaefer (Eds.), *101 favorite play therapy techniques* (pp. 336–338). Lanham, MD: Jason Aronson.

Ginsberg, B. G. (1993). Catharsis. In C. E. Schaefer (Ed.), *The therapeutic powers of play* (pp. 107–141). Northvale, NJ: Jason Aronson.

Landreth, G. (2002). *Play therapy: The art of the relationship*. New York: Brunner-Routledge.

Lindaman, S. L. (2003). *101 favorite play therapy techniques* (Vol. 3). Lanham, MD: Jason Aronson.

Markham, A. (2009, September 24). You can't punch your way out of anger. *Psychology Today*. Available at *https://www.psychologytoday.com/blog/ulterior-motives/200909/you-cant-punch-your-way-out-anger*.

McGuinness, V. (2001). Therapeutic responses to the bop bag: Healing anger and aggression in children. In H. G. Kaduson & C. E. Schaefer (Eds.), *101 more favorite play therapy techniques* (pp. 323–327). Northvale, NJ: Jason Aronson.

12
感官遊戲

簡介

　　遊戲治療本質上是一種感官經驗。在使用玩具和藝術材料時，兒童運用了視覺和觸覺；在聽音樂或治療師說話時運用了聽覺；在對治療師說話時運用了語言；食物被納入治療時會運用到味覺；在遊戲治療室裡有蠟燭、空氣清新劑或加香味的橡皮擦時運用了嗅覺。

　　感官處理涉及到神經系統接收五官訊息並將之轉換為適當回應或行為的方式。若感官輸入沒有被正確組織起來，感官處理的困難就可能發生。Jean Ayres 在 1960 年代創立了感覺統合專業，將感官處理障礙比擬成神經方面的「交通阻塞」，它讓大腦無法接收要正確解析感官信號所需的資訊（Sensory Processing Disorder Foundation, 2015），結果可能造成一些困擾，例如肢體笨拙、干擾行為、焦慮、憂鬱、學習困難或自我規範問題。

　　Ayres 開發一種感官處理困難的治療方法，在一種好玩的氛圍下循序漸進挑戰感官經驗。Greenspan 和 Weider（2000）也發展出一種有趣的方法，讓父母利用遊戲加入孩子，並且逐漸引入一些挑戰來促進互動、溝通及思考。假如孩子反應不足，父母就運用活潑的方式；相反的，假如孩子過度反應，父母就運用比較平靜的方式。

原理

　　感官遊戲幫助兒童用新的方式經驗世界。它刺激兒童的感官並強化神經路徑，進而有助於兒童的身體、認知、社會及情緒發展。感官遊戲有許多療效助益，包括：

- **社交技巧**：在團體中運用感官遊戲可以讓兒童有機會觀察同儕如何利用材料、分享他們利用材料的點子、實驗新方法，以及享受同儕的陪伴。
- **自信**：一旦兒童學會忍受感官經驗、接受透過這些感官經驗所帶來的挑戰，並且用適當的方式回應它們，他們就會發展出自信和自尊。
- **掌握**：由於感官遊戲很有趣且吸引人，它可以讓人有克服阻礙的動力，而這會增加他們的嘗試興趣，最終改善他們的感官功能。這些助益可以帶來掌握和勝任感。
- **放鬆**：感官遊戲幫助兒童調節與無聊、激躁、憤怒或不安有關的內在不舒服。一個簡單的活動，像是拉扯橡皮泥（Silly Putty），就可以提供舒適並減輕壓力。
- **愉快和創造力**：感官遊戲屬於過程導向。它幫助兒童用新的方式經驗世界，並且提供他們可以促進假裝遊戲及創造力的愉快經驗。

描述

年齡

2 歲以上。

技術

感官遊戲可以透過五種感官其中之一或任何組合。觸覺遊戲包括操弄黏性物質、黏土、沙子、水、橡皮泥、豆子、小珠子，擠壓壓力球，或是撫摸寵物或絨毛玩具。口語遊戲包括發出動物聲音、遊戲扮演不同角色、低吟或唱歌。聽覺遊戲包括舒緩或動感音樂，海洋、河流或野生動物的聲音，彈奏樂器，或是撥動樂鐘。視覺遊戲包括畫圖、彩繪、萬花筒、雙眼望遠鏡、吹風車，或上下轉動魔術棒看裡面的水快速移動。最後，味覺經驗包括讓兒童嘗試不同味道和質感的食物。

變化技術

黏黏物

在這個由 Cabe（1997）首創的技術中，治療師與兒童一起製作遊戲黏土或個人橡皮泥，Cabe 稱之為黏黏物（gloop）。遊戲黏土由麵粉、鹽巴、水和蔬菜油混和而成。假如兒童想要，也可以增添食物色素和香料上去。若要黏黏物更為液態，則由白膠、水以及 20 Mule Team Borax 洗衣粉混和而成。可以用上述材料來製作人物或物品，兒童在單元結束之後可以帶回家。

刮鬍泡

在此技術中（Greenberg, 2003），治療師放置一罐刮鬍泡以及其他材料，諸如顏料、黏土和蠟筆，然後告訴兒童可以選擇任何他想要用的東西玩。兒童可以將刮鬍泡噴在桌上、抹開它、戳它，然後製作出形狀或物品。他們可以將刮鬍泡噴在手掌和手臂，並假裝自己在刮毛。有些兒童很喜歡將刮鬍泡和水放在洗手槽裡混在一起，然後用打蛋器打出泡泡。除了享受刮鬍泡的觸感及柔滑之外，許多兒童也很喜歡它持久不退的香味。

乳液遊戲

　　此技術（Rieff, 2003）需要乳液和棉花球。單元一開始由治療師用乳液細數和照顧兒童的小傷口。這麼做之後，治療師可以用乳液將棉花球黏在自己的鼻子上，然後治療師和兒童盡量嘗試將棉花球吹掉。在試過幾次之後，治療師示範將塗滿乳液的棉花球丟向牆壁，也鼓勵兒童照樣去做。這些活動有助於兒童學習調節感官輸入。此技術可以根據兒童的需要和忍受度而做調整。對某些兒童來說，只要細數小傷口就已足夠，而其他人則可以忍受更多的感官經驗。

實證發現

　　Gourley、Wind、Henninger 和 Chinitz（2013）對 2～5 歲都市兒童樣本檢視感官處理困難、父母壓力及行為問題之間的關係。樣本共有 59 位被確認有發展及行為困難的兒童。父母完成了兒童行為問卷、父母壓力量表—簡版，以及簡短感官側寫。研究發現，兒童有很高比例（55.9%）的感官處理困難，而這又與行為困難和父母壓力有相關。此結果顯示，隨著感官處理問題增加，行為困難和父母壓力也會增加。

應用

　　感官遊戲以一種有趣及漸進的方式幫助兒童忍受感官經驗。對於有感覺統合困難與自我調節問題的兒童，它是一種滿理想的方法。此外，感官遊戲可以幫助曾遭受虐待、疏忽或創傷的兒童減少過度警覺。患有注意力不足過動症、焦慮症、自閉症類群障礙症和憂鬱症的兒童也能從感官遊戲的舒緩特性中獲益。同時，玩黏土和濕沙等黏黏的物質，可能可以減少兒童玩身體排泄物的衝動。

參考文獻

Cabe, N. (1997). Gloop: Treating sensory deprivation. In H. G. Kaduson & C. E. Schaefer (Eds.), *101 favorite play therapy techniques* (pp. 83–86). Northvale, NJ: Jason Aronson.

Gourley, L., Wind, C., Henninger, E. M., & Chinitz, S. (2013) Sensory processing difficulties, behavior problems, and parental stress in a clinical population of young children. *Journal of Child and Family Studies, 22*(7), 912–921.

Greenburg, C. H. (2003). Shaving cream. In H. G. Kaduson & C. E. Schaefer (Eds.), *101 favorite play therapy techniques* (Vol. 3, pp. 282–285). Northvale, NJ: Jason Aronson.

Greenspan S. I., & Weider, S. (2000). Developmentally appropriate interventions and practices. *Clinical Practice Guidelines* (pp. 265–266). Bethesda, MD: ICDL Press.

Rieff, M. L. (2003). The lotion game: A theraplay technique. In H. G. Kaduson & C. E. Schaefer (Eds.), *101 favorite play therapy techniques* (Vol. 3, pp. 143–144). Northvale, NJ: Jason Aronson.

Sensory Processing Disorder Foundation. (2015). About SPD. Retrieved from *http://spdfoundation.net/about-sensory-processing-disorder.html*.

第二部分

隱喻與說故事技術

13

具體的遊戲隱喻

簡介

　　自聖經時代以來，隱喻便一直被用來開啟人的心思以認識新的思考和行為方式。隱喻長久以來一直是傳統療癒方式的一環，而不同流派的臨床工作者正在重新發現隱喻在遊戲治療中的用途。隱喻是一種想法處理方式，即用一種東西來表示另一種東西。而道具（prop）則是一個具體的物體，比如一個玩具，治療師將它轉換成一個與治療有關的隱喻物體。道具可以將抽象的概念轉換成可以看得見、摸得到、用來遊戲的具體表徵。這使得幼童更容易理解，因為他們主要是透過圖像而不是抽象的口語去思考（Walawander, 2007）。

原理

　　在兒童身上，隱喻有兩種主要治療功能，即：
- **自我表達**：道具提供兒童自然的語言去表達無法輕易或完全無法以語言解釋的擔憂、欲望和情緒。
- **新的學習**：藉由將隱喻與普通生活經驗中熟悉的圖像產生連結，具體的隱喻能夠幫助兒童理解困難和抽象的概念。有趣的道具還能提高兒童對學習的興趣。

描述

年齡

4～10 歲。

技術

保險絲

　　這是由 Schimmel 和 Jacobs（2011）所發展出來的技術，治療師給一個很容易生氣的孩子看兩條細繩，一條約 2.5 公分長，另一條約 30 公分長。治療師解釋，和擁有較長保險絲的人相比，一個擁有這麼短保險絲（細繩）的人會很容易生氣，會比較快爆炸（大吼大叫、尖叫、打架、惹麻煩）。接著，治療師指出，擁有較長的保險絲，就有比較多的時間思考，並在遇到事情時能有更好的反應，而不是就這麼爆炸。然後治療師詢問兒童是否願意學習如何擁有較長的保險絲。

隱喻式的家庭

　　首先，提供孩子 25～30 個各式各樣的迷你玩具，包括能引起正面和負面聯想的各種小物件，例如溫馴的動物、野生動物、昆蟲、幻想的角色（女巫、龍、仙女、王子、公主、國王、王后等）。接下來，請孩子為每一位家人各選出一個最能代表這位家人的小物件，包括一個代表自己的物件，例如，孩子可能選一隻甲蟲（bug；譯註：bug 又有竊聽或煩人的意思）來代表媽媽（「她總是煩我」），一隻蠍子代表爸爸（「他總是打我、傷害我」），選一位聖誕老公公來代表祖父（「他喜歡買東西給我」）。另一種做法是，請每一位家人各選一個小物件來代表家中的每一位成員。

將感覺外化

請孩子各選一隻玩具動物來反應自己的每一種情緒（例如，凶猛的老虎代表生氣，弱小的老鼠代表恐懼）。然後和孩子一起進行腦力激盪，想出各種方法來克服和這些表達感覺的物件有關的適應不良行為。

我的陰影

請孩子選出一個小物件或物體來代表自己的「黑暗面」。

氣球爆炸

把一個氣球充氣，直到它爆炸為止，來代表在自己內心醞釀的憤怒，直到它爆發成攻擊性行為（參見 10「氣球遊戲」）。

實證發現

具體的遊戲隱喻技術仍需要實證研究。

應用

具體隱喻是一種很有用的方法，讓治療師能將抽象的概念轉換成具體的想法和具體的呈現方式，使孩童能容易理解。這使治療師能以有意義和適齡的方式教導孩童一些事情。隱喻也是幫助孩童表達議題和擔憂的一種有用方式。隱喻可以用在各種主述問題的孩童身上。

參考文獻

Schimmel, C., & Jacobs, E. (2011). Ten creative counseling techniques for helping clients deal with anger. Retrieved from *http://counselingoutfitters.com/vists/vista11/article_53.pdf*.

Walawander, C. (2007). *The therapeutic use of props*. Ann Arbor, MI: Proquest.

14

烏龜技術

簡介

　　烏龜技術原本是設計用來教導大人控制自己的憤怒，但兒童臨床工作者和教育工作者也應用它在學齡前和學齡兒童身上以達到類似的目的（Greenberg, Kusche, Cook, & Quamma, 1995; Robin, Schneider, & Dolnick, 1976; Schneider, 1974; Webster-Stratton & Hammond, 1997）。烏龜技術是一種幫助兒童自我冷靜下來並控制干擾行為的一種方法，此技術由 Schneider 和 Robin（1974）所發展，它結合了控制憤怒和衝動的策略，以協助兒童辨認憤怒，學著如何控制它，並找到方法來處理令人憤怒的情境。它利用「烏龜在感到威脅時縮到自己的殼裡」這個隱喻來達到此目的。這種技術教導兒童，在感到情緒無法控制或被令人憤怒的情境所淹沒，而使他們想要將情緒爆發出來時，縮到自己想像的殼裡。

原理

　　研究顯示，在童年早期展現出攻擊行為的兒童，有較大的風險發展出持續至成年期的反社會行為（Kazdin, 1987; Walker et al., 1996）。許多有行為問題的兒童缺乏在面對挑釁、失望及挫折時控制憤怒爆發所需的技術，僅僅告訴這類

兒童「冷靜下來」不太可能改變他們的感受或行為。透過好玩的烏龜隱喻教導兒童一種有效的問題解決技術反而是成功的做法。

　　烏龜技術不僅使兒童的內心發生轉變，也為外在環境帶來正面影響。這種技術的治療益處包括：

- **自我表達**：烏龜技術幫助孩子學會以健康的方式表達自己的感受。Schneider 和 Robin（1974）寫道：

> 當孩子衝動的將自己的情緒對周圍的環境爆發出來時，他可能在表達未經處理的情緒，但他這種表達情緒的行為可能為自己和其他人帶來負面的後果。透過烏龜技術，我們教導孩子學會將自己的情緒以適當的方式表達出來：相對於情緒爆發，孩子學會定義自己的需求（例如，尋求愛慕、尋求關注、想要比較輕鬆的工作、想要一枝鉛筆等），並以利社會的方式表達這些情緒以使這些需求獲得滿足。本質上，我們想辦法教導孩子分辨自我肯定和攻擊之間的差別。（p. 9）

- **利社會行為**：若孩子進行烏龜技術而不是對同儕的問題行為做出反應，這位原本有干擾行為的孩童不會再像之前一樣因其不當行為而受到關注。
- **隱喻式教導**：「退縮回殼裡並放鬆」提供孩童一種替代的方法去面對挫折和處理強烈的情緒。此外，這種技術的解決問題層面教導孩童如何以健康的方式去處理挫折，並讓自己的需求獲得滿足。
- **創意思考**：烏龜技術鼓勵兒童想出創新的方法去解決問題。這能促進思考和行動的靈活度。
- **自尊**：控制內心感受的能力能提升孩童的自尊，因為它讓孩童覺得自己有能力且能夠自我掌控。

描述

年齡

對於 4～8 歲的兒童，不論個人或團體，烏龜技術在治療室或教室環境中都有很好的效果（Schneider & Robin, 1974）。

材料

烏龜玩偶或紙餐盤做的烏龜模型。

技術

一開始先向孩子解釋你手中拿著的這個烏龜模型已經學會了一種「在生氣時使自己冷靜下來」的特別技術。首先，牠發覺到自己正感到生氣，接下來，牠在心裡想著：「停下來！」然後牠縮回自己的殼裡，將手和腳都貼緊身體，閉上眼睛，低下頭，深呼吸三次，同時心裡想著讓自己冷靜下來的想法，例如：「我可以保持冷靜並想出好的解決方法。」最後，在冷靜下來並想出解決方法之後，烏龜從牠的殼裡出來。操作頭部和四肢能夠伸縮至殼裡的烏龜玩偶或紙餐盤做的烏龜模型，孩童可以練習這四個步驟。網路上有烏龜技術的圖片，可以用來提醒孩子使自己冷靜下來的這些步驟。由 Schneider 和 Robin（1974）所發展出來的原始「烏龜手冊」也可在 Google 上搜尋得到。

烏龜技術已被用來教導孩童個人和團體一種結合想像力、解決問題和放鬆自己的技術，不需要做出攻擊行為便可解決問題。為了促進這種方法普及化，治療師可以將這種技術分享給老師和家長。一旦孩童學會了烏龜技術之後，在孩童受激怒時，大人可以舉起一隻手並握緊拳頭（象徵烏龜縮到殼裡），以這個視覺訊號來提醒孩童使用這項技術。

實證發現

1. Heffner、Greco 和 Eifert（2003）發現，學齡前兒童比較喜歡接受到隱喻式的放鬆指示（「假裝你是一隻縮到殼裡的烏龜」），而不是明確字面意思的放鬆指示（「將肩膀縮到耳朵旁」）。

2. Robin 和其同事（1976）探討了使用烏龜技術幫助有情緒困擾的兒童改善自己對攻擊行為的自我控制能力。結果顯示教室裡的攻擊行為明顯減少。

3. Bethell、Newacheck、Hawes 和 Halfon（2014）發現，6～17 歲兒童與青少年若能有保持冷靜和自我控制的能力，在面對挑戰時就比較能改善壓力生活事件所帶來的負面衝擊。

應用

對經驗到創傷的孩童，烏龜技術能培養其復原力。它也能幫助有行為問題的兒童學會以恰當的方法解決問題，因此在面對如嘲笑等挑釁時，能抑制自己做出衝動、攻擊的回應。

參考文獻

Bethell, C., Newacheck, P., Hawes, E., & Halfon, N. (2014). Adverse childhood experiences: Assessing the impact on health and school engagement and the mitigating role of resiliency. *Health Affairs*, *33*(12), 2106–2115.

Greenberg, M. T., Kusche, C., Cook, E., & Quamma, J. (1995). Promoting emotional competence in school-aged children: The effects of the PATHS curriculum. *Development and Psychopathology*, 7, 127–136.

Heffner, M., Greco, L., & Eifert, G. (2003). Pretend you are a turtle: Children's responses to metaphorical versus literal relaxation instructions. *Child and Family Behavior Therapy*, *25*(1), 19–33.

Kazdin, A. E. (1987). Treatment of antisocial behavior in children. *Psychological Bulletin*, *102*(27), 187–203.

Robin, A., Schneider, M., & Dolnick, M. (1976). The turtle technique: An extended case study of self-control in the classroom. *Psychology in the Schools*, *13*, 449–453.

Schneider, M. (1974). Turtle technique in the classroom. *Teaching Exceptional Children*, *7*(1), 22–24.

Schneider, M., & Robin, A. (1974). Turtle manual. Retrieved from *http://files.eric.ed.gov/full-text/ED128680.pdf*.

Walker, H., Horner, R., Sugai, G., Bullis, M., Sprague, J., Brisker, D., et al. (1996). Integrated approaches to preventing antisocial behavior problems among school-age children and youth. *Journal of Emotional and Behavior Disorders*, *4*(4), 194–209.

Webster-Stratton, C., & Hammond, M. (1997). Treating children with early-onset conduct problems: A comparison of child and parent training interventions. *Journal of Consulting and Clinical Psychology*, *65*(1), 93–109.

15
情緒溫度計

簡介

　　幾十年來，治療師已經使用個案自我評量表來獲得資訊以設定治療目標和評估進度，例如，Wolpe（1969）發展出主觀困擾評量表（Subjective Units of Distress Scale, SUDS）以量測個案所經驗的主觀心理痛苦強度。此外，敘事治療師也使用量尺技術以幫助個案以0到10的等級來表達自己的困擾（Guterman, 2006）。

　　許多兒童治療師使用溫度計這個視覺式的隱喻，讓兒童表示自己的情緒強度等級。對兒童而言，溫度計是一個熟悉的儀器，就像一個有標示尺度的玻璃管和燈泡一樣，當內部溫度改變時，其指標會上升或下降。同樣的，情緒溫度計是一種視覺工具，用來幫助兒童表示自己內心感覺強度的等級。過去 40 年來，它已被當成視覺式的類比量尺，以評估個案自己所報告的情緒狀態（Ahearn, 1997）。

　　情緒溫度計提供一種方法以從低到高的連續性去表達感覺的強度。它的上面常畫有線條或逐漸變化的級度，以及描述情緒強度的數字、文字或圖案。通常要求兒童在溫度計上表示自己情緒強度的部分著色，以表達其內心的感受，例如生氣、恐懼或快樂。

原理

　　兒童通常的思考模式是強烈的黑或白，而不太能夠明白事實上情緒是一種連續變化狀態。情緒溫度計提供兒童一種適齡的方式去學習情緒和行為的複雜性和逐漸變化性。其治療益處包括：

- **自我表達**：圖案和其他視覺式的隱喻使兒童能表達一些他們不一定能使用語言來描述的情緒強度（Briesmeister, 2001）。
- **自我覺察**：情緒溫度計提供兒童一種工具以了解自己的感覺，以及使這些感覺加劇或減緩的人、情況和環境。
- **正面情緒**：情緒溫度計使兒童有參與感，而且它的著色和製作活動很好玩。情緒溫度計可以符合兒童的個別特殊需求和人格特質，使他們變得有幽默感和／或易於建立關係。

描述

年齡

5 歲以上。

材料

在網路上可以下載各種免費的情緒溫度計模型。

技術

　　大部分兒童對溫度計都不陌生，而且知道在生病時，父母會用溫度計為他們量體溫。治療師可以用一張情緒溫度計的圖案來介紹情緒溫度計的概念。或者，在治療時間開始之前，治療師可以畫出一個個人化的情緒溫度計，以處理

該兒童的特殊情緒和發展需求，並和該兒童一起製作它。Freeman 和 Garcia（2008）提供以下的對話以介紹情緒溫度計：

情緒溫度計就像其他溫度計一樣，只不過它量測的是感覺，而不是體溫。知道你自己的感覺和你對某些事的感覺強度能幫助我們在這個療程中互相合作。這是一張情緒溫度計的圖案。在圖案的最上方，有一個皺著眉頭的臉，它的旁邊是一個 10 的數字。如果你把某件事的強度列在這個皺眉臉和 10 的地方，這表示你對那件事的感覺非常不好，或你對自己正要評估的情況感到非常焦慮。在圖案最下方，有一個笑臉和 0 的數字，如果你把某件事列為笑臉和 0 的等級，這表示你對自己正要評估的情況完全不感到焦慮，或完全沒有任何不好的感覺。想像一下，在這個溫度計的中間，有一個既不是笑臉，也不是皺眉臉的圖案和一個 5 的數字。我們要把這種臉叫作什麼臉呢？（如果孩子沒有提出一種名稱，建議稱它為中間臉。）這表示你對目前要評估的情況有一些焦慮或不好的感覺。你可以舉出一些你會把它評為笑臉、中間臉和皺眉臉的情況或例子嗎？（p. 65）

變化技術

慌亂溫度計

Rubin（2003）設計出這個適用於所有年齡兒童的技術。慌亂溫度計（fluster-ometer）是一個硬紙板做成的轉盤，中間用大頭針固定著一根指針或慌亂箭頭，好讓指針或箭頭可以左右移動。這個轉盤有三個區塊：綠色（正常運行區）、黃色（慌亂區）、紅色（腦筋動不了區）。每一區有一些文字小方塊，裡面寫著一些兒童們要告訴自己的訊息。例如，綠色區裡的訊息包括「我知道這件事」和「這很簡單」。黃色區的訊息包括「我應該知道件事」和「為什麼

我想不到呢？」紅色區的訊息則包括「我很笨」和「我永遠都不知道這件事」。治療師和兒童將這些訊息套用到兒童在面對學校裡或遊戲情境時所遇到的具挑戰性的任務，以及挫折的程度。因此，在遊戲室玩遊戲時，如果兒童在進行某些任務時感到慌亂的話，兒童和治療師可以將指針放到兒童正經驗到的那個區域裡。在使用完放鬆技術之後，指針又回到原點。Rubin 指出：「在使用減少焦慮技術時追蹤指針往下移動是立即目標，而在治療室之外使用這些技術則是長期的挑戰。」（p. 292）

壓力計

　　Golden Path Games（2014）的作者們為 7 歲到成人設計了這個可印出來的評估工具。壓力計（stressometer）提供個人一種視覺式的工具來評估自己生活中壓力帶來的影響。一個壓力計包括三個部分：一個想法框，用來辨認壓力的來源；一個感覺圖表，用來探索對特定壓力源的情緒回應；一個壓力溫度計，用來測定個案對於該壓力源處理得如何。剛開始時，治療師和孩童討論什麼是健康的壓力、什麼是不健康的壓力。接著，孩童使用想法框來辨認自己生活中健康和不健康的壓力源，並選出其中一個特定的壓力源來討論。於是與這個壓力源有關的情緒得到檢視，孩童將溫度計著色，以反映出他正經驗到多強的壓力。接著討論孩童的這種壓力是健康或不健康的，並將焦點放在有幫助的處理壓力技術上。

情緒壓力計

　　Elliot（2002）發展出情緒壓力計，它是一種圖像式的協助工具，設計來幫助 5～12 歲兒童討論自己的感受和情緒。這個壓力計有兩端，讀數從 0（生活很糟）到 10（生活很棒）。在每單元的一開始，孩童被要求在這個壓力計上畫一條線，來表示自己的生活情形。有些孩童會使用不同的顏色分別去表達與家庭、學校和朋友相關的感覺。協助孩童以這種方式討論困擾他們的事，使這些

事情變得具體且可以管理。

感覺和行為溫度計

　　這是由 Briesmeister（2001）所發展的技術，在一張卡紙或海報紙上畫一個大溫度計，在溫度計的外面畫 1 至 5 的刻度。將底部剪掉，在它後面貼一張小小的紅色紙條和一張小小的藍色紙條。孩童們被告知移動紅色紙條到表示他們的感覺強度的那個刻度，藍色紙條則表示他們的行為狀態強度。這項技術幫助孩童管控自己的感覺和行為。它也可以用在幼童身上，利用玩偶來教導他們認識各種感覺。

幾度？

　　Macklem（2010）引進這個方法作為 8 歲（含）以上兒童的小團體活動。這個活動的目的是幫助兒童將一個數字和一個表示情緒強度的詞彙連結在一起。首先，展示一個感覺溫度計，在一個連續面有 1～6 的數字，然後說出一種情緒，例如生氣。接著兒童們輪流擲骰子，並想出一個詞彙來描述骰子上數字所代表的情緒強度。例如，如果骰子上的數字是 6，而正在討論的情緒是生氣，那麼孩童要想出一個強烈生氣的詞彙（例如狂怒）。

其他視覺性隱喻

　　Freeman 和 Garcia（2008）描述了（溫度計以外的）多種視覺式隱喻來幫助兒童將自己的感覺劃分等級，例如，搬著沉重的磚塊這個隱喻，可以讓兒童畫出磚塊的數目來反應出他目前正經驗到某個情況的沉重程度。同樣的，兒童可以用「肚子裡有蝴蝶」（譯註：butterflies in the tummy 用來形容緊張焦慮）這個隱喻，他們可以畫出蝴蝶的數目來表示自己目前的焦慮程度。

實證發現

1. Wyman 和其同事（2010）發現，有被教導如何監督並控制憤怒及其他情緒的兒童，在教室裡的行為確實有改善，而且違犯紀律和遭停學的事件明顯減少。226 位被發現有高度行為問題和在教室裡有社交行為問題的幼兒園到三年級的兒童參與了此項研究計畫。輔導老師教導在這個研究小組裡的兒童認識各種情緒，並使用情緒溫度計去教導他們自我控制和管理自己的情緒。兒童們學會使用「心智力量」（mental muscles）去追蹤自己的情緒，並防止自己的情緒進到在溫度計上標示為「熱」的區域。兒童們也學習使用呼吸練習和引導式想像法（guided imagery）去維持自我控制並恢復平衡狀態。研究結果顯示，接受這些訓練的兒童在教室裡的行為的確有改善，而且其違犯紀律事件也減少。他們也展現出比較不具攻擊性或干擾性的行為，其正從事的任務學習行為也有所改善。在社交表現方面，他們變得比較不退縮並且變得更有自信。

2. Beck、Tan、Lum、Lim 和 Krishna（2014）的一份研究發現，對評估癌症病人的沮喪、焦慮和憂鬱情緒，情緒溫度計是有效且可靠的工具。

應用

　　情緒溫度計提供兒童一種方法去辨認、監督並管理自己的感覺、想法和行為，這使得情緒溫度計對有各種主述問題的孩童而言是一個極為寶貴的工具。情緒溫度計可以用來幫助兒童辨認並測量自己在恐懼、焦慮、憂鬱、憤怒、完美主義和社會抑制等方面的外在狀態之程度，它也提供治療師一種方法長時間追蹤這些情緒上的改變。情緒溫度計這項技術可以應用在個人、團體和家庭治療上，也可以應用在教室情境中。

參考文獻

Ahearn, E. P. (1997). The use of visual analog scales in mood disorders: A critical review. *Journal of Psychiatric Research*, 5, 569–579.

Beck, K. R., Tan, S., Lum, S., Lim, L., & Krishna, L. (2014). Validation of the emotion thermometers and hospital anxiety and depression scales in Singapore: Screening cancer patients for distress, anxiety and depression. *Asia-Pacific Journal of Clinical Oncology*. Retrieved from *http://onlinelibrary.wiley.com/doi/10.1111/ajco.12180/abstract*.

Briesmeister, J. M. (2001). The "feeling" and "doing" thermometer: A technique for self-monitoring. In H. G. Kaduson & C. E. Schaefer (Eds.), *101 more favorite play therapy techniques* (pp. 98–102). Northvale, NJ: Jason Aronson.

Elliott, S. (2002). The emotional barometer. In C. E. Schaefer & D. M. Cangelosi (Eds.), *Play therapy techniques* (2nd ed.). Northvale, NJ: Jason Aronson.

Freeman, J. B., & Garcia, A. M. (2008). *Family based treatment for young children with OCD*. New York: Oxford University Press.

Golden Path Games. (2014). Stressometer. Retrieved from *www.playtherapyworks.com/uploads/2/3/7/7/2377039/stressometer5_2014.10.pdf*.

Guterman, J. T. (2006). *Mastering the art of solution-focused counseling*. Alexandria, VA: American Counseling Association.

Macklem, G. L. (2010). *Evidence-based school mental health services: Affect education, emotion regulation training and cognitive behavioral therapy*. New York: Springer.

Rubin, L. (2003). The Fluster-ometer. In H. G. Kaduson & C. E. Schaefer (Eds.), *101 favorite play therapy techniques* (Vol. 3, pp. 290–293). Lanham, MD: Jason Aronson.

Wolpe, J. (1969). *The practice of behavior therapy*. New York: Pergamon Press.

Wyman, P. A., Cross, W., Brown, C. H., Yu, Q., Tu, X., & Eberly, S. (2010). Intervention to strengthen emotional self-regulation in children with emerging mental health problems: Proximal impact on school behavior. *Journal of Abnormal Child Psychology*, 38(5), 707–720.

16

說故事

在獲得糧食、住所和同伴之後，故事是我們在這世界上最需要的東西。

——Philip Pullman

簡介

　　故事是一種敘事——講述在某個時間和地點，在某個人身上發生的某個事件。說故事就像語言本身一樣古老，並反映出人類將自己的經驗與其他人交流的需求（Pellowski, 1977）。發生在我們生命中的一切存檔在我們腦海裡稱為「故事」的容器裡（Barton, 1987）。自 1920 年代開始，對兒童講故事的技術已經成為重要的臨床介入方式，包括一系列的技術，其中包括兒童說故事、相互說故事和治療師說故事。

兒童說故事

原理

　　故事讓孩童能表達自己的想法和感受，因此能對自己有更深的了解。

描述

年齡

3〜12 歲。

　　透過說故事，兒童發展出個人的聲音、表達自己獨特的思考方式和對自己的感覺。就像其他幻想作品的形式一樣，兒童的故事反映出他們的意識和潛意識經驗、情緒和欲望。3 歲大的孩童可能會嘗試用一些片語或短句說故事，但只有借助大人的問話和提示，他們才能將故事繼續說下去。到 4 歲的時候，兒童會採取一些傳統的說故事方式，例如「很久很久以前」和「故事結束了」，並且能夠比較流暢的說出一個故事。就兒童說故事而言，這個年齡是想像力的高峰，說故事的活動很少受現實的限制。在幼童的故事裡，雖然情節經常涉及吃東西、睡覺和出現一位好心的角色這些內容，但暴力卻是最顯著的主題。通常，他們說的故事都跟怪獸、死亡、殺害和碰撞有關。故事是他們處理恐懼和攻擊性情緒的一種方式。到了 3 歲的時候，對兒童而言，說一個關於自己或別人的故事，成為理解世界的一種重要方式。到了 8 歲左右，兒童的思考已經發展到能夠使他們將一般的原則應用到具體情況中──也就是說，說出他們的故事要給人的教訓，說一個有開始、中間和結尾的故事。故事的開始介紹角色和場景，中間描述問題，而最後則呈現解決問題的方法。

技術

　　兒童是天生的說故事好手，並且很喜歡說自己創造的故事。然而，在表達自己的故事上，幼童經常需要一些協助，即給他們一個開始、一些提示和提出一些問題。

　　‧**開始**：若想要確定孩童說的是一個原創性的故事，建議這個故事以這

樣的話開始：「從前……」，或「從前，很久很久以前，在一個遙遠的地方……」這類的開始馬上使說故事的人和聆聽的人都期望這個故事會是關於一個想像出來的國度（Mutchnick & Handler, 2002）。

‧ **提示**：當孩童在說故事時，可能需要一些提示來使故事繼續下去。最常見且結局開放的提示是：「接下來發生什麼事？」治療師提出這個問題的語氣應表達出興趣和真誠的好奇，好讓孩童一直覺得說故事的經驗是一件好玩的事。大部分的孩童會給故事一個自然的結束，有些孩童會加上一個結束的表達，比如「故事結束了」或「就這樣」。

‧ **提問題**：在說完故事之後，治療師要和孩童對話，問一些問題來澄清孩童的故事裡一些模糊不清的地方，並使故事與孩童生活中的議題建立平行關係，這是很有幫助的做法。

變化技術

用物件說故事

學齡前兒童（3～5 歲）喜歡用道具來說故事，例如，對於一個在學校裡被排擠的孩子，治療師可以提供他一群大象迷你玩偶，其中包括一隻紫色的大象，然後要求他用這些迷你玩偶說一個故事。另一種做法是使用 Richard Gardner 的「挑個物件說故事」（Pick-and-Tell Game），請兒童從一袋小物件中挑出一個物件，並說一個關於它的故事。還有另一種做法是，治療師可以蒐集各式各樣的小玩具和小物件，放到一個袋子裡，兒童伸手到袋子裡拿出一個，然後說一個關於它的故事。這個「物件袋」技術的目標是讓幼童容易表達自己內心深處的感受和困擾。

「故事起頭」（story stems）或用娃娃屋完成故事是另一種利用物件為基礎來說故事的做法。在揭露孩童對家庭關係的感受這方面，這些做法特別有幫助（Buchsbaum & Emde, 1992; Cassidy, 1988; Warren, Oppenheim, & Emde, 1996）。治療師或訪問人員利用迷你娃娃屋裡的娃娃和家具在孩子面前呈現各

種有潛在挑戰性的家庭情境（例如，全家人在吃飯時，孩子弄倒了牛奶），然後要求孩子接著說出並用娃娃演出接下來發生的事。

以下是 *MacArthur Story Stem Battery*（Warren et al., 1996）裡的其他故事起頭：

- **嚇人的狗**：在一個公園裡，孩子把球踢到遠離家人的方向。突然，一隻可怕的狗出現，大聲吠叫。
- **黑暗中的怪獸**：有一天晚上，孩子自己一個人時，突然所有的燈都熄滅了，孩子覺得自己聽到了怪獸的聲音。
- **被取消的訪友活動**：孩子一直期待去拜訪一個朋友，可是媽媽告訴他不能去了。
- **和朋友打架**：當孩子正在玩自己的球時，朋友把球搶走，還弄痛了孩子的手。

眾多針對故事起頭技術的研究發現，對 3～8 歲兒童而言，這種遊戲演出活動提供兒童一個可靠和有效的視窗，讓他們看到家庭裡的關係（Salmon, 2006）。

用圖案說故事

讓兒童看一些能引起他們聯想的圖案，比如從雜誌蒐集的圖案，或從兒童統覺測驗（Children's Apperception Test, CAT）或主題統覺測驗（Thematic Apperception Test, TAT; Bellak, 1954）這類評估工具的圖案，然後要求孩子說個關於這些圖案的故事。

改變故事線

當一個孩子開始說故事時，小組裡的每一個人就要跟著加入一條故事線。這種團體說故事技術刺激孩子的集中力、工作記憶和自我控制能力。

相互說故事

　　相互說故事的技術，即兒童和治療師兩人都說故事，是由兒童精神科醫師 Richard Gardner（1971）發展出來的，它是一個很知名的技術。相互說故事不需要特殊的說故事天賦或高度的專門訓練，所需的只是願意在說故事的過程中有創意和覺得好玩。

描述

年齡

8～14 歲。

技術

　　Gardner（1983）建議以下面的方式開始這項技術：

　　剛開始時我問孩子，是否願意上一個編故事的電視節目作榮譽貴賓。如果孩子願意（事實上，很少孩子會拒絕這種榮譽），錄影機便開始錄影，於是我開始說：「早安，各位親愛的男孩和女孩、女士和先生，我很高興歡迎你再度來到迦納醫生的『編故事高手』這個電視節目。在這個節目裡，我們邀請兒童來參加，看看他們在編故事這方面有多厲害。你說的故事不可以是真的發生在自己或你認識的人身上的，這是違反規則的。你說的故事也不可以關於你在電視上看過、在收音機裡聽過，或在書裡讀過的內容。當然，故事的內容有越多的冒

險或刺激成分，事後在電視上看到時就越好玩。在你說完自己編的故事之後，還要說出你這個故事的教訓或寓意。因為大家都知道，每一個好故事都有一個教訓或寓意。」（pp. 356-357）

接著 Gardner 編出一個故事，並說出他這個故事的教訓或寓意。

在孩子說完自己編的故事之後，Gardner 用孩子所編的故事裡同樣的角色、故事線和場景來編他自己的故事。他的目的在於為孩子的故事裡所表達的問題和衝突介紹更多合適的解決方法。Gardner 相信，以故事形式所提供的深刻見解會越過孩子的意識心智，而直接被孩子的潛意識心智所接受。他亦堅信，當治療師使用故事的形式並以孩子自己的語言來說話時，所傳達的訊息有更大可能被孩子聽到並內化。

例如，一位 6 歲的小男孩說了一個熊媽媽和熊寶寶的故事，牠們因為肚子太餓了而到森林裡找食物。牠們找到一個蜂窩，裡面滿滿是蜂蜜，而且附近沒有任何蜜蜂。於是熊媽媽把蜂窩從樹上敲下來，開始舔吃蜂蜜。她實在是太餓了，所以一直舔個不停，根本忘了熊寶寶的存在。最後，當蜂蜜都吃光了的時候，她才把蜂窩給熊寶寶，於是熊寶寶坐在那裡哭了起來。寓意：在這個家裡，每個人必須想辦法照顧自己。

治療師重述了這個故事的前半部，接著說：「在吃完蜂蜜之後，熊媽媽睡著了。這個時候，熊寶寶真的餓壞了，便穿越森林到貝莎姨媽家，姨媽給熊寶寶牛奶和蜂蜜吃。寓意：如果孩子繼續找的話，他會找到一位大人來照顧他。」

變化技術

改變故事線

治療師先開始說故事的起頭，或提供故事的場景，然後治療師和孩童輪流加入一個故事線，一直繼續說下去，直到其中一人想結束這個故事為止。

治療師說故事

　　自古以來，大人便已經使用說故事（例如神話故事、傳說、寓言故事）作為強大的教育和治療工具。各種故事教導我們如何生活、如何面對困難、如何解決問題。人類天生就有與他人交流經驗的本能，每個大人身上都有說故事的天賦等著被喚醒。故事有非常強大的力量，因為孩童們會專注聆聽故事並吸收隱藏在故事裡面的隱喻式領悟；如果同樣的訊息是由大人以說教的方式傳達，他們則傾向於忽略它（Brandell, 2000）。從故事裡的角色身上，孩童能獲得幫助他們解決自己問題的領悟。

　　為孩子創造一個故事比唸故事書帶來更多好處，因為個人化的故事能捕捉每一個孩子獨一無二的人格特質和治療需求。認識孩子特定的興趣和情況能幫助治療師發展出一個量身訂做的故事，使孩子感到自己是特別的，並得到理解和滋養。

原理

　　Davis（1989, p. 18）指出：「具有療癒性的故事顯得特別有效，因為它們不具威脅性，繞過拒絕改變的本能，形塑彈性，使呈現的想法更容易記得住，並動員潛意識中解決問題的能力和療癒資源。」

描述

年齡

3～12 歲。

技術

　　為孩子創造故事的第一步，是選出一個和孩子的問題或所處的情況有關、具有療癒力的隱喻和／或道具，例如，對一個因失去親人而處於悲傷中的孩子，可以說一個小兔子的兄弟姊妹或父母去世的故事給他聽。對於經歷父母離婚的孩子，可以說一群小狗失去母親的故事。隱喻和／或道具幫助延伸故事的內容並使故事更為豐富，而且最好能從孩子的身上或他所處的情況找到（例如，孩子最喜歡的動物、玩具、超級英雄或卡通人物）。故事線和故事的組成成分一樣重要，正面的解決方法也是，因為故事線能幫助建立故事的張力，這個過程涉及一些轉折和任務。

　　故事必須適齡並且以間接的方式教育孩子，而不是用說教的方式。例如，如果故事裡說，一個小男生傷到了朋友，結果他的媽媽狠狠瞪了他一眼，還訓了他一頓。這是訓話，不是故事。Bruno Bettelheim 在他的書《童話的魅力：我們為什麼愛上童話？》（*The Uses of Enchantment*, 1976）中強調，為兒童詮釋故事是不必要的，我們反而應該允許兒童做出自己的結論。

　　剛開始說故事時，大人會覺得很不自在，而且會犯錯。然而，隨著越多的練習，他們會逐漸發展出說故事的技術並喜歡上它。有一個很實用的說故事指南是由 William Cook 發展出來的，名為 *Tell a Story——Solve a Problem*，可以在他的網站 www.drbillcook.com 上下載免費的電子書。

　　例如，Mills、Crowley 和 O'Ryan（1986）描述了一個案例，治療師為一位 8 歲大的女孩說了一個叫作「怪獸和杯子蛋糕」（The Monsters and the Cupcake）

的故事。小女孩因為害怕有怪獸在自己臥室裡，而晚上睡不著。這個故事敘述，怪獸其實是沒有朋友而不快樂的小孩所裝扮的，這些沒有朋友的小孩穿得像怪獸一樣，好能引起其他孩子的注意並喜歡他們，可是他們不但沒有成功，反而把別的孩子都嚇跑了。E.T.（Spielberg, 1982）這部電影裡，小男孩艾略特給了 E.T. 一個禮物來開始他們之間的友誼，小女孩被要求根據她對這部電影的觀察，去描述怪獸可能會有什麼感覺。小女孩被要求回家後，也對怪獸做同樣的事，因此，小女孩選了杯子蛋糕當作禮物。在經過幾個星期的口頭提醒和送出許多杯子蛋糕之後，小女孩就能夠好好入睡了。

變化技術

創意角色

在「創意角色」（creative characters）技術（Brooks, 1993）中，治療師選擇正在困擾孩子情緒的主要議題，設計出一些角色（常常都是動物），並在治療中將這些角色置入反映這些核心議題的各種情況中。這些角色和角色們所面對的經驗通常是由孩童和治療師經過好幾個月的合作所精心設計出來。

實證發現

對孩童說故事的不同方式和技術仍需要實證研究。

應用

以各種形式說故事是一項非常適合應用於各式各樣兒童期問題的技術，包括恐懼、焦慮、憂鬱、低自尊心、攻擊行為和創傷，而且特別適合應用於經歷過疾病、親人死亡、父母離婚、霸凌或其他生命轉折或危機經驗的兒童。

禁忌

某些有發展障礙的孩童可能不具備理解最基本故事之最低程度的認知能力。

參考文獻

Barton, B. (1987). *Tell me another.* Toronto: Nelson Thornes.

Bellak, L. (1954). *The TAT and CAT in clinical use.* New York: Grune & Stratton.

Bettleheim, B. (1976). *The uses of enchantment.* New York: Knoff.

Brandell, J. (2000). *Of mice and metaphor: Therapeutic storytelling with children.* New York: Basic Books.

Brooks, R. (1993). Creative characters. In C. E. Schaefer & D. Cangelosi (Eds.), *Play therapy techniques* (pp. 211–224). Lanham, MD: Jason Aronson.

Buchsbaum, H., Toth, S., & Emde, R. (1992). The use of narrative story stem technique with maltreated children. *Developmental Psychopathology, 4,* 603–625.

Cassidy, J. (1988). Child–mother attachment and the self in six-year-olds. *Child Development, 59,* 121–134.

Davis, N. (1989). The use of therapeutic stories in the treatment of abused children. *Journal of Strategic and Systemic Therapies, 8*(4), 18–23.

Gardner, R. (1971). *Therapeutic communication with children: The mutual storytelling technique.* New York: Jason Aronson.

Gardner, R. (1983). Mutual storytelling technique. In C. Schaefer & K. O'Connor (Eds.), *Handbook of play therapy.* New York: Wiley.

Miles, J., Crowley, R., & O'Ryan, M. (1986). *Therapeutic metaphors for children and the child within.* New York: Brunner/Mazel.

Mutchnick, M., & Handler, L. (2002). Once upon a time . . . , therapeutic interactive stories. *Humanist Psychologist, 30,* 75–84.

Pellowski, A. (1977). *The world of storytelling.* New York: Bowler.

Salmon, K. (2006). Toys in clinical interviews with children: Review and implications for practice. *Clinical Psychologist, 10*(20), 54–59.

Spielberg, S. (Director). (1982). *E.T.: The extra-terrestrial* [Motion picture]. United States: Universal City Studios.

Warren, S., Oppenheim, D., & Emde, R. (1996). Can emotions and themes in children's play predict behavioral problems? *Journal of the American Academy of Child and Adolescent Psychiatry, 35*(10), 1331–1337.

17

外化遊戲

簡介

外化的意思是將某個東西放到它原本的界域之外，尤其是將一個人類功能置於人體之外。在 Freud 心理學當中，外化是一種潛意識防衛機制，即個人將自己的內在特質「投射」到外界，特別是投射到別人身上。因此，一個喜歡爭辯的個案可能會覺得別人好爭辯而認為自己沒有錯。就像其他防衛機制一樣，投射是保護自己免於焦慮的一種方式，因此，是正常心理運作的一部分。

Winnicott（1971）是指出以下事實的首批治療師之一：假扮遊戲讓孩童能夠將自己的心理問題投射到遊戲物件上，因此而將這些心理問題外化。於是，這外化的自我物件被視為「別人」，使得遊戲者能夠與它互動並在想像遊戲中控制它。這使得遊戲者能改變自己並自我療癒。

原理

在外化技術中，個案獲得協助以一種有意識和深思熟慮的方式來運用外化過程。這種敘事治療技術（White & Epston, 1990）的初始目標是幫助孩童將他們的問題外化，並因此將個人與其問題分開。事實上，其主旨是：「問題才是

問題，人不是問題。」當一個孩童相信問題是自己人格特質的一部分時，這會使他們有罪惡感和困窘感，而且他們會很難去改變並動員自己內心的資源做出改變。將問題的焦點移到孩童之外，會減少怪罪和罪惡感帶來的壓力，使治療師和個案能專注於要克服的問題上。

描述

年齡

4 歲以上。

技術

　　治療師和孩童一起合作，創造出一個能描述該孩童問題的角色。將這個問題以彩色筆或水彩畫出來，或以剪貼勞作的方式呈現，是將人與問題分開的一種自然方式，因為透過藝術，這個問題變得明顯可見。也可以用一個玩具當作隱喻式的道具，使這個角色具體化，例如，一隻龍的迷你玩偶可以代表孩童的脾氣或攻擊性情緒。

　　在治療師和孩童製造出一個外在角色來呈現孩童的問題之後，治療師要求孩童給它取一個不好的名字（例如「麻煩鬼」）。接下來，治療師問孩童幾個針對解決方法的問題。這些「反思」問題（reflexive problem）（Tomm, 1987）設計用來刺激並協助孩童自己想出新的問題解決行為。喚起自我療癒的問題舉例如下：「這個問題讓你覺得怎麼樣？」「這個問題讓你的父母覺得怎麼樣？」「這個問題困擾你多久了？」「你可以舉出你不允許這個問題讓你陷入麻煩，或你是這個問題的老大的那些時候嗎？」

變化技術

黏土玩偶

　　用黏土捏出一隻龍或怪獸的樣子，能將孩童惡夢裡可怕的東西以更能掌握的外化方式呈現出來。

發狂的怪獸遊戲

　　在這個遊戲裡，教導孩童將他們的憤怒視為與自己分開，例如，將它視為一隻讓自己惹麻煩的「怪獸」。在玩這個遊戲時，將問題外化能激勵孩童發展出一個執行某種策略的計畫，以克服自己的行為問題。

案例描述

- 1984 年，澳洲家庭治療師 Michael White 有一個簡單但重大的發現。在治療大便失禁的孩童時，他觀察到，當他能夠談論這個問題，把問題獨立出來並與孩童分開來討論時，臨床治療會有很大進展。他發明了「狡猾的便便」（Sneaky Poo）這個名稱來指大便失禁的現象，並將它擬人化為一個存在於孩童之外的實體。例如，對某一位特定的孩童，他以下面的問題引進這個概念：「你把那個讓你陷入麻煩的糟糕東西叫作什麼？叫『便便』嗎？」「你曾經有過『便便』狡猾偷偷跑到你身上，在你不注意時讓你措手不及的經驗嗎？例如，『在你忙著玩耍時跑到你的褲子裡，把它弄髒？』」如果該孩童的回答是肯定的，White（1984）接著問「狡猾的便便」這個角色對孩子帶來的邪惡影響，包括製造不舒服、挫敗的感覺和家庭問題等。當把問題清楚的區分為「狡猾的便便」而不是該孩童時，批評、責備和罪惡感這些問題都大大減少。

White 順著第一批問題這條線索，提出另一批問題，問題的內容是該孩童與其家人對「狡猾的便便」這個角色有什麼影響？例如，「你曾經打敗過『狡猾的便便』，讓它乖乖待在它該待的地方，而不是讓它打敗你嗎？」接著和孩童與其家人一起探索新的想法來解決這個問題，例如，和「狡猾的便便」進行「對話」。因此，外化這項技術有兩個成分：外化問題並內化個人的動力（反擊和解決自己所外化的問題之能力）。

- 另一個案例是一位被指稱挑起和同學打架的 8 歲小男孩（Butler, Guterman, & Rudes, 2009）。當被治療師要求挑出一個玩偶來代表他自己的問題時，這小男孩選了一隻甲蟲（bug）玩偶，因為他的行為是「惹煩、偷聽」（bugging）同學和父母並惹他們生氣。每個星期，這位孩童用這隻玩偶來提醒自己找出方法來成為一位有效率的「甲蟲剋星」——即一個能夠控制自己的憤怒的人。在八次單元之後，小男孩的怒氣消散，並且不再需要治療。

實證發現

　　Silver、Williams、Worthington 和 Phillips（1998）治療了 108 位 3～6 歲有大便失禁問題的兒童。一半的兒童接受外化的介入方式，另一半兒童以一般的臨床方法治療。結果發現，接受外化方法的這個組別有比較好的結果，而且與之前對兒童大便失禁研究裡的標準相比，結果也比較好。在接下來的時間裡，外化技術也被家長評為很有幫助的方法。

應用

　　外化遊戲已被應用在許多兒童問題上，包括夜尿／大便失禁、強迫症（March & Benton, 2007; March, Mulle, & Herbal, 1994）、注意力不足過動症、脾氣爆發和選擇性緘默症等。

禁忌

　　在家暴、性侵和神經性厭食症等案例中，外化技術的使用會有將嚴重問題瑣碎化或最小化的風險（Freeman, Epston, & Lobovits, 1997）。

參考文獻

Butler, S. J., Guterman, J., & Rudes, J. (2009). Using puppets with children in narrative therapy to externalize the problem. *Journal of Mental Health Counseling, 31*(3), 225–233.

Freeman, J., Epston, D., & Lobovits, D. (1997). *Playful approaches to serious problems.* New York: Norton.

March, J. S., with Benton, C. M. (2007). *Talking back to OCD: The program that helps kids and teens say "no way"—and parents say "way to go."* New York: Guilford Press.

March, J. S., Mulle, K., & Herbal, B. (1994). Behavioral psychotherapy for children and adolescents with obsessive–compulsive disorder: An open trial of a new protocol-driven treatment package. *Journal of the American Academy of Child and Adolescent Psychiatry, 33*(3), 333–341.

Silver, E., Williams, A., Worthington, F., & Phillips, N. (1998). Family therapy and soiling: An audit of externalizing and other approaches. *Journal of Family Therapy, 20,* 413–422.

Tomm, R. (1987). Interventive interviewing: Part II. Reflexive questioning as a means to enable self-healing. *Family Processing, 26*(2), 167–183.

White, M. (1984). Pseudo-encopresis: From avalanche to victory; from vicious to virtuous cycles. *Family Systems Medicine, 2*(2), 37–45.

White, M., & Epston, D. (1990). *Narrative means to therapeutic ends.* New York: Norton.

Winnicott, D. W. (1971). *Playing and reality.* New York: Basic Books.

18

閱讀治療

書是一種獨一無二的可攜式魔法。

——Stephen King

簡介

閱讀治療可回溯到古希臘時代，當時閱讀治療常常被當作治療有心理疾病成人的藥方（Bernstein, 1983）。Samuel Crothers（1916）最先使用閱讀治療（bibliotherapy）一詞來專指利用書籍幫助患者更了解自己問題的這種做法。到了 1936 年，閱讀治療才被推薦當作有情緒和／或行為問題的兒童進行心理治療的一種形式（Bradley & Bosquet, 1936）。

Carolyn Shrodes（1950）協助建立了閱讀治療的理論基礎，她指出，讀者能夠經由認同故事中的角色進而解決自己的問題。在閱讀治療方法中，治療師利用一些書籍，其內容含有和個案孩童類似問題的某個人或某件事。故事的結尾通常描述處理這個問題的恰當方法。因此，閱讀治療的目的在於利用書籍以幫助讀者能深入認識個人的問題以及其解決方法。在治療兒童方面，有兩種閱讀治療——發展性閱讀治療（developmental bibliotherapy）之目的在於協助兒童處理日常生活中的各種挑戰；臨床閱讀治療（clinical bibliotherapy）之目的則在於協助兒童解決更嚴重的情緒問題，而且通常作為整合式治療計畫的一部分。

原理

閱讀治療的四個主要治療成分是：

- **普遍化**：孩童認同故事裡的一個角色，並認識到自己的情況或問題並不是獨一無二的，其他人也經驗到同樣的難題。

- **心理上的安全**：故事創造出一個安全的心理距離，使得兒童和青少年能夠間接面對那些可能威脅性過大或太痛苦而難以直接面對的難題（Corr, 2004）。兒童故事的一個共同特色是使用動物角色以製造一個距離，使兒童能從這個距離去觀看自己的情況。

- **解決問題**：故事裡的角色對類似問題所使用的解決方法，提供兒童各種可能的途徑去解決或面對自己的難題。

- **心智理論**（theory of mind）：心智理論指的是一種能夠理解自己以及他人心理狀態（例如信仰、意圖、渴望、知識）的能力，並認識到別人的心理狀態和自己的心理狀態是不同的。故事幫助兒童理解他人的內在心理狀態，這個能力能培養同理心和社交理解。

描述

年齡

3 歲以上。

技術

　　第一步是治療師選出一個合適孩童發展情況的故事，這個故事敘述了孩童的特殊問題並描述了處理它的合適方式。對於幼童，治療師和孩子一起閱讀這個故事（治療師閱讀，孩子翻書頁，而且兩人共同討論裡面的圖案和故事內

容）。在閱讀的過程中以及讀完之後，治療師問類似以下的問題：「你覺得這個角色會有什麼感覺？」「你曾經有過同樣的感覺嗎？」「在那種情況下，你會做什麼呢？」（Gladding & Gladding, 1991）。如果孩子對書裡的訊息有回應，那麼與故事內容有關的畫圖和娃娃遊戲這些後續活動能夠有效強化這個訊息。

　　許多有註解的參考書目能協助治療師挑選與各式各樣兒童和青少年情緒及行為問題有關的故事（Ginn-Gruenberg & Zack, 1999）。

實證發現

1. 雖然對閱讀治療的研究仍屬於初始階段，但 Heath、Sheen、Leavy、Young 和 Money（2005）報告閱讀治療已證明對幫助兒童面對以下情況很有幫助：失親（死亡、父母離異）、收養、恐懼和焦慮、父母酗酒，以及改善自我概念。

2. 在首批針對治療式說故事的實證研究當中，Painter、Cook 和 Silverman（1999）發現，它有效治療了學齡前兒童的不服從行為。

3. Klingman（1988）發現，在給怕黑的幼兒園小孩閱讀如 *Uncle Lightfoot, Flip That Switch: Overcoming Fear of the Dark*（Coffman, 2012）這類的故事之後，他們對黑暗的恐懼明顯減少，因為這個故事裡的角色有效的面對了同樣的難題。而在控制組裡的孩童則給他們唸與此主題無關的故事，結果他們對黑暗的恐懼沒有減少。

4. Santacruz、Mendaz 和 Sanchez-Meca（2006）發現，由父母在家中進行閱讀治療，對 4～8 歲兒童的怕黑現象有明顯改善。

5. 在檢視了文獻之後，Riordan 和 Wilson（1989）指出，閱讀治療與其他遊戲治療一起使用時，它的功效會增加。

6. Kidd 和 Castano（2013）發現，閱讀文學類小說能促進成人的心智理論。

應用

　　過去這些年來，閱讀治療已擴大至涵蓋各式各樣的兒童情緒和行為問題。對於無法用語言表達自己的感受但能認同書本中角色的兒童而言，閱讀治療特別有幫助。它對個人和在團體情境中使用都很有效。通常閱讀治療是在一個有計畫的治療框架中，與其他技術一併使用。

　　以下是我們針對 3～13 歲兒童的各種問題所推薦的書單：

家外安置

　　Wenger, C. (1982). The suitcase story: A therapeutic technique for children in out-of-home placement. *American Journal of Orthopsychiatry, 52*(2), 353-355. 適合 6～12 歲兒童。這個故事是關於一個到過許多地方，所以身上貼滿了各種貼紙的行李箱。它描述接受家外安置兒童的許多感受。透過行李箱的象徵，幫助這些兒童表達他們被遺棄的憤怒和恐懼，並談及他們渴望長久穩定的心理。它亦幫助養父母理解孩子的內心世界。

　　Wilgocki, J. (2002). *Maybe Days: A Book for Children in Foster Care*. Washington, DC: American Psychological Association Press. 適合 4 歲以上兒童。對於許多生活在寄養家庭的兒童而言，他們心裡的許多問題，例如：「這會是我永久的家嗎？」答案經常是「也許」。*Maybe Days* 這本書直率的檢視圍繞著寄養生活的各種議題，孩子們問的各種問題，和他們所經驗的各種感受。這本書是進入寄養家庭兒童的基本讀物，它也用兒童用語解釋每一個涉及的人所扮演的角色和擔負的責任——父母、社工人員、律師和法官。至於兒童，他們的角色就只是作個小孩就好。後記裡面提供養父母許多珍貴的資訊，好讓他們能協助他們所照顧的兒童。

死亡和失親的哀傷

　　Schwiebert, P. (2006). *Tear Soup: A Recipe for Healing After Loss*. Portland, OR: Grief Watch. 適合 8 歲以上兒童。這是一本關於家庭的故事書，中心人物是老奶奶，一位睿智的老太太，她剛經歷了失去所愛的人的痛苦。於是她到廚房去煮一鍋自己獨一無二的「淚水湯」，然後她開始哭了起來。剛開始是默默流淚，接著是嗚咽啜泣，最後嚎啕大哭。隨著老太太哭出自己的悲傷，慢慢的，湯鍋裡充滿了淚水。然後她把一些珍貴的記憶加進去，有快樂的時光，也有生活不順的時候，直到她找到讓自己感到舒服的剛好記憶混合成分。透過煮湯的動作強調個人喪失親人的過程，老奶奶為這件對許多人而言難以面對的事件帶來溫暖和舒服的感受。這本書贏得 2001 年由神學書商協會（Association of Theological Booksellers）所頒發的 Theologos Book Award。

　　Buscaglia, L. (1982). *The Fall of Freddie the Leaf*. Thorofare, NJ: Slack Incorporated.（譯註：《一片葉子落下來》，高寶出版，2012）適合 4～9 歲兒童。這是一個睿智且簡單的故事，主人翁是一片叫作弗瑞迪的葉子。故事敘述他和其他葉子同伴隨著季節改變，最後在冬天下雪時落到地上。弗瑞迪一直問他的睿智葉子朋友丹尼爾一些關於生命和死亡的問題，例如：「我們都會死掉嗎？」「生命的目的是什麼？」「死後我們都到哪裡去了？」這是一個很有啟發性的比喻，解釋了生命與死亡之間的微妙平衡。

憤怒管理

　　Craver, M. M. (2011). *Chillax!: How Ernie Learns to Chill Out, Relax, and Take Charge of His Anger*. Washington, DC: Magination Press. 適合 9～13 歲兒童。以一種淺顯易懂的漫畫形式，敘述一個小男孩想盡辦法努力控制自己的憤怒。他不只是憤怒，而是狂怒！主人翁厄尼和一位學校輔導老師討論他的憤怒爆發情形，結果發現他擁有控制憤怒的力量並使自己保持冷靜。這本書裡所描述的教

訓是有事實根據的，家長和治療師都能使用。2012 年，美國圖書館協會
（American Library Association）的 *Choice* 雜誌稱這本書為「優異學術著作」
（Outstanding Academic Title）。

Verdick, E. (2002). *How to Take the Grrr Out of Anger*. Minneapolis, MN: Free
Spirit. 適合 8～13 歲兒童。這本書直接對有憤怒問題的兒童說話，並提供他們
直接、馬上可用的憤怒管理策略。書中結合了各種資訊、實用的忠告、笑話和
有趣的卡通，引導兒童理解生氣的感覺是正常的，而且能以許多種方式表達出
來——有些方式是健康的，但有些不是。這本書教導兒童認識到自己和別人的
憤怒感覺，以及如何處理憤怒。讀者可以學到，暴力是不可接受的方式，還有
其他更好、更適合用來解決衝突的方式。這是一本對兒童友善並易讀的書，適
用於個人，也適用於團體。

Moser, A. (1994). *Don't Rant and Rave on Wednesdays!: The Children's Anger-
Control Book*. Kansas City, MO: Landmark. 適合 4 歲以上兒童。在這本書裡，Mos-
er 解釋生氣的原因，並提供能夠協助兒童減少感到憤怒的一些方法。他亦建議
一些能協助幼童即使在很生氣時也能控制自己行為的有效技術。

害怕和恐懼症

Coffman, M. (2012). *Uncle Lightfoot, Flip That Switch: Overcoming Fear of the
Dark* (2nd ed.). Footpath Press. 適合 4～8 歲兒童。這是一本幫助兒童克服對黑暗
恐懼的書，書中虛構的故事穿插著好玩的遊戲。研究學者發現，與控制組的兒
童相比，這本書能幫助兒童減少對黑暗的恐懼。故事中，麥克很怕黑，所以他
的朋友傑若米叫他膽小鬼。萊特福特叔叔是住在鄰近農場裡的一位退休教授，
他知道一些能幫助麥克克服其恐懼的遊戲。

Annunziata, J. (2009). *Sometimes I'm Scared*. Washington, DC: Magination Press.
適合 5 歲以上的兒童。這本書建議一些簡易的步驟，協助兒童面對自己日常生
活中的恐懼。它同時提供資訊給家長，讓他們知道恐懼的來源以及如何協助自

己的孩子明白童年時期常見的恐懼並克服這些恐懼。

分離／分離焦慮

Penn, A. (1993). *The Kissing Hand.* Bronx, NY: Child Welfare League of America.（譯註：《魔法親親》，上誼文化出版，2007）適合3～8歲兒童。在這本現代經典讀本裡，小浣熊奇奇在上學的第一天進到世界冒險時，他尋求媽媽的愛和使他安心的元素。他媽媽在他的手心親了一下來安慰他，並告訴他：「每當你感到孤單並需要一點來自家裡的愛時，只要將手按到臉頰並想著：『媽咪愛你，媽咪愛你。』」這本書得到諮商師、父母和老師們廣泛的使用，以便在兒童短暫離家時安慰他們，例如去幼兒園、剛開始上學及參加營隊等。2012 年，School Library 期刊的一份意見調查將這本書列為「最佳百大繪本」之一。

Karst, P. (2000). *The Invisible String.* Carmarillo, CA: DeVorss & Company.（譯註：《看不見的線》；新疆青少年出版社，2016）適合 4 歲以上兒童。當發現自己和所愛的人——尤其是住在遠方或已去世的親人——由一些看不見的愛之線連在一起時，所有年齡的兒童都會感到很安慰。這些線永遠都不會被時間、距離或不好的情緒弄斷。

嘲笑／霸凌

Doleski, T. (1983). *The Hurt.* Nahwah, NJ: Paulist Press. 適合 6～8 歲兒童。這個故事敘述一個小男孩被朋友辱罵時感到受傷。他將這些受傷的感受藏在心裡，結果它越來越大，最後他將這種感覺跟父親講。藉著將這個問題外化，這本書給予受傷的感受一個具體的形象，幫助兒童去理解它並放下它。本書可以在治療情境或家中閱讀。

Burnett, K. (1999). *Simon's Hook: A Story About Teases and Put-Downs.* Felton, CA: GR Publishing.（譯註：《不要咬嘲笑的魚鉤》；北京科學技術出版社，2016）適合 6 歲以上兒童。賽門過了很不好的一天，因為姊姊為了將黏在他頭

髮上的口香糖拿掉而必須剪掉他一撮頭髮。在被同學取笑時，他哭著跑回家。奶奶跟他說了一個關於魚的故事，這故事敘述魚在「咬別人的魚鉤」時，很容易就變成被取笑的對象。

Cohen-Possey, K. (1995). *How to Handle Bullies, Teasers and Other Meanies: A Book That Takes the Nuisance Out of Name Calling and Other Nonsense*. Highland City, FL: Rainbow Books. 適合6歲以上兒童。這本書提供父母、老師和諮商師方法幫助兒童和青少年去面對惱人的被侮罵、惡意的偏見、爆發的憤怒，和各種危險的情況。書中包含 12 種以上處理這類惡意情況的方法。本書也利用許多對話和練習以強化學習。

離婚

Masurel, C. (2003). *Two Homes*. Somerville, MA: Candlewick Press. 適合 3～5 歲兒童。本書以簡單、快樂的口吻敘述小男孩 Alex 有兩個家的情形，他所有東西都有兩套：臥室、浴室、牙刷、朋友等。他知道，無論他在哪裡，他的父母都會一直愛著他。故事的焦點著重於在父母離婚時，所獲得而不是所失去的東西。本書被推薦用來幫助學齡前兒童理解與離婚相關的事。

Brown, L., & Brown, M. (1988). *Dinosaurs Divorce: A Guide for Changing Families*. Boston: Little, Brown. 適合 3～6 歲兒童。本書以一種淺顯易讀的漫畫形式，描述一群小恐龍努力嘗試各種方法去面對恐龍父母的離婚。書中針對以下議題提供建議，例如，面對生活在兩個不同的家、感到自己在家中失去了原有的地位、父母再婚，與繼父／母的家庭生活。這本書幫助幼童及其家庭面對在離婚時很可能出現的困惑、錯誤觀念和各種焦慮感。

創傷

Holmes, M. (2000). *A Terrible Thing Happened*. Washington, DC: Magination Press. 適合 3～8 歲兒童。故事敘述一隻看到一件「可怕的事」的小浣熊。在一

位和藹且理解他的遊戲治療師的協助下，他才覺得好很多並且能夠談論這件事。書中並沒有明確指出可怕的事是什麼，所以這本書可以用在見過或經歷過任何一種暴力或創傷事件的兒童身上，包括身體受虐、意外事件及自然災害等。它讓孩子們看到，只要他們不將自己的感受封鎖在自己內心，事情就有希望，這本書還引導孩子找一位關心的人來聆聽他們的話。

Sheppard, C. (1998). *Brave Bart: A Story for Traumatized and Grieving Children*. Albion, MI: National Institute for Trauma and Loss in Children. 適合 4～8 歲兒童。Bart 是一隻小黑貓，他身上發生過一件「非常不好、傷心和可怕的事」。不久之後，他遇到一隻睿智的貓，Helping Hannah，她幫助過其他也經驗過創傷事件的小貓，比如受虐或被忽略。她告訴小黑貓，他的所有（創傷）感受都不奇怪，這是很常見而且很正常的事，並協助小貓走上治癒之路。

癌症末期

Raschka, C. (2012). *The Purple Balloon*. New York: Schwartz & Wade. 適合 3 歲以上兒童。本書提供安慰給即將死亡的兒童、他們的家人和朋友。通常在父母願意面對這個可能性的很久之前，兒童就能意識到自己即將死亡。書中的前言指出，即將死亡的兒童，如果有機會畫出自己的感受，常常畫的是一個藍色或紫色氣球自由的上飛。這本書傳達的訊息是，談論即將死亡是一件很難的事，而即將死亡的過程則更難，但兒童生命中有許多人能幫助他。

注意力不足過動症

Nadeau, K., & Dixon, E. (2004). *Learning to Slow Down and Pay Attention: A Book for Kids about ADHD* (3rd ed.). Washington, DC: Magination Press. 適合 9 歲以上兒童。這是一本自助書，特別為有注意力不足過動症之孩童而寫。兩位作者都是臨床心理師，他們清楚描述出這些孩童面對的各種挑戰以及可以採取哪些步驟來面對這些挑戰。坦白直率的內文提供了各種策略，幫助孩童學習放鬆、

養成秩序、保持專注、完成家庭作業、交朋友和很多其他方面。幽默的卡通幫助解釋並強化這些指導原則。

偷竊

Cook, J. (2012). *Ricky Sticky Fingers*. Chattanooga, TN: National Center for Youth Issues. 適合 5～10 歲兒童。針對偷竊這個問題，本書提供孩童一種策略去抑制自己想偷東西的強烈欲望。故事以輕鬆幽默的口吻敘述 Ricky 親身體驗到自己的東西被偷時有什麼感受。這個經驗使他產生同理心，並將他從別人那裡偷來的東西還回去。

參考文獻

Bernstein, J. (1983). *Books to help children cope with separation and loss*. New York: Bowker.

Bradley, C., & Bosquet, E. (1936). Uses of books for psychotherapy with children. *American Journal of Orthopsychiatry*, 6, 23–31.

Corr, C. (2004). Bereavement, grief, and mourning in death-related literature for children. *Omega*, 48(4), 337–363.

Crothers, S. M. (1916). A literary classic. *Atlantic Monthly*, 118, 291–301.

Ginns-Gruenberg, D., & Zack, A. (1999). Bibliotherapy: The use of children's literature as a therapeutic tool. In C. Schaefer (Ed.), *Innovative psychotherapy techniques in child and adolescent psychotherapy* (pp. 454–489). New York: Wiley.

Gladding, S., & Gladding, C. (1991). The ABC's of bibliotherapy for school counselors. *School Counselor*, 39, 7–13.

Heath, M., Sheen, D., Leavy, D., Young, E., & Money, K. (2005). Bibliotherapy: A resource to facilitate emotional healing and growth. *School Psychology International*, 26, 563–580.

Kidd, D., & Castano, E. (2013). Reading literary fiction improves theory of mind. *Science*, 342, 377–380.

Klingman, A. (1988). Biblioguidance with kindergartners: Evaluation of a primary prevention program to reduce fear of the dark. *Journal of Clinical Child Psychology*, 17(3), 237–241.

Painter, L., Cook, J. W., & Silverman, P. (1999). The effects of therapeutic storytelling and behavioral parent training on noncompliant behavior in young boys. *Child and Family Behavior Therapy*, 21(2), 47–66.

Riordan, R., & Wilson, L. (1989). Bibliotherapy: Does it work? *Journal of Counseling and Development*, 61(9), 392–396.

Santacruz, I., Mendez, F., & Sanchez-Meca, J. (2006). Play therapy applied by parents for children with darkness phobias: Comparison of two programmes. *Child and Family Behavior Therapy*, 28(1), 19–25.

Shrodes, C. (1950). *Bibliotherapy: A theoretical and clinical-experimental study*. Unpublished doctoral dissertation, University of California, Berkeley.

第三部分

角色扮演技術

19

角色扮演

世界正如一座舞台

不論男女皆是舞台上的演員

各自有上場和退場的時刻

在台上的一生中皆扮演許多不同的角色

——Willian Shakespeare

簡介

　　角色扮演（role play）這個術語指的是一人藉由扮演而成為另一人或物的一種活動，角色取得（role taking）需具有以他人所處的立場和觀點來看待事物的能力，可能涉及可由外觀察到的活動，也可能涉及個案內心世界的想像活動（Corsini, 2010）。

　　社會劇遊戲（sociodramatic play）指的是兩個或兩個以上的兒童透過角色扮演，試圖讓真實生活情境得以重現的活動。例如，幾個孩子可能扮演消防員，並將假想的火災給撲滅。已有研究指出社會劇遊戲對幼童的認知、情緒和社會發展非常有助益。

原理

角色扮演能幫助個案：

- 更好的理解他人的觀點。
- 增加其同理心及情緒商數。
- 透過扮演強大的人物從而獲得力量及掌控感。
- 獲得心理距離，進而揭露令其困擾的想法及情感。
- 透過扮演，將較適用於真實生活的做法加以練習。人們假裝成為什麼，經常就會真的成為什麼。

描述

年齡

4 歲以上。

技術

標準的角色扮演指的是由治療師和孩子透過不同角色，輪流將孩子所面對的問題情境扮演出來的技術。例如，治療師扮演老師，孩子扮演自己，將「入學第一天」的情境演出來。目的是幫助孩子熟悉新情境，並提供一個讓他練習因應技巧的機會，進而降低其壓力。

治療師也可扮演孩子的母親，給他指令，要求他照著母親希望他回應的方式做出回應，目的是讓孩子練習更適用於特定情境的回應方式。

變化技術

角色扮演有許多不同的進行方式，因此幾乎可適用於所有的治療情境和需

求。下面是從心理劇而來的一些例子（Karp, Holmes, & Tauwon, 2005）。

空椅法

　　由 Fritz Perls 所創立的空椅法是用於完形治療（Gestalt therapy; Blom, 2006; Oaklander, 1978）中的一種技術。請一位學童或青少年想像一位與自己有未竟事務（unresolved issues）的人坐在面對他的空椅上，並將其當作真的在房間一樣對他說話，鼓勵個案對這個人說出所有他未能在真實生活中所說的話。這個技術聚焦於此時此刻，以假想為現在的方式來解決過去的、未竟的、人際的事務。例如，可建議孩子想像已過世的父親或母親坐在空椅上，讓其有機會對父母說出未能在真實生活中所說的道別之語。也可讓孩子想像自己的母親坐在空椅上，對她講述過去在他們之間所發生的、未解決的衝突。癌症病童可想像癌症坐在空椅上，對它說出自己的感受。這個技術通常能達到將被壓抑情感宣洩出來的效果，不論是正向還是負向的情感。有些個案在沒有空椅作為道具的情況下也參與空椅法的使用。另外，也可讓個案與空椅的角色交換，將自己假想為對方並做出回應。

角色交換

　　角色交換指的是在一組關係中扮演與自己實際角色相對應的那一方。以下是一些例子：

- 請孩子扮演自己的母親，表現在他做了不該做的事情時通常會有的反應。
- 在孩子就醫治療前讓他扮演醫生的角色，使用真實的醫療器材或玩具假裝為治療師打針，治療師藉此機會示範有效的因應技巧。例如，深呼吸或使用視覺心像（imagery）（參見 3「醫療遊戲」）。
- 我是專家。此技術常用於 8～12 歲的兒童。讓孩子假裝自己是其主述問題領域的專家（Hall, Kaduson, & Schaefer, 2002）。例如，讓有注意力不

足過動症的孩子扮演這方面的專家，在電台或電視叩應節目中回答家裡有過動兒父母所提出的問題。

玩具動畫

在神奇的遊戲世界中，兒童經由給玩具一個身分及聲音賦予它生命。兒童將娃娃、車子及布偶等玩具轉化為各種人物角色，便能透過它們安全的表達其內在的需求、問題和衝突。「玩具動畫」提供兒童因心理距離和匿名性所帶來的安全感，是賦能（empower）兒童的技術，使其更容易表達情緒、分享創傷的經驗，以及建立安全的治療關係。治療師通常讓兒童扮演其想像遊戲或圖畫裡的人、動物或物品，例如：「你是那條蛇，牠說了什麼？」如此，兒童便更能了解其遊戲中的一些象徵所代表的意義。

扮裝與面具遊戲

扮裝和面具提供個案更進一步的心理距離，使其更能表達令其困擾的想法和感受（參見 20「扮裝遊戲」與 21「面具遊戲」）。

猜謎遊戲（比手畫腳）

猜謎遊戲最早出現在 18 世紀的法國，今日最廣為流行的一種玩法是比手畫腳，由一名家庭或同儕組成的團體成員將謎題上的字詞，以不發出聲音、比手畫腳的方式表演給隊友猜，直到猜出謎題為止。一般的進行方式是由比動作的成員用雙手將面部遮住，再如幕簾垂落的方式從臉上緩緩放下，當手落至下巴時遊戲即開始。用於治療時，治療師將有關情感的字詞寫在紙張上，團體成員輪流抽出一張紙，再將寫在其上的字詞用臉部表情或肢體語言來傳遞。

5 或 6 歲以下的兒童可能需要治療師或父母將紙上的字詞唸給他們聽。給 3～6 歲兒童的字詞要盡可能簡單，例如快樂、難過、生氣、抱怨、想睡和害怕，其中一半是正向的，另一半是負向的。對 7 歲及以上的兒童可使用較複雜

的情緒，例如焦慮、挫敗、尷尬、驕傲和罪惡感。這個技術對辨識他人臉部表情有困難的兒童來說特別有幫助，有些兒童，尤其是患有自閉症類群障礙的兒童，對於辨識他人情緒有相當的困難。

實證發現

1. Roberts 與 Strayer（1996）對 5～13 歲男孩所做的研究發現，角色取得的能力可作為同理心的有效預測，並進而作為利社會行為的有效預測。
2. Iannotti（1978）對 6～9 歲男孩所做的研究發現，角色取得的經驗能增進利他行為。

應用

角色扮演的技術至今已用於有各種不同主述問題的兒童，幫助其發展更好的因應技巧，以面對如受到嘲弄等的壓力情境，以及發展對他人的同理心與憐憫心。

參考文獻

Blom, R. (2006). *The handbook of Gestalt play therapy*. London: Jessica Kingsley.

Corsini, R. (2010). *Role playing in psychotherapy*. New York: Transaction.

Hall, T., Kaduson, H., & Schaefer, C. (2002). Fifteen effective play therapy techniques. *Professional Psychology*, *33*(6), 515–522.

Iannotti, R. J. (1978). Effect of role-taking experiences on role taking, empathy, altruism, and aggression. *Developmental Psychology*, *14*(2), 119–124.

Karp, M., Holmes, P., & Tauwon, K. (Eds.). (2005). *The handbook of psychodrama*. London: Routledge.

Oaklander, V. (1978). *Windows to our children: A Gestalt approach to children and adolescents*. Moab, UT: Real People Press.

Roberts, W., & Strayer, J. (1996). Empathy, emotional expressiveness, and prosocial behavior. *Child Development*, *67*, 449–470.

20

扮裝遊戲

早在一個角色開口說話前，人們就從其裝扮獲得對他的第一印象——
裝扮可透露出角色的個性。

——Colleen Atwood

簡介

　　扮裝遊戲指的是用衣服、布料、帽子和其他飾品來裝扮為某個或某類型角色的活動。扮裝活動或遊行的參與者涵蓋各個不同的年齡層，因此在遊戲治療中較大年齡的兒童比較不會將其視為幼稚的遊戲。歷史學家認為扮裝最早源自於希臘的劇場，自此以後，扮裝便成為許多節日與節慶的重要組成部分，例如萬聖節、聖誕節、復活節、普珥節、嘉年華會等。扮裝也用在各種運動賽事中，通常以動物形式的吉祥物出現。

　　源自日本的動漫真人秀（cosplay）已在近年成為一種廣受歡迎的藝術形式。動漫真人秀指的是由成人裝扮為某個特定角色或概念的活動。動漫扮裝大會的參與者包括科幻片、魔幻片、動畫片和漫畫的粉絲，他們發揮創意，透過扮裝來表達對某些角色的崇拜，同時也獲得觀眾與同儕的關注與肯定，成為這個次文化的一份子，並可藉此機會逃離平凡的日常生活。

　　扮裝也提供兒童一個嘗試新角色、行為和動作的機會。扮裝讓兒童成為任

何他們想成為的角色，不論是公主、海盜、護理師、老師、牛仔、警察、動物，還是超級英雄。扮裝使人們得以將原本的自我隱藏，從自己的性格中解放出來，嘗試不同的角色和行為。

原理

人們在不同的時代和文化用扮裝來滿足各種心理需求。扮裝遊戲在治療上的功效包括：

- **自我表達**：兒童透過扮裝獲得匿名性與心理距離，進而能更自在揭露通常隱藏於內心的一面。藉由裝扮為另一個人，兒童能自在和自發分享情感、衝動、需求與幻想。

- **自我覺察**：扮裝給了兒童一個嘗試新角色的機會，也讓他們受到壓抑的人格有機會得以展現。這個經驗有助於培養自我覺察和整合能力。

- **正向認同**：兒童藉由裝扮成受人景仰的人物來建立認同，進而強化自己的優點。Rosenber 和 Letamendi（2013）引用下面這段摘錄來說明一位裝扮為神力女超人的扮裝者正是受到其獨立、自立和外型等特質所啟發：

神力女超人一直是我很喜愛的角色，我深受她的啟發，她雖然是美麗的公主，但堅強又獨立，她照顧自己也照顧她所關心的人，並不需要等待王子來救她。對生長在全家都是女性（就像天堂島的亞馬遜族人一樣）的我來說，這些都是非常重要的特質，更別說我們都是身高超過 170 公分、有深棕膚色的女性。在神力女超人身上，我看到了我母親最美好的特質，以及我希望自己和姊妹能成為的女性形象。我從小就崇拜她，希望長大後能成為像她一樣的女性。（p. 14）

- **掌控感**：根據衣著認知的概念，我們穿著的衣服會影響我們的想法和感受。在扮裝遊戲中，兒童有機會轉化自己、嘗試代償行為，以及駕馭發展焦慮和恐懼。

- **同理心**：扮裝使兒童得以隱藏原本的自己，讓他們能嘗試不同的角色和行為。裝扮為另一個人有助於兒童發展以他人觀點來看世界，及對他人的想法和感受產生同理心的能力。此外，這個過程可培養社會覺察和改善社交技巧。

- **正向情緒**：扮裝遊戲具有樂趣，能增加創造力、想像力和自尊。扮裝遊戲提高對自我的感覺，也帶來幸福感。和他人一起玩扮裝遊戲也能培養社交能力。

描述

年齡

4～12 歲。

材料

一個扮裝工具箱，內裝有衣服、帽子、手提包、飾品、鞋子、各式各樣的道具，以及各種不同尺寸與顏色的大片布料。這些材料有助於兒童進行投射性遊戲與角色表演。

技術

在遊戲治療中視兒童需求可使用指導式或非指導式的扮裝遊戲技術。對經常玩假扮遊戲的學齡前兒童來說，用服裝進行的扮裝遊戲是理想的治療介入方式。此外，8～12 歲的學童喜歡用扮裝道具來進行角色扮演（Marcus, 1993）。

兒童尤其喜歡穿特定的服裝來扮演警察、消防員、超級英雄、公主、老師和成人等角色。

變化技術

角色認同扮演

這個技術能幫助兒童對其所崇拜的人物或角色特質產生認同，並將其內化。治療師和父母可使用這個技術幫助兒童克服不安全感、恐懼和焦慮，例如，孩子怕黑的父母可使用角色認同扮演的技術，讓孩子在睡前穿上印有超級英雄圖案的睡衣。同樣的，治療師也可提供各式各樣的超級英雄服裝給兒童，進而賦能兒童。在 Taylor、Carlson 和 Maring（2004）所述的案例中，一個經歷了可怕雷暴雨的 5 歲男童，在扮裝遊戲中穿上披風、戴上面具，扮演「閃電俠亞當」的角色，舉手投足與說話皆充滿了信心和力量。

王冠遊戲：扮演國王與女王

這個技術由 Gold（2003）所提出，作為獲得兒童想法、感受與價值觀的投射性工具。首先讓兒童進行想像遊戲，治療師說：「我們正聚集在皇宮的大廳，將要見證下一任國王／女王的加冕典禮，女孩們穿著漂亮的禮服，武士們戴著盔甲。」接下來給兒童一頂王冠，請他戴在自己的頭上，告訴他：「現在你就是國王／女王。國王／女王殿下，有什麼事情能讓殿下高興的呢？」（p. 350）

實證發現

1. Karniol、Galili 和 Shtilerman（2011）的研究檢視有助於建立學齡前兒童延宕滿足能力的因素。研究者發現，在被告知有關超人延宕滿足的能力時，同時穿上披風比沒有穿披風的兒童，延宕滿足的時間更久。研究者

在另一項研究中也發現，在假扮為超人和僅看超人影片的兩組學齡前兒童之間，前者延宕滿足的時間比後者更久。

2. Adam 和 Galinsky（2012）於檢視「穿衣認知」的概念時發現，穿上實驗白袍的年輕人，比僅看見實驗白袍掛在書桌邊的年輕人，在持續性注意力測試中的表現更好。其他的研究也發現，穿上黑色球衣的足球隊員比穿著淺色系球衣的隊員更具戰鬥力。

應用

扮裝遊戲能幫助沉默寡言的兒童在遊戲治療中更多的表達自己，同時也可賦能兒童，使其克服焦慮與恐懼感。例如，超級英雄的服裝可能促使有選擇性不語症的兒童開口說話。

參考文獻

Adam, H., & Galinsky, A. (2012). Enclothed cognition. *Journal of Experimental Social Psychology*, *48*(4), 918–925.

Gold, D. C. (2003). The crown game: On being kings and queens. In H. G. Kaduson & C. E. Schaefer (Eds.), *101 favorite play therapy techniques* (Vol. 3, pp. 349–351). Lanham, MD: Jason Aronson.

Karniol, R., Galili, L., & Shtilerman, D. (2011). Why superman can wait: Cognitive self-transformation in the delay of gratification paradigm. *Journal of Clinical Child and Adolescent Psychology*, *40*(2), 307–317.

Marcus, I. (1993). Costume play therapy. In C. Schaefer & D. Cangelosi (Eds.), *Play therapy techniques* (pp. 91–100). Northvale, NJ: Jason Aronson.

Rosenberg, R. S., & Letamendi, A. M. (2013). Expressions of fandom: Findings from a psychological survey of cosplay and costume wear. *Intensities: The Journal of Cult Media*, pp. 9–18. Retrieved from *www.drrobinrosenberg.com/resources/Cosplay-Expressions%20of%20Fandom.pdf*.

Taylor, M., Carlson, S., & Maring, B. (2004). The characteristics and correlates of fantasy in school-age children: Imaginary companions, impersonation, and social understanding. *Developmental Psychology*, *40*(6), 1173–1187.

21

面具遊戲

一個人以自己的身分說話時，往往不是真實的自己。讓他戴上面具，他便會告訴你事實。

——Oscar Wilde

簡介

面具包括所有用於儀式、娛樂、喬裝、假扮或保護的覆蓋於臉上之物件。自古以來在世界各文化都有面具的使用，最遠可追溯至西元前 7000 年。非洲的部落使用面具嚇阻敵人、在儀式中與祖靈或動物之靈溝通，以及作為各種不同屬性的象徵。美洲因紐特族人戴上面具與祖先結合、從病人身上驅除惡靈。古埃及人用死亡面具引導靈魂辨識並回到身體。

自古以來，人們也使用面具來改變身分和換上新的角色。在中古世紀的威尼斯，面具是用來喬裝的一種工具。在今日的社會，面具用於嘉年華會和新年等節慶，也用於社會抗爭。焊接工、消防員和醫護人員等也使用面罩（口罩）作為保護。

原理

　　面具在治療中通常用來作為投射性工具，以及表達自己的一種形式。Landy（1986）提出，面具也可用來代表一個衝突或問題的兩面、在團體中表達自己的身分、探索夢境和心像，以及塑造社會角色。

　　面具創作通常涉及 Carl Jung 的人格面具與陰影之概念。Jung 認為人格面具是人們為了符合社會在社會角色、舉止及衣著等的各種期待，而展示於人的一面。人們藉由人格面具給他人留下好印象，同時隱藏真實的自己。Jung 寫道：「這麼說絕不誇張，一個人的人格面具是他自己本身和他人認為他原本的樣子，但實際上並非如此。」（Storr, 1983, p. 422）。Jung 理論中的陰影代表我們人格中負面的面向，因為與社會的要求並不相容，因此我們不會公開展示。Jung 相信陰影概括了所有我們拒絕承認的人格面向，但這些面向卻又不斷以直接或間接的方式影響我們。Jung 認為：「每個人都背負著陰影，且陰影若越少出現在個人的意識生活中，它的顏色就越黑、密度也越大。」（Storr, 1983, p. 88）

　　Jung 也認為，自我認知的獲得，需要先了解真實的自我和展示於人的人格面具兩者之間的關係。在 Jung 的理論中，治療的一個主要目標是將人格面具與真實自我整合，並將陰影帶入意識中。由於面具有助於人們將自我的一部分外顯展示出來，因此是個理想的工具。Landy（1985）寫道：

> 因此，面具在治療中用來作為投射性的技術，將自我的某個面向與另一面向分離。被賦予風格與活力的面具，也就是人格面具，給了戴面具者某種程度的距離感。藉由操控人格面具，戴面具者因而能更清楚看見自己的困境。在治療中，面具劇透過將受到個案壓抑或不甚知曉的面向戴上面具，來達到揭露自我的目的。（p. 51）

　　面具遊戲其他的療效助益包括：

- **自我表達**：面具提供兒童一個假扮的工具，讓其能以匿名的方式，自在和坦誠的表達其感受、需求和經驗。
- **安全感**：面具提供穿戴者所需的心理距離和安全感。Gallo-Lopez 和 Schaefer（2005）提到，即使是如太陽眼鏡一般的簡單遮蓋物也具有轉化功能，使兒童能迅速假扮並獲得安全感。
- **治療同盟**：面具製作是有趣及吸引人的活動，用在治療初期有破冰的功能，使個案放鬆心情，進而與治療師建立互信的關係。
- **創意思維**：面具製作涉及計畫、組織和創作。兒童需決定面具的樣式、欲傳達的訊息，以及使用的材料。這個過程能夠訓練解決問題的能力、培養具變通的思維。此外，創作獨一無二的面具也能提高自尊與自信。
- **投射性遊戲**：兒童透過面具和其他面部遮蓋物能扮演任何他們想要扮演的人物，使其能坦率的陳述記憶，並表達恐懼、欲望、需求和幻想。例如，兒童可戴上太陽眼鏡扮演明星或通緝犯。

描述

年齡

4 歲以上。

材料

　　視兒童的年齡及發展階段而定，治療師可提供現成的面具，也可提供製作面具的材料。幼童可用買來的空白面具、紙盤或有眼孔的橢圓形圖畫紙製作簡單的面具。大齡兒童、青少年和成人可用厚紙板、熟石膏、混凝紙漿或剛性包覆布料來製作較複雜和精緻的面具。重要的是治療師務必提供充裕的時間和各式各樣的飾件，包括各種顏料、麥克筆、羽毛、緞帶、串珠、飾品和貼紙，以

促進創意和自我表達。

技術

內部—外部面具（Kurczek, 2001）

　　這個技術是讓兒童從雜誌上剪下代表外在世界對其印象的圖案或字詞，並拼貼在面具的外部，然後再剪下代表他們內心世界最深處的圖案或字詞，並拼貼在面具的內部。內部面具可幫助個案發掘其人格面具（或虛假自我）與真實自我之間的差異。

悲傷面具

　　經歷了喪失親人之慟後，兒童通常會隱藏他們真正的情感，用堅強的一面展示於人，悲傷面具是用來幫助兒童表達這些情感的工具。六歲及以上的兒童可用黏土或混凝紙漿捏塑任何他們想要形狀的面具，再用代表他們真實感受的顏色和飾件塗飾面具。治療師提供顏料、緞帶、泡棉、麥克筆、羽毛、飾品、亮片等材料讓兒童用來表達其感受（Grief Masks & Sculpture, n.d.; Imhoff, Vance, & Quackenbush, n.d.）。這個技術的一個變化是讓兒童塗飾面具的內部來傳達其感受，塗飾面具的外部來傳達其展示於人的樣貌。

可能的自我面具

　　可能的自我面具之想法源自 Markus 和 Nurius（1986）可能自我的概念。這個技術讓青少年製作代表他們過去自我（他們過去的樣子）、現在自我（他們現在的樣子），以及未來自我（他們想要成為的樣子）的面具。這個活動（Brumleve, 2010）讓青少年探索身分認同的議題，也給他們機會嘗試一或數個可能的未來自我。檢視未來的可能自我有助於目標設定、自我改進、可塑性及個人成長（Oyserman, Bybee, & Terry, 2006）。

家庭角色扮演之面具遊戲

在家庭治療單元中，治療師請一位家庭成員戴上可代表另一成員的面具（例如，孩子戴上「爸爸面具」），然後扮演那位成員對某一特定家庭事件的反應（例如，手足間之爭吵；Baptiste, 1989）。此外，也可請每一位家庭成員挑選代表他們人格中黑暗的一面，或是他們想要具有更多的品格或特質之面具，來進行家庭會議。

實證發現

1. Pollaczek 和 Homefield（1954）提出，使用面具進行角色扮演對於有負面自我形象的兒童和成年人很有幫助。他們在與兒童一起工作的過程中發現，面具有助於減少口吃的發生，並增加非口語的表達。

2. Zhong、Bohns 和 Gino（2010）的研究發現，戴上太陽眼鏡可改變人們的匿名感，也就是說，戴著太陽眼鏡的人比戴普通眼鏡的人表示感覺更為具匿名性。

3. Miller 和 Rowold（1979）的研究發現，戴上萬聖節面具的兒童比沒有戴面具的兒童更可能會不守規則。共有 58 位兒童參與這項研究，在被告知可從碗中取走兩顆糖後，兒童就被單獨留在房間。研究結果顯示，有戴面具的兒童中有 62%違反了只能拿兩顆糖的規定，而沒有戴面具的兒童中，這個數字僅有 37%。研究者提出，面具有助於增加匿名性，並進而降低抑制自我行為的能力。

應用

面具在幫助兒童表達自我上是很有用的工具，因為面具能讓人們將問題外

化，並與其產生距離，對治療有表達情緒障礙的焦慮和抑制型兒童、有喪親、
分離和創傷史的個人，以及在身分認同上有困難的青少年來說特別有用。根據
Baptise（1989）的敘述，面具對治療有高衝突的家庭也很有幫助，面具讓家庭
成員能以不同的觀點來看彼此，進而修正先前扭曲和僵化的看法。他寫道：

> 藉由參與這個技術，家庭成員學到用幽默感和創意來穿越彼此所塑造
> 並戴上的個人防衛面具，進而接觸到面具下真實的彼此。（p. 46）

參考文獻

Baptise, D. A. (1989). Using masks as therapeutic aids in family therapy. *Journal of Family Therapy, 11,* 45–58.

Brumleve, E. (2010). Expressive mask making for teens: Beginning insights. Alexandria, VA: American Art Therapy Association. Retrieved from *www.arttherapy.org/upload/News&Info/ExpressiveMaskMakingForTeens.pdf.*

Gallo-Lopez, L., & Schaefer, C. E. (2005). *Play therapy with adolescents.* Northvale, NJ: Jason Aronson.

Grief Masks & Sculpture. (n.d.). Connect with your soul. Retrieved from *www.recover-from-grief.com/grief-masks.html.*

Imhoff, B. A., Vance, K. V., & Quackenbush, A. (n.d.). Helping bereaved children: 20 activities for processing grief. Retrieved from *www.allohiocc.org/Resources/Documents/AOCC%202012%20Session%2062.pdf.*

Kurczek, T. A. (2001). Inside–outside masks. In H. G. Kaduson & C. E. Schaefer (Eds.), *101 more favorite play therapy techniques* (pp. 70–74). Northvale, NJ: Jason Aronson.

Landy, R. J. (1985). The image of the mask: Implications for theatre and therapy. *Journal of Mental Imagery, 9*(4), 43–56.

Landy, R. J. (1986). *Drama therapy: Concepts and practices.* Springfield, IL: Charles Thomas.

Markus, H., & Nurius, P. (1986). Possible selves. *American Psychologist, 41*(9), 954–969.

Miller, F. G., & Rowold, K. L. (1979). Halloween masks and deindividuation. *Psychological Reports, 44*(2), 422.

Oyserman, D., Bybee, D., & Terry, K. (2006). Possible selves and academic outcomes: How and when possible selves impel action. *Journal of Personality and Social Psychology, 91*(1), 188–204.

Pollaczek, P. P., & Homefield, H. D. (1954). The use of masks as an adjunct to role playing. *Mental Hygiene, 38,* 299–304.

Storr, A. (1983). *The essential Jung.* Princeton, NJ: Princeton University Press.

Zhong, C.-B., Bohns, V. K., & Gino, F. (2010). Good lamps are the best police: Darkness increases dishonesty and self-interested behavior. *Psychological Science, 21*(3), 311–314.

22

超級英雄遊戲

> 兒童穿蜘蛛人 T 恤、睡巴斯光年枕頭、吃最新超級英雄維他命，一切都是為了獲得力量。
>
> ——Patty Scanlon

簡介

漫畫書於 1933 年在美國開始出現，隨著超人在 1938 年的誕生成為廣受歡迎的消遣型讀物，在超人登場之後的一年間，以超人為名的連載漫畫也問世，每期的銷售量超過一百萬本。1939 年有更多超級英雄加入超人的行列——霹靂火、潛水人、閃電俠和神力女超人。在這段期間超級英雄特別受到青少年男孩的喜愛，他們的才智、善良、力量等特質，以及實現正義和阻止災難發生等價值觀，皆是完美男孩及男性所應具備的。早期的漫畫作家中有許多是年輕的猶太人，意識到自己在美國是外來者的身分，他們所創造的超級英雄也多是外來者，同時具有用來對抗超級強權的特別能力。這個主題尤其能與青少年產生共鳴。

受到兒童對超級英雄的崇拜所吸引的 Bender 和 Laurie（1941）認為，超級英雄神話般的特質使其成為幫助兒童面對心理困難和處理生活困境的有用工具。Bender 和 Laurie 將超級英雄連載漫畫比喻為「與兒童心理世界相契合的當

代民俗文學，同時也作為幫助兒童解決生活中必須面對的個人及社會問題的工具」（p. 54）。Bender 和 Laurie 治療的兒童把超人作為理想的自我形象和問題解決者，用想像遊戲來處理個人的保護議題。

多年後，Lawrence 和 Jewett（2002）在 Bender 和 Laurie 的論述基礎上擴展，列出了超級英雄的主要特徵。根據他們的描述，超級英雄一般出身於其必須拯救的社群或社會之外、具有祕密或雙重身分、獨來獨往、重公義、輕私利、有克制力，是道德高尚的完美主義者。他們也提到，超級英雄具有超能力、不過度傷害，即使對方是超級壞蛋也是如此。「超級英雄的目標至高無上，拳頭無人可抵、身體無人可摧」（p. 47）。

原理

Rubin（2007）認為，超級英雄的中心議題與兒童和青少年所經歷的奮鬥及掙扎切合，進而提供了超級英雄遊戲用於治療的框架，相關的主題包括出身故事、蛻變、惡棍、雙重或祕密身分、家庭動力、超能力、致命弱點、科學與魔法和服裝。正如超級英雄有出身的故事一樣，兒童也試圖了解自己的出身；正如超級英雄在他們無法控制的環境中蛻變一樣，兒童也從侵犯、虐待、喪親與創傷中轉化；正如超級英雄必須面對超級壞蛋一樣，兒童也必須搏鬥死敵、戰勝困境；正如超級英雄必須克服雙重身分的挑戰一樣，兒童也必須化解其內在的衝突。不論是因為科學還是魔法帶來超級英雄的蛻變，他們幾乎無法融入社會中。同樣的，兒童也掙扎於身分與歸屬的議題中（Rubin, 2007）。這些相似之處使超級英雄遊戲在兒童和青少年的治療上成為理想的選項，其療效助益如下：

- **力量**：幼童的脆弱性使他們渴望超能力。對超級英雄的能力與力量產生認同有助於轉化，能在兒童心裡灌輸克服恐懼、面對挑戰與掌控問題的勇氣。

- 認同形塑：對超級英雄的故事產生認同，有助於兒童將超級英雄的特質體現於其人格和生活中。
- 克服抗拒：超級英雄遊戲使兒童更願意參與治療。兒童天生喜歡以超級英雄為主題的角色扮演、電影討論和故事講述，也喜歡玩超級英雄公仔，以及用黏土或其他藝術材料製作超級英雄。幼童也喜歡裝扮為超級英雄，以及用公仔演出冒險故事。此外，超級英雄的出身史、挑戰和性格能與青少年產生共鳴，並作為其面對自身問題的引導。
- 幻想：兒童透過超級英雄想像遊戲嘗試新的角色、探索克服困難的方法，進而增強其想像力和具創意的問題解決能力。

描述

年齡

4～12 歲。

超級英雄遊戲適用於個人或團體諮商，視兒童的年齡、需求和興趣而定，有不同的實施方法，包括扮裝／想像遊戲、繪畫、藝術活動、漫畫書／動畫片討論、角色扮演、說故事、沙盤遊戲，及電腦／電話應用程式。超級英雄遊戲也可用於環境治療法（milieu therapy; Robertie, Weidenbrenner, Barrett, & Poole, 2007），以及呼吸練習、瑜伽和頌唱等催眠介入（Burte, 2007）。

技術

戰勝壓力

給兒童喜歡或熟悉的超級英雄服裝，讓他有機會在治療中或在家中裝扮為超級英雄。對兒童敘述這個超級英雄的個人特質，例如勇氣、力量和恢復力。

超級英雄遊戲進行時，有些兒童可能會過度興奮，因此需要對具侵略性和破壞性的行為做出清晰的界限設定和執行。當孩子從扮演超級英雄的角色獲得信心後，鼓勵他們在焦慮時可在家裡穿上超級英雄的服裝，例如在睡前穿上以克服對黑暗的恐懼。

變化技術

沙贊

　　這個由 Cangelosi（2001）所提出的技術適用於所有年齡層的兒童。孩子用黏土或其他自己所挑選的藝術材料創作能幫他們解決問題的「信使」朋友（動物、外星人、卡通人物等）。當孩子在製作時，和他討論這個信使能幫他解決什麼問題。製作完成後，治療師請孩子將眼睛閉上並想像它，然後告訴孩子，除了他以外，沒有人能看見沙贊（或其他孩子挑選的名字），而且沙贊會隨時在孩子身邊，讓他知道該如何處理在討論中出現的問題。

超級英雄繪畫

　　首先問孩子如果他能具有超級英雄的能力，他會希望具有哪些能力？然後讓他畫出具有該能力的自畫像。接下來和孩子討論這些能力具體上是什麼，以及在真實生活中會如何使用。告訴孩子他天生的能力也能像這些超能力一樣有用。

超能動物：內化正向的力量象徵

　　這個由 Hickey（2001）提出的技術對各年齡層的兒童都適用。治療師給孩子看大量各種不同的動物圖片，請孩子挑選一個他最喜歡的。接下來讓孩子用黏土將他所挑選的動物捏塑出來，或是製作這個動物的面具，治療師隨孩子的引導來反應，最後請孩子想像該動物在一些特定的情境中可能會如何因應，以

及牠會如何解決特定的問題。透過不斷諮詢這個動物，治療師幫助孩子將其投射在該動物身上的力量和特質更進一步的內化。此技術適用於低自尊和缺乏解決問題和社交能力的孩子。

超級的我

　　這個由 Nickerson（2001）發展的說故事技術，用來幫助 4～9 歲兒童以促進結案過程。請孩子描述他想給超級英雄什麼樣的特質，接著讓孩子用藝術材料製作，給超級英雄服裝、武器和名字。然後治療師講述有關孩子和超級英雄一起解決問題的故事，目的是讓孩子將超級英雄的力量內化。孩子在最後一個單元結束時將超級英雄帶回家，以幫助他記得在治療中所發現的能力與完成的事情。

漫畫工具盒

　　多美玩具（Tomy Toys）生產的「萬能俠與怪獸模組繪畫盒」（Mighty Men and Monster Maker kit）適合 6 歲及以上的兒童，內有頭部、軀幹和下肢三組有紋路的塑膠片，可組合成不同的超級英雄。孩子將一張紙覆蓋在組合好的塑膠片上，將蓋子蓋上以固定紙張，用蠟筆在紙上塗抹，塑膠片的紋路可使超級英雄或壞蛋的圖案浮顯在紙上。另外，「繪兒樂漫畫達人工作坊」（Crayola Story Studio Comic Maker）適合 6 歲及以上的兒童，兒童用內附的一組密碼上網、上傳照片，便可將自己的照片變為蜘蛛人，再用來創作冒險的漫畫故事。除此之外，治療師也可提供印有六到八格空白漫畫格的紙張，讓兒童繪製超級英雄的故事。

超級老爸／老媽

　　孩子的父親或母親有時可穿上超級英雄的披風或服裝，表演如何勇敢、堅強面對壓力生活事件（例如，某個醫療程序）。

實證發現

1. Chung 和 de Silva（2013）的研究發現，透過假扮遊戲的自我轉化會影響學齡前兒童的執行功能表現。有兩組共 32 位學齡前兒童參與研究，自我轉化組的兒童穿上一件聲稱有特別能力、能讓穿著者遊戲表現更好的披風；控制組的兒童則穿上一件聲稱是應遊戲需要的相同披風。接下來兩組兒童參與三項不同的執行功能任務：兩項反應抑制任務與一項注意力轉移任務。研究結果發現，自我轉化組的兒童比控制組的兒童在兩項反應抑制任務上的加總得分高出許多，而在需要注意力轉移的任務上也有較高的得分。

2. Parsons 和 Howe（2013）的研究指出，參與兩次超級英雄遊戲治療的學齡前男童，比只參與一般玩具遊戲治療的男童，展現了多出許多的利社會行為，而後者則出現更多破壞性的行為。

3. Elizabeth Robinson（2014）的博士論文發現，五年級男童的超級英雄知識與道德判斷力有顯著的正相關。研究資料顯示，男童能從暴力和格鬥中，看到超級英雄幫助他人、打擊犯罪、實現正義的正向結果。

4. 在 Karniol 和同事（2011）的研究中，讓一組穿上超人披風，和另一組未穿披風的學齡前兒童參與延宕滿足能力的測試。穿上披風的兒童能延宕滿足的時間更久，尤其是當他們被告知超人在延宕滿足的相關特質時。

禁忌

　　這個技術不適用於對現實無法很好掌控的兒童。這類兒童可能會在扮演超級英雄的角色時，取用其身分並付諸相應的行動，從而喪失自我感。

應用

　　超級英雄遊戲對各年齡層和不同診斷及處置的兒童來說都是理想的技術，尤其對有害怕、畏懼症、創傷、收養及依戀等議題的兒童特別有用。此外，超級英雄遊戲在教導同情心、仁慈、正義、道德勇氣和社會技巧上也是個理想的工具。

參考文獻

Bender, L., & Laurie, R. (1941). The effect of comic books on the ideology of children. *American Journal of Orthopsychiatry*, *11*(3), 540–550.

Burte, J. M. (2007). Hypnosis and superheroes. In L. Rubin (Ed.), *Using superheroes in counseling and play therapy* (pp. 271–292). New York: Springer.

Cangelosi, D. (2001). Shazam. In H. G. Kaduson & C. E. Schaefer (Eds.), *101 more favorite play therapy techniques* (pp. 455–457). Northvale, NJ: Jason Aronson.

Chung, K. K., & de Silva, A. D. (2013). Effects of a pretend play intervention on executive functioning tasks. Wellesley College Digital Scholarship and Archive Student Library Research Awards Archives. Retrieved from *http://repository.wellesley.edu/cgi/viewcontent.cgi?article=1004&context=library_award*.

Hickey, D. A. (2001). The power animal technique: Internalizing a positive symbol of strength. In H. G. Kaduson & C. E. Schaefer (Eds.), *101 more favorite play therapy techniques* (pp. 451–454). Northvale, NJ: Jason Aronson.

Karniol, R., Galili, L., Shtilerman, D., Naim, K., Manjoch, H., & Silverman, R. (2011). Why Superman can wait: Cognitive self-transformation in the delay of gratification paradigm. *Journal of Clinical Child and Adolescent Psychology*, *40*(2), 307–317.

Lawrence, J. S., & Jewett, R. (2002). *The myth of the American superhero*. Cambridge, UK: Erdmans.

Nickerson, E. (2001). Super me! In H. G. Kaduson & C. E. Schaefer (Eds.), *101 more favorite play therapy techniques* (pp. 25–28). Northvale, NJ: Jason Aronson.

Parsons, A., & Howe, N. (2013). "This is Siderman's mask." "No, it's Green Goblin's": Shared meanings during boys' pretend play with superhero and generic toys. *Journal of Research in Childhood Education*, *27*(2), 190–207.

Robertie, K., Weidenbrenner, R., Barrett, L., & Poole, R. (2007). A super milieu: Using superheroes in the residential treatment of adolescents with sexual behavior problems. In L. C. Rubin (Ed.), *Using superheroes in counseling and play therapy* (pp. 143–168). New York: Springer.

Robinson, E. (2014). *The influence of superhero characters on moral judgment in school-age children*. Doctoral dissertation, Alfred University, New York.

Rubin, L. C. (2007). Introduction: Look, up in the sky! An introduction to the use of super-heroes in psychotherapy. In L. C. Rubin (Ed.), *Using superheroes in counseling and play therapy* (pp. 143–168). New York: Springer.

23

布偶遊戲

簡介

　　布偶遊戲是常用的遊戲技術，用來幫助兒童表達情感、重現會引起焦慮的事件、嘗試新的且更符合社會期待的行為，以及克服抑制的心理。布偶戲自有歷史以來即存在，到今天仍廣受歡迎，這也證明了它奇妙引人的特性。布偶比娃娃更生動有趣，且容易操控。

　　布偶遊戲最早由 Bender 和 Woltmann（1936）應用於心理治療上，在紐約市貝爾芙醫院（Bellevue Hospital）的兒童精神科病房，成人布偶師以布偶劇協助兒童對布偶所代表的角色產生認同，以及將問題投射在布偶身上，在布偶劇的最後，這些布偶角色都找到了解決問題的方法。每一場表演之後緊接著就是有關布偶劇的團體討論。劇中使用由立體頭部與布製身體所組成的套手布偶，因為與提線木偶相較，「他們的動作更為直接、移動更為真實，也更能做出具侵略性的行為」（Bender & Woltmann, 1936, p. 343）。手偶由一顆立體狀的頭黏在布做的身體上面所構成。

原理

布偶遊戲的療效助益包括：

- **投射**：兒童能對布偶產生認同，透過布偶遊戲，兒童能將自己無法或不願以語言表達的想法、感受和需求投射在布偶身上（Jenkins & Beckh, 1942）。藉由「第三者」，也就是布偶的媒介，兒童更容易揭露其內心世界（Cassell, 1965）。如果布偶說錯話或做錯事，那麼該受處罰的會是布偶，而不是孩子，因此，布偶給了兒童一個安全的心理距離，讓他們能表達令其困擾的經歷、想法和感受，例如，在家中所見到或經歷到的，如兒童或配偶受虐之情境，都可用布偶演出來（Bromfield, 1995）。
- **替代**：兒童可安心的透過布偶表達對父母的敵意，而不必擔心因此受到懲罰。
- **增強自尊**：兒童經由對布偶的完全掌控使自尊得到增強。
- **提高學習興趣**：布偶遊戲使兒童的學習更有樂趣，進而促進問題解決和社交等能力的學習。
- **宣洩性療癒**：布偶遊戲能重現具壓力的生活事件，讓兒童的情緒得到宣洩，並建立對壓力事件的掌控感（Waelder, 1933）。

描述

年齡

5～11 歲。

材料

個人治療需準備 15～20 個布偶，團體或家庭治療需 25～30 個布偶，布偶

的種類應包括野生及豢養動物、人物，以及如龍、惡魔和神仙等象徵性角色。

　　許多布偶遊戲技術經過證實對兒童的評量與治療有助益。常用的技術如下：

布偶衡鑑技術

結構性兒童訪談（Irwin, 1993）

- 步驟 1：給孩子 15～20 個易操控、象徵各種不同心理及社會特徵（例如侵略性、撫育、膽怯）的套手布偶。

- 步驟 2：作為暖身，請孩子介紹他所挑選布偶的名字、年齡和性別。一個核心的假設是，兒童經常會挑選對其有重要意義的布偶，這些布偶通常代表他們的某些性格（例如，老鼠布偶代表其內心膽怯的部分），或是他們週遭的人物（例如，巫婆布偶是刻薄母親的化身）。

- 步驟 3：請孩子在布偶舞台，或以半倒的桌子作為舞台，用布偶講述一個假想的故事。

- 步驟 4：布偶劇結束時，治療師先訪談布偶，再訪談孩子，以獲得更多有關角色的訊息，以及故事情節背後的脈絡。兒童會將自己生活的故事投射在布偶上，因此在他們的想像故事中有一些預期會出現的主題。劇後討論有助於治療師更充分了解布偶劇對孩子的個人意義。

家庭布偶訪談（Irwin & Malloy, 1975）

　　在這個技術中，治療師準備 25～30 個布偶，讓家庭成員各挑選一至兩個布偶用於個人負責的故事部分。之後請家庭成員共同決定一個用每人所選布偶可以演出的、有起頭、中段和結尾的故事。許多家庭會選擇一個所有成員都知道的童話故事，並向扮演觀眾的治療師講述由他們所發展的故事版本。故事結束後，治療師訪談每一個布偶，詢問他們在故事中的角色，以及行動背後的動機。最後，治療師鼓勵家庭成員討論布偶劇，探討他們對角色的想法和感覺，

以及劇與真實生活的相似之處。Bratton 和 Ray（1999）發展的「團體布偶訪談」將此技術用於兒童團體治療中。

Wittenborn、Faber、Harvey 和 Thomas（2006）將家庭布偶訪談之技術應用於一個成員有母親、父親和 8 歲女兒的家庭。母親選了貓布偶、女兒挑選小狗布偶，而父親則選了看來冷酷凶惡的大猩猩布偶。在他們所講述的故事中，大猩猩欲掌控全局，對貓和小狗發號施令，最後小狗逃跑而貓則不知所措。

這僅是家庭布偶遊戲在家庭動力上如何提供重要資訊的一個例子（Gil, 2015; Gil, Sobol, & Bailey, 2005），包括：

- 家庭成員間，以及他們在布偶劇中所承擔的角色之間，在合作、投入和組織方面的互動關係。
- 家庭成員達成故事任務共識的能力及其過程。
- 家庭成員在進行這項任務時是否樂在其中及其程度。
- 家庭成員在這項任務中展現的領悟程度，例如將這場劇視為現實生活的隱喻。

伯克利布偶訪談（Measelle, Ablow, Cowan, & Cowan, 1998）

這是對 4～8 歲兒童所進行，就其對有關家庭環境、學校表現、同儕關係和症狀表現之看法的結構性訪談。治療師用兩隻叫作伊格和齊格的小狗布偶進行訪談，讓孩子從兩個相反陳述的句子中指出哪一句最能描述他的情況。兩句陳述表達了兩個正反兩極的行為或特質（例如：「我會取笑別的小孩」和「我不會取笑別的小孩。你呢？」；「我媽媽經常對我吼叫」和「我媽媽不常對我吼叫」；「我爸爸經常發脾氣」和「我爸爸不常發脾氣」；「我喜歡看書」和「我不喜歡看書」）。這個評量工具特別適用於害羞、不用口語表達，以及患有選擇性緘默症的兒童，因為孩子可選擇以手指指示，或用布偶以第三人稱的方式來回答訪談者的問題。

布偶治療技術

象徵個案之布偶

　　布偶可用來作為一個與孩子有類似問題（例如，受到霸凌、難過、害怕）、需要幫忙的個案角色（Narcavage, 1997）。這個方法讓孩子能與其所面對的情境分離，以更客觀的觀點來看問題，進而找到解決的方法。治療師將一個與孩子有相似問題的布偶介紹給 4～8 歲的兒童，鼓勵孩子安慰布偶，並指導孩子給布偶如何解決問題的建議（例如，被取笑時不予理會，或保持冷靜等）。將焦點轉移至布偶身上可讓孩子獲得與問題間的心理距離，進而增加孩子處理問題的涉入程度。

　　例如，有一個經常咬人、並因此快被托兒中心拒收的 3 歲男孩，治療師將一個叫作里奧的大嘴鱷魚布偶介紹給他，並告訴他里奧有愛咬人（配上布偶咬人的動作）的習慣，因為它咬人很痛，使得大家都很厭煩，這讓里奧也很難過。男孩專心的聽完後，套上鱷魚布偶，用它咬自己的手臂並大叫一聲：「噢，好痛！」當治療師問他是否有幫里奧戒掉咬人習慣的建議時，男孩跑去拿了一個玩具電話，打電話給里奧，對里奧說：「趕快回家來！」當里奧回到家時，男孩告訴它如果想咬東西可以咬玩具，但不可以咬人。治療師接著告訴男孩，里奧雖然愛咬人，但咬完人後又因為傷了別人、惹人生氣而讓自己傷心。男孩在整個單元中都將里奧放在自己的身邊。

　　再如，若孩子對第一次去遊戲室感到害怕，治療師可介紹一個叫作「熊熊先生」的布偶給孩子。首先治療師讓布偶因為害怕而用手蓋住眼睛，接著對熊熊先生說她知道它因為第一次和不認識的大人去新的地方而感到害怕，再對熊熊先生保證這個地方很安全，她不會讓任何不好的事情發生在它或是兒童個案的身上。

治療師的布偶朋友

在與一個具侵略性的兒童進行治療時，挑選一個布偶當作你的朋友，當孩子做出對你有敵意的舉動時，讓布偶說出：「噢！這樣說話好傷人！」或「這樣對大人說話是不應該的」等話語以表示對你的支持。相較於直接來自於治療師的面質，兒童較容易接受間接來自於布偶的反應。

外化孩子的問題

外化是一個將孩子所經歷的問題具體化、有時伴以布偶角色來呈現的敘事治療技術，目的是幫助個案將自己從問題中抽離出來（參見 17「外化遊戲」）。在 Butler、Guterman 和 Rudes（2009）描述的案例中，一個經常在教室打架的 8 歲男孩，在挑選一個最能代表他騷擾他人問題的布偶時，選了小蟲布偶，因為他愛打架的行為就好像小蟲嘎嘎的紛擾他人一樣。

布偶壓力預防針

在這個應用布偶的技術中（Shapiro, 1995），治療師介紹一個曾經歷過和孩子將要面對的壓力源一樣的布偶，例如新生入學或醫療程序等。這個技術的目的是降低壓力源未知的一面，並示範有用的處理技巧。治療師首先告訴孩子，布偶剛剛經歷過他即將要面對的壓力事件，再用布偶示範它在面對壓力時所使用的處理技巧（例如正面心像、深呼吸等）。鼓勵孩子向布偶提出任何他對這個事件想問的問題。

團體吉祥物

Pedro-Carroll 和 Jones（2005）發現治療師在團體遊戲治療的第一次單元中介紹一個害羞的布偶（可隱藏在袋子中），對治療的進行很有幫助，這個布偶因不知對團體能有何期待而感到焦慮，治療師接著請團體成員幫助布偶感到自

在和被大家所接受。他們發現團體成員通常會提出有用的建議，例如：「可以告訴布偶我們的名字，以及在團體治療中會做些什麼。」這通常會讓團體成員進一步討論他們共同的興趣和喜愛的食物等，同樣的，布偶也分享它的興趣和問題，並被用來作為團體的吉祥物。

互動布偶劇

首先孩子和治療師各選一至兩個布偶來操控，然後治療師請孩子起頭，兩人輪流用布偶演出一場劇，治療師在輪到自己時引導故事往合適的方向發展，或對孩子的布偶角色行為及其背後的動機做出正面的詮釋（Hawkey, 1951）。

團體布偶猜字遊戲

團體中每一位孩子拿到一個特定的情緒或情境，必須不出聲音的用布偶演出來，讓其他成員猜。

自由布偶遊戲

讓孩子挑選一或兩個布偶，並自由和自發的用布偶演出任何他想演出的故事。治療師當觀眾，在開始演出前請孩子先介紹布偶的角色。故事結束後，治療師可訪問布偶角色或孩子，以澄清故事中模糊的地方，以及得知故事的意義。

布偶「脫口秀」

此技術之目的是讓兒童遊戲治療的團體成員藉由更加了解彼此來建立感情。讓每一位孩子從放在桌上或地上、代表真實或假想人物的布偶中挑選一個，以「脫口秀」的方式依次訪問每一位孩子的布偶。治療師扮演脫口秀主持人，其他的孩子扮演觀眾，並輪流問受訪兒童的布偶一些私人的問題，例如：「你最喜歡什麼食物？」「什麼事情會讓你生氣？」成員可選擇讓布偶代表自

己,或代表一個假想的角色來回答問題。布偶給了孩子心理距離,進而助其揭露內心世界的想法、感受和渴望。

布偶故事角色

治療師在講述故事時伴以布偶來代表故事中的角色,可使故事更為生動。孩子可問布偶故事接下來的情節,也可建議布偶如何面對故事中所發生的情境。

實證發現

1. Carter 和 Mason(1998)的研究發現給孩子 15～20 個布偶挑選的效果最好,布偶太少無法讓內心經驗做出合適的投射,而布偶太多則讓孩子無所適從。
2. Cassell(1965)在與住院接受心導管術治療的兒童一起工作中,發現他們能透過布偶表達對治療的感受,因此較不會在治療中出現情緒低落或不安的情形,也更願意回到醫院做進一步的治療。
3. Gronna、Serna、Kennedy 和 Prater(1999)使用布偶劇本來教導一位有視力障礙的學齡前兒童如何打招呼與發起/回應對話的社交技巧。這個使用多基準線設計的個案研究顯示,孩子在學到了目標技巧後,可將這些技巧應用在與同儕自由遊戲的活動中。

禁忌

有嚴重情緒障礙或患有精神病的兒童通常會拒絕參與布偶劇,因為布偶劇會威脅其對現實生活的掌控力(Woltman, 1940)。

應用

布偶遊戲已被有效的用於評估和治療有各種主述問題的兒童。

參考文獻

Bender, L., & Woltman, A. (1936). The use of puppet shows as a therapeutic method for problem behaviors in children. *American Journal of Orthopsychiatry*, 6, 342–354.

Bratton, B., & Ray, D. (1999). Group puppetry. In D. Sweeney & L. Homeyer (Eds.), *The handbook of group play therapy* (pp. 267–277). San Francisco: Jossey-Bass.

Bromfield, R. (1995). The use of puppets in play therapy. *Child and Adolescent Social Work Journal*, 12(6), 435–444.

Butler, S., Guterman, J., & Rudes, J. (2009). Using puppets with children in narrative therapy to externalize the problem. *Journal of Mental Health Counseling*, 31(3), 225–233.

Carter, R., & Mason, P. (1998). The selection and use of puppets in counseling. *Professional School Counseling*, 1(5), 1–13.

Cassell, S. (1965). Effect of brief puppet therapy upon emotional responses of children undergoing cardiac catheterization. *Journal of Consulting Psychology*, 29(1), 1–8.

Gil, E. (2015). *Play in family therapy* (2nd ed.). New York: Guilford Press.

Gil, E., Sobol, B., & Bailey, C. (2005). *Children in family therapy: Using the family as a resource*. New York: Norton.

Gronna, S., Serna, L., Kennedy, C., & Prater, M. (1999). Promoting generalized social interactions using puppets and script training in an integrated preschool. *Behavior Modification*, 23(3), 419–440.

Hawkey, L. (1951). The use of puppets in child psychotherapy. *British Journal of Medical Psychology*, 24, 206–214.

Irwin, E. (1993). Using puppets for assessment. In C. E. Schaefer & D. Cangelosi (Eds.), *Play therapy techniques* (pp. 69–87). Northvale, NJ: Jason Aronson.

Irwin, E., & Malloy, E. (1975). Family puppet interviews. *Family Process*, 14, 179–191.

Jenkins, R., & Beckh, E. (1942). Finger puppets and mask making as media for work with children. *American Journal of Orthopsychiatry*, 12(2), 294–300.

Measelle, J. R., Ablow, J., Cowan, P., & Cowan, C. P. (1998). Assessing young children's views of their academic, social, and emotional lives: An evaluation of the self-perception scales of the Berkeley Puppet Interview. *Child Development*, 69(6), 1556–1576.

Narcavage, C. (1997). Using a puppet to create a symbolic client. In H. G. Kaduson & C. E. Schaefer (Eds.), *101 favorite play therapy techniques* (pp. 199–203). Northvale, NJ: Jason Aronson.

Pedro-Carroll, J., & Jones, S. (2005). A preventive play intervention to foster children's resilience in the aftermath of divorce. In L. Reddy, T. Files-Hall, & C. E. Schaefer (Eds.), *Empirically based play interventions for children* (pp. 51–75). Washington, DC: American Psychological Association.

Shapiro, D. (1995). Puppet modeling technique for children undergoing stressful medical procedures: Tips for clinicians. *International Journal of Play Therapy*, 4(2), 31–40.

Waelder, A. C. (1933). The psychoanalytic theory of play. *Psychoanalytic Quarterly*, 2, 208–224.

Wittenborn, A., Faber, A., Harvey, A., & Thomas, V. (2006). Emotionally focused family therapy and play therapy techniques. *American Journal of Family Therapy*, 34, 333–342.

Woltman, A. C. (1940). The use of puppets in understanding children. *Mental Hygiene*, 24(1), 445–458.

第四部分

創意藝術技術

24

彩繪人生

藝術不過是遊戲的一種形式。

——Herbert Spencer

簡介

　　彩繪人生的技術是 Kevin O'Connor（1983）與一群患有慢性氣喘的住院兒童一起工作時所發展的，目的是教導兒童各種不同的情感狀態、幫助他們表達情緒，以及將他們的感受與生活中所經歷的特定事件連結。對治療中的兒童來說，建立以適當的方式來管理及表達情感的技巧非常重要。

原理

　　這個技術幫助學齡兒童覺察及表達通常難以語言描述的個人情感，同時也幫助他們從情緒的行動外化，進步到能以合適的口語表達方式來表達感受（Raynor & Manderino, 1989）。在遊戲治療的領域中，常用來幫助兒童辨識及表達情緒的技術包括繪畫、玩具和其他道具之應用。以情緒為焦點的各種技術包括「感覺袋」、「心情賓果」、「心情猜字」、「心情圖表」、「心情填字」與「情緒表情」等。

描述

年齡

6～12 歲。

材料

一盒蠟筆和一張 8.5×11 英寸大小的白紙。

技術

　　治療師先請孩子用 4～8 種顏色的蠟筆將顏色與常見的情緒配對（例如藍色配悲傷、紅色配生氣、黃色配快樂、黑色配害怕、綠色配嫉妒、橘色配興奮、紫色配憤怒、灰色配孤單）。根據研究，這些顏色與情緒的配對是最常見於兒童的配對結果（Ammen, Semrad, Soria, Limberg, & Peterson, 1996）。這個技術的一個變化是讓孩子建構屬於自己的個性化色碼。

　　接著給孩子一張空白紙，給他如下的指示：

> 將這張紙假想為你從出生到現在的一生，用蠟筆的顏色繪出你這一生所經歷過的情感狀態，如果你有一半的時間都是快樂的，那麼就用黃色蠟筆在半張紙上畫畫，如果你這一生都很快樂，而且除了快樂，沒有其他的感受，那麼就用黃色蠟筆在整張紙上畫畫。你可以選擇任何你想要畫畫的方式。（O'Connor, 1983, p. 253）

　　孩子可選擇以任何方式來完成這張圖，例如用方塊、圓圈、圖案、圓餅圖等。孩子畫完圖後，治療師以問題來釐清及探索，例如：「不知道你現在是否也是這樣的感覺？」「當你覺得孤單時會做些什麼？」「曾有過讓你很害怕的時刻嗎？可以告訴我嗎？」這個技術用於團體時，孩子很自然的會比較彼此畫的圖，進而開始自發的對話。

變化技術

治療師可將這個任務結構化，準備不同的形狀讓孩子著色，例如大圓圈、心形圖案、薑餅人圖案，以及兒童的身體圖案（讓他們將不同部位的感覺塗上顏色，例如氣憤）。治療師也可給出不同的指示，建議孩子將自己對某一時期、地方或人物的感覺塗上顏色，例如：

「將你目前的生活塗上顏色。」

「將你家的房子塗上顏色。」

「將你的家庭塗上顏色。」

「將你的學校生活塗上顏色。」

「將你在爸爸去世以後的心情塗上顏色。」

「將你對哥哥的感情塗上顏色。」

「將你這個星期的心情塗上顏色。」

請孩子回憶過去這個星期的心情，並將這些心情依所占的比例塗上顏色。這個活動通常用來記錄和觀察一段時期間的心情發展。例如，在「心情圖表」這個技術中（Bongiovani, 2003），治療師給孩子一張畫有八個欄位的紙，每一欄的底部各寫上一種心情，如快樂、難過、氣憤、害怕、自豪、孤單等，請孩子選一個顏色代表一種心情，最後讓孩子依他所經歷的每一種心情及其程度在對應的欄位塗上顏色，治療師接著和孩子討論可能引起這些心情的因素。

實證發現

Boyatzis 和 Varghase（1994）在對一群 5 歲和 6 歲幼童進行的情緒與顏色關聯的研究中發現，幼童對明亮的顏色（粉紅色、藍色、紅色）有正向的反應，對灰暗的顏色（棕色、黑色、灰色）有負向的反應。女孩則特別偏愛明亮的顏色，不喜愛較灰暗的顏色。

應用

彩繪人生技術廣泛用於有各種主述問題兒童的治療中，兒童僅需能夠辨識及說出各種不同顏色和情緒狀態即可使用這個技術。這個技術對較不使用口語表達，或更善於用繪畫來表達情感的兒童特別有用。本書作者已將此技術成功應用於能辨識生氣、高興、難過和害怕四種基本情緒的 4～6 歲學齡前兒童。這個技術可用於個人或團體治療，也可用於整個治療期程的數個節點，作為觀察孩子情緒變化的監控工具。

參考文獻

Ammen, S., Semrad, J., Soria, S., Limberg, E., & Peterson, C. (1996). The development of tools to research the color-your-life technique. *International Journal of Play Therapy*, *5*(2), 21–39.

Bongiovani, M. (2003). The feelings chart. In H. G. Kaduson & C. E. Schaefer (Eds.), *101 favorite play therapy techniques* (Vol. 3, pp. 84–87). Northvale, NJ: Jason Aronson.

Boyatzis, C., & Varghase, R. (1994). Children's emotional associations with colors. *Journal of Genetic Psychology*, *155*, 77–85.

O'Connor, K. (1983). The color-your-life technique. In C. E. Schaefer & K. J. O'Connor (Eds.), *Handbook of play therapy* (pp. 251–288). New York: Wiley.

Raynor, C., & Manderino, M. (1998). "Color your life": An assessment and treatment strategy for children. *Journal of Child and Adolescent Psychiatric and Mental Health Nursing*, *2*(2), 28–51.

25

黏土遊戲

神用地上的泥土造人……

——創世記 1：24

簡介

黏土、沙、塵和水皆是地球的基本組成物質，自古以來即是兒童用於遊戲的素材。黏土遊戲指的是搓、捏、拍、壓、捶、撕、揉、塑黏土的過程，以及這些活動的產出（Sholt & Gavron, 2006）。治療中使用黏土連結了人類最原始的感官知覺——觸覺。搓黏土或捏麵團不需任何技巧、不需擔心失敗，可輕易上手。黏土用於遊戲的歷史悠久，但直到近年才用於遊戲治療，因為兒童天生就喜歡玩黏土，故成為遊戲治療一項有價值的媒材（Moustakas, 1953）。

橡皮泥指的是各種自然或人造的黏土或泥團，在幼童的治療中我們建議使用培樂多（Play-Doh）這個品牌的黏土，因其可帶給兒童熟悉感和一致性，同時也容易搓捏和清理。

原理

黏土遊戲的療效包括：

- **感官愉悅**：兒童在搓捏黏土的過程中獲得觸覺、動覺和視覺上的愉悅，進而使整體的幸福感提升。

- **口語的自我表達**：黏土遊戲所提供的感官愉悅幫助兒童放鬆，進而使其能夠表達深層的議題。當兒童手中碰觸能安撫人心的東西時，談論困難的事情也就變得容易多了（Oaklander, 1988）。文獻中記載著許多透過黏土的人物創作，讓個案進一步表達之前無法表達的強烈情緒之案例（Henly, 2002; Sholt & Gavron, 2006）。除了有意識的自我表達，黏土原始的特質也有讓受到抑制的想法、感受、衝動和記憶浮現到意識知覺中的作用（Betensky, 1995）。

- **增強自尊**：黏土易於揉成球狀和搓成條狀，可幫助兒童從遊戲中獲得成就感和掌控感。在現實生活中，許多兒童對於發生在其生活週遭的事情幾乎沒有任何掌控力。

- **放鬆**：摸觸和搓捏黏土或橡皮泥對兒童具有放鬆及平靜的效果。

- **宣洩**：戳、捶、擲、搗、撕黏土能讓兒童以非口語的方式，簡單但有效的表達與宣洩憤怒。

- **正向情感**：當一個人感覺焦慮、無聊或難過時，玩黏土能提升情緒。

- **具象化**：具象化指的是以具體的、實質的物體將內心的想法、感受、幻想和衝突展現的過程，因此更能幫助兒童了解（Sholt & Gavron, 2006）。

- **揭露潛意識素材**：未進到個案思緒、沉潛於其潛意識之素材能透過黏土的捏塑得到揭露（Anderson, 1955）。黏土原始的特性有助於將受到抑制的想法、感受和記憶帶到意識知覺中（Betensky, 1995; Winship & Haigh, 1998）。

描述

年齡
3 歲以上。

材料

　　這類遊戲所需的材料包括數罐容易搓捏的橡皮泥和一些隨手可得的工具，例如可用來戳洞的鉛筆，和可作切割用的冰棒棍等。另外，表面平滑的塑料工作墊，以及可擦手的濕抹布或海綿等，皆有易於活動的進行。

　　相較於橡皮泥，6～12 歲的兒童更喜歡使用一般會變硬的黏土，這類黏土可用來製作不同形狀，以及動物和人物等物體，但需費較多的搓揉工夫才能使黏土成為柔軟可塑的狀態。

技術

自由黏土遊戲

　　在這個非指導式的技術中，給 3 歲及以上的孩子表面平滑的托盤，以及一塊如棒球般大小或更大塊的橡皮泥或黏土，讓他們自由發揮，捏塑任何他們想要的物體（例如滾成管狀物、揉成球狀物、捶搗成餅狀物，或捏塑人物造型）。這個遊戲的目的有時純粹僅是感官上的摸觸（例如壓和捏）。感官愉悅的經驗通常會使困擾人的想法或情緒更易表達出來（包括青少年和成人等任何年齡的個案）。

　　如果孩子不願使用黏土，治療師可做出熱衷於黏土捏塑之示範，例如，捏塑孩子最喜歡的動物。較常見的黏土遊戲是由治療師給孩子特定的指示，告訴他們如何使用橡皮泥或黏土，包括如下介紹的結構性技術。

宣洩性黏土遊戲

　　黏土和橡皮泥是幫助兒童表達憤怒的理想材料。給孩子一塊橡皮泥或黏土（孩子也可先用它來捏塑一個怪獸），治療師可簡單的指示孩子用拳頭敲打或捶搗，讓他以安全的方式來發洩憤怒。治療師也可請孩子先想想什麼事情會讓他生氣，再讓他敲捶橡皮泥，接著輪到治療師做相同的動作（例如，「看到有人被霸凌就會讓我生氣」）。最後，治療師和孩子討論打人和捶黏土之間的不同之處。

紓壓性黏土遊戲

　　操弄橡皮泥或黏土與紓壓球／玩具的效果類似，都有放鬆的功能。因此，一些大學教授在學期壓力最大的幾個星期會提供橡皮泥給學生，幫助他們快速的放鬆和提高專注力。

自塑像

　　請孩子用橡皮泥捏一個自塑像，這是 33「畫一個家庭」的一個變化技術，目的是幫助治療師藉由觀察孩子的自塑像是否看起來有能力、友善、快樂、弱小等，以獲得孩子自我概念之樣貌。

團體黏土遊戲

　　首先，給團體中的每位孩子一塊如棒球般大小或更大塊的橡皮泥，以及一塊平滑的工作墊。告訴孩子你將用自己的黏土捏塑一塊東西，然後每一位團體成員都有機會在上面加上自己捏塑的部分。鼓勵孩子捏塑任何他們想要的形體，告訴他們捏出的東西是否可辨並不重要，唯一的要求是在原有的形體上增加一些東西。在說明之後，你用黏土捏塑一塊看不出是什麼的形體，再將它交給身旁的孩子，每一位孩子都在原有的基礎上增加一些東西，之後再傳給身旁

的成員。讓活動盡可能輕鬆和有趣，以輕快的步調進行來確保孩子的興趣。任
務結束後進行團體討論。活動的目的是促進團體成員的合作、溝通、關係建
立，以及正向的情感。

家庭黏土遊戲

請家庭成員用橡皮泥捏塑一些人物，再用這些人物共同講述一個故事。活
動的目的是幫助治療師獲得有關家庭成員的感受、擔憂及互動之樣貌。

黏土隱喻

請孩子用橡皮泥捏塑一個物體，來代表令其困擾的情緒、想法或行為（例
如，什麼事情會讓你害怕或快樂）。或是請孩子捏塑出代表自己或母親的形
體，孩子可能會捏塑蛇或天使來代表母親。另外，也可請孩子將一個令其困擾
的個人習性用橡皮泥捏塑出來，使其外化，例如大便失禁。

黏土教學遊戲

教導國小學童如何用黏土捏塑狗或恐龍等模型，例如，可示範用鉛筆在球
狀的橡皮泥上戳洞，接著將捏好的手臂或腿嵌入洞裡，再用大拇指和食指將接
合處捏攏。也可示範如何捏塑盆器，首先用大拇指將球狀黏土壓出一個凹洞，
接著將黏土邊轉邊捏，形成盆壁，最後將盆器底部在平整的表面壓平，形成盆
底（White, 2006）。這些簡單物件的製作有助於提升兒童的自尊與自信。

實證發現

1. Sholt 和 Gavron（2006）的調查發現，99%的遊戲治療師相信黏土遊戲
   具療癒作用，但其中僅有 25%宣稱會將黏土應用於治療中。因此，顯然
   有必要在臨床遊戲治療中更廣泛的應用黏土這項材料。

2. Feldman、Villanueva 和 Devroede（1993）將捏塑為糞便形體的黏土用於 6 位患有難治性大便失禁學童的治療中。6 位學童在黏土遊戲中對代表糞便的黏土表達厭惡、進行攻擊，其中有 4 人的問題因此得到顯著的改善。

3. Kimport 和 Robbins（2012）在對大學生進行的隨機對照試驗中發現，搓弄黏土 5 分鐘比緊握紓壓球 5 分鐘更能舒緩學生的負向情緒。另外，結構性黏土遊戲，例如捏塑壺盆，比自由捏塑更能紓緩學生的負向情緒。

4. Rahman 和 Moheb（2010）在對 6 歲兒童進行的研究中發現，黏土遊戲能顯著減緩焦慮。

5. Bell 和 Robbins（2007）在一項隨機對照試驗中發現，簡單的藝術創作，例如捏塑黏土模型，能大幅減緩年輕成人的負向情緒和焦慮感。

應用

黏土遊戲已被廣泛用來促進兒童有意識與潛意識的自我表達，以及減緩兒童的壓力、焦慮和負向情緒。

參考文獻

Anderson, F. E. (1955). Catharsis and empowerment through group claywork with incest survivors. *Arts in Psychotherapy, 22*(5), 413–427.

Bell, C., & Robbins, S. (2007). Effect of art production on negative mood: A randomized, controlled trial. *Art Therapy: Journal of the American Art Therapy Association, 24*(2), 71–75.

Betensky, M. (1995). *What do you see?: Phenomenology of therapeutic art expression.* London: Jessica Kingsley.

Feldman, P., Villanueva, S., & Devroede, G. (1993). Use of play with clay to treat children with intractable encopresis. *Journal of Pediatrics, 122*(3), 483–488.

Henley, D. (2002). *Claywork in art therapy.* London: Jessica Kingsley.

Kimport, E., & Robbins, S. (2012). Efficacy of creative clay work for reducing negative mood: A randomized controlled trial. *Art Therapy: Journal of the American Art Therapy Association, 29*(2), 74–79.

Moustakas, C. (1953). *Children in play therapy.* New York: McGraw-Hill.

Oaklander, V. (1988). *Windows to our children: A Gestalt therapy approach to children and adolescents.* Gouldsbora, ME: Gestalt Journal Press.

Rahman, P., & Moheb, N. (2010). The effectiveness of clay therapy and narrative therapy on anxiety of pre-school children: A comparative study. *Procedia Social and Behavioral Sciences, 5*, 23–27.

Sholt, M., & Gavron, T. (2006). Therapeutic qualities of clay-work in art therapy and psychotherapy: A review. *Art Therapy: Journal of the American Art Therapy Association, 23*(2), 66–72.

White, P. R. (2006). CLAYtherapy: The clinical application of clay with children. In C. E. Schaefer & H. G. Kaduson (Eds.), *Contemporary play therapy: Theory, research, and practice* (pp. 270–292). New York: Guilford Press.

Winship, G., & Haigh, R. (1998). The formation of objects in the group matrix: Reflections on creative therapy with clay. *Group Analysis, 31*(1), 71–81.

26

自由繪畫

每個孩子天生都是藝術家，問題在於如何讓他長大之後仍是藝術家。

——Pablo Picasso

簡介

　　兒童繪畫指的是兒童用蠟筆、麥克筆或鉛筆，以愉快、不感到威脅的方式所繪之視覺呈現。繪畫常被視為童年時期的通用語言（Rubin, 1984），是兒童自然和自發表達自己的一種方式。治療師將繪畫用於治療，以及評估兒童的智能和情緒發展已有數十年（Golomb, 1992）。7 歲及以下的兒童幾乎不會拒絕任何畫畫的機會。

原理

　　兒童繪畫的療效助益包括：

- **治療同盟**：治療師透過自由繪畫可快速的與兒童建立愉快和融洽的關係。
- **正向情緒**：自由繪畫帶給兒童樂趣與成就感。
- **自我表達**：自由繪畫對字彙量有限、或是用語言表達有困難的兒童來

說是個理想的媒介。

- **理解**：自由繪畫提供治療師一個更了解兒童內心世界與掙扎的機會。透過繪畫，兒童能安全的將其對自己和家人的內在想法和感受投射出來，也能反映其現在及過去所經歷的遭遇和困難。
- **情緒表達和口語溝通**：在治療師面前畫畫有助於兒童的情緒表達和口語溝通，進而可改善其自我概念（Allan, 1978）。
- **表達潛意識的心理困擾**：潛意識的心理困擾較易透過自發性的繪畫投射出來，因為與口語表達不同，繪畫較不易受到心智的審視。
- **掌控感**：兒童將內心的想法和感受透過視覺的方式呈現出來之後，便能更好的面對及控制。

描述

年齡
3～12 歲。

材料
白紙和一枝鉛筆、蠟筆或水彩筆。

技術
　　自由繪畫指的是給孩子完全的自由去選擇繪畫主題，是個非指導式、歷史悠久的簡單技術。給孩子空白紙張和繪畫工具，讓他畫任何他想畫的東西。在繪畫的過程中，治療師不做評論、不問問題、不干擾孩子，也不中斷繪畫的進行。當孩子結束時，治療師可用開放式的問題鼓勵孩子描述其畫作（例如「說說你畫的是什麼」），也可讓孩子用畫作說個故事。孩子透過自發性的繪畫將

內心世界投射出來，讓治療師有機會獲得有關他內心想法、感受、衝突和期望的重要資訊。Oaklander（1978）論道：「繪畫的過程，也就是未受到治療師以任何方式介入的繪畫過程，本身就是強而有力的自我表述，有助於自我認同的建立，是表達情感的一個渠道。」（p. 53）

變化技術

連環畫

在為期 6～10 週治療期程的每一次單元，治療師請孩子繪畫，畫出任何他想畫的圖（參見 29「連環畫」）。

蠟筆畫

古人將蜂蠟或炭與顏料混合在岩石上做標記，但這種原始的「蠟筆」並不容易使用。19 世紀的老師讓兒童用石板筆或粉筆在石板上畫畫和寫字。我們今日所知道的蠟筆是 20 世紀初期的產物，這種特別為兒童所設計的蠟筆，安全無毒、價格實惠，讓兒童能用各種顏色畫畫。第一盒蠟筆在 1903 年生產，每盒有 8 種顏色，售價 5 美分。兒童通常第一個接觸的繪畫工具就是蠟筆，3 歲的幼童能用蠟筆畫出代表真實事物的圖畫，因此，蠟筆畫能用來幫助幼童的情緒表達。

6～12 歲兒童所選用的蠟筆顏色經常能反映他們的情緒狀態。尤其當兒童在繪畫中經常使用黑或紅色時，對治療師來說即代表警訊。黑色可能表示抑鬱或絕望；紅色可能反映了憤怒。研究者也發現，相較於其他兒童，剛經歷過地震等創傷的兒童在繪畫時會用更多的紅色和黑色（Cotton, 1985; Gregorian, Azarian, DeMaria, & McDonald, 1996）。另一方面，藍、綠兩色通常代表寧靜，而黃、橘兩色則通常用來表達愉悅。

動態家庭畫

自由繪畫的一個變化是將其結構化。請孩子畫一張家人一起做某件事情的圖（參見 33「畫一個家庭」）。

畫出解決辦法

另一個指導式的繪畫技術是「畫出解決辦法」。1955 年出版，Crockett Johnson 所作的《阿羅有枝彩色筆》（*Harold and the Purple Crayon*）繪本中，4 歲小男孩阿羅用一枝紫色蠟筆畫出了他的世界。在故事中，阿羅用蠟筆畫出所有他需要的東西，也用蠟筆畫出了擺脫險境、解決難題的辦法。這本繪本闡明了運用創意和想像力解決問題的力量。

依此架構幫助 5 歲及以上的兒童發展解決問題的能力，首先，閱讀《阿羅有枝彩色筆》這本繪本，接著給孩子一系列假想的問題情境，再讓孩子用紫色蠟筆畫出解決辦法（例如：「你看到一頭大棕熊在路上正朝著你走過來。畫出你的解決辦法。」或是「畫出你解決無聊的辦法。」）。

「畫出解決辦法」用來幫助遇到問題不知如何解決，特別是有「問題解決能力缺乏症」（problem-solving deficit disorder）的兒童（Levin, 2007）。

自畫像

請孩子用鉛筆、蠟筆或水彩筆畫一幅自畫像（Berryman, 1959），治療師以「畫一幅你的自畫像，盡量將全身都畫出來」來引導孩子。這個技術有助於揭露孩子自我概念中所隱藏的、未被察覺的一面。

畫出惡夢

為幫助一位學齡兒童戰勝惡夢，Hunyady（1984）請他將惡夢畫出來，他告訴孩子：「古代的人將野生動物畫出來，以戰勝心中對牠們的恐懼。因此，

你也可以將夢中讓你害怕的東西畫出來。當你畫完時，就等於戰勝了它。」他發現兒童通常對他們畫出來的怪獸會覺得好笑。

動物自畫像

請孩子畫出自己的動物自畫像，告訴他：「如果你能成為任何動物，你會選擇什麼動物？將牠畫出來。」孩子完成後，和他討論選擇這個動物的原因。

隨筆塗鴉

請孩子將眼睛閉上，用鉛筆在一張紙上塗鴉。完成後，請孩子看是否能從其所畫的圖中辨識出什麼。這個技術的假設是，兒童會將隱藏在潛意識的某些層面投射在圖畫上。

實證發現

1. Driessnack（2005）在一項統合分析的研究中發現，讓兒童在繪畫時說話有助於增加臨床會談中的語言訊息量。

2. Woolford、Patterson、Macleod、Hobbs 和 Hayne（2015）的研究發現，講述自己主述問題同時也將其畫出的學齡兒童，比僅僅講述問題的兒童提供了多出一倍的語言訊息量。

3. Patterson 和 Hayne（2011）及 Wesson 和 Salmon（2001）的研究指出，在兩組講述自己經歷之情緒事件的 5～12 歲兒童中，同時也將其畫出的兒童比僅僅講述事件的兒童提供了更多的訊息。

4. Gross 和 Hayne（1998）的研究發現，講述自己情緒經驗同時也將其畫出的 3～6 歲兒童所提供的訊息量，是僅僅講述經驗兒童的兩倍多。

應用

　　繪畫活動適用於大多數兒童，能幫助其意識和潛意識的自我表達。繪畫的技術特別適用於害羞、焦慮，以及在說話和語言理解與表達有困難，如選擇性緘默症的孩子，也適用於與治療師無法使用相同語言溝通的孩子。

參考文獻

Allan, J. (1978). Serial drawing: A therapeutic approach with young children. *Canadian Counsellor, 12*, 223–228.

Berryman, E. (1959). The self-portrait: A suggested extension of the H.T.P. *Perceptual and Motor Skills, 9*, 411–414.

Cotton, M. (1985). Creative art expression from a leukemic child. *Art Therapy, 2*, 55–65.

Driessnack, M. (2005). Children's drawings as facilitators of communication: A meta-analysis. *Journal of Pediatric Nursing, 20*(6), 415–423.

Golomb, C. (1992). *The child's creation of a pictorial world*. Berkeley: University of California Press.

Gregorian, V., Azarian, A., DeMaria, M., & McDonald, L. (1996). Color of disaster: The psychology of the "black sun." *Arts in Psychotherapy, 23*, 1–14.

Gross, J., & Hayne, H. (1998). Drawing facilitates children's verbal reports of emotionally laden events. *Journal of Experimental Psychology: Applied, 4*(2), 163–179.

Hunyady, H. (1984). A report on a drawing therapy for children's nightmares. *Journal of Evolutionary Psychology, 5*, 129–130.

Johnson, C. (1955). *Harold and the purple crayon*. New York: HarperCollins.

Levin, D. (2007). Problem solving deficit disorder. In E. Goodenough (Ed.), *Where do the children play?* (pp. 264–285). Detroit: Michigan Television.

Oaklander, V. (1978). *Windows to our children*. Moab, VT: Real People Press.

Patterson, T., & Hayne, H. (2011). Does drawing facilitate older children's reports of emotionally laden events? *Applied Cognitive Psychology, 25*(1), 119–126.

Rubin, J. (1984). *Child art therapy: Understanding and helping children grow through art* (2nd ed.). New York: Van Nostrand Reinhold.

Wesson, M., & Salmon, K. (2001). Drawing and showing: Helping children to report emotionally laden events. *Applied Cognitive Psychology, 15*, 302–320.

Woolford, J., Patterson, T., Macleod, E., Hobbs, L., & Hayne, H. (2015). Drawing helps children to talk about their presenting problem during a mental health assessment. *Clinical Child Psychology and Psychiatry, 20*(1), 68–83.

27

創傷繪畫

簡介

　　對兒童來說，繪畫是一種自然且令人愉快的溝通方式。它提供一種表達想法和情緒的方法，而這種方法比單獨使用口語的方式較不具威脅性。Pynoos 和 Eth（1986）發現，在第一次世界大戰時，繪畫就被用來協助個體觸及創傷場景的潛抑（repressed）記憶。諮商師和心理治療師經常要求兒童畫下創傷事件，因為他們多半缺乏溝通技巧，無法解釋目擊或親身體驗的內容。此外，兒童也可能藉由繪畫的方式在心理上與事件保持距離，彷彿他們在討論書上或電視上的事件一樣。

原理

　　表達和揭露之前所體驗的創傷事件，與較好的身心健康有相關（Smyth & Helm, 2003）。對一個曾經歷單一創傷事件的兒童來說，畫出創傷事件能協助其表達因太痛苦而無法直接說出口的想法和情緒。過去，我們都認為不該要求兒童談論創傷記憶，怕會因此讓他們再度受創。然而，現在我們知道，在治療過程中提供兒童表達害怕和擔心的方法，並提供能觸及內在情緒的感官經驗是療癒過程相當重要的一環。

　　大腦的左右半球皆儲藏著創傷記憶，但主要是在右半球中。理性思考、文字和邏輯都會因創傷而有所影響。因此，最有效的治療是聚焦於非口語的右腦活動，以啟動兒童的創傷記憶，例如繪畫或遊戲的重新演出（reenactment）。接下來兒童就更能夠透過語言和邏輯分析（左腦的功能）來理解及同化創傷經驗。最好的方式是兩邊大腦能一同運作，在精神層面處理及消化創傷事件。

　　創傷主要藉由身體和心智以感官的方式做編碼，這是目前治療創傷壓力反應個案的專業人員廣為接受的想法。根據 Van der Kolk（1994）的論點，創傷記憶最初需要透過感官記憶加以處理，像是繪畫的方式，這樣一來就能轉換為口語敘述，接下來個案方能說出發生的故事內容。透過在個案感到安全的媒介中重複接受視覺暴露，繪畫會協助兒童減少對創傷記憶的焦慮反應（Malchiodi, 1998）。

描述

年齡

3～12 歲。

技術

畫出和說出創傷

　　當兒童經歷創傷，畫出「發生什麼事」已被發現非常具有療效。Pynoos 和 Eth（1986）指出，為了成功解決和掌握創傷事件，兒童需要有機會詳細的重新創作這個經驗。為了促進兒童在創傷之後的療癒過程，他們提出一個結構式訪談，其中包括請兒童畫下創傷事件。結果發現，兒童固然覺得在紙上重新創作創傷事件是項艱難任務，但最後被要求描述發生什麼事時，多數兒童都感到如釋重負。

在最近受創傷兒童的初次單元中，Pynoos 和 Eth（1986）建議治療師可以透過投射性自由繪畫以及接下來說出畫中故事的方式來協助學齡兒童表達個人受創傷的影響。動作（繪畫）和口語表達（述說有關圖畫的故事）行動有助於將兒童從對創傷感到被動、無力的狀態，轉移到對經驗的主動控制感。首先，我們會給兒童一枝鉛筆、一張白紙（8.5×11 英寸），並告訴他：「畫任何你想畫的，但你要說個跟圖畫有關的故事。」接著治療師要鼓勵兒童進一步詳述圖畫和故事（例如：「接下來發生什麼事？」）。自由繪畫的關鍵前提是，若創傷事件仍對兒童的心智有所干擾，就很有可能會投射於圖畫或故事的某處。治療師的任務是找出創傷的參照點，那可能很明顯、也可能不太明顯。

對治療師來說，下個步驟是將圖畫和述說故事的某方面與創傷事件做連結（例如：「我猜你一定很希望爸爸仍然在這裡保護你」）。第三個步驟是鼓勵兒童重新創造事件（例如：「現在是個好時機，說說那時候發生什麼事？你看到了什麼？」）。兒童或許會選擇先用繪畫或遊戲重新演出創傷，但治療師必須協助兒童將遊戲行動或圖畫轉譯成敘述感官經驗的文字（例如：「孩子，那時候你身上一定都是血！」）。治療師在此過程中的角色是提供一個安全且具保護性的環境，才能讓兒童致力於掌握創傷經驗。最後的步驟是藉著回顧和總結單元以提供結束感，同時也要讓兒童知道，在事件中感到無助或害怕，以及在事後感到難過或憤怒，都是正常的現象。

變化技術

掌控情緒（Shelby, 1997; Shelby & Tredinick, 1995）

首先，鼓勵 3～8 歲的兒童畫一幅有關創傷事件過程的圖畫（例如地震、颶風、被狗攻擊等）。第二，請兒童表達他們對作品的感受（例如：「我不喜歡你，因為你嚇到我！」）。第三，指示兒童去做任何想要對圖畫表達的動作，以傳達他們的負向情緒，並藉此獲得掌控感（例如，把畫撕掉、塗鴉塗滿整張紙，或揉成一團並丟向牆壁）。

實證發現

1. Gross 和 Haynes（1998）進行一系列的研究，以了解繪畫是否及如何能促進 3〜6 歲兒童的口語陳述。研究結果證實了這個假定，繪畫的確顯示能促進兒童的情緒和知覺表達。在初始的調查中，他們拿兩組兒童做比較：一組在繪畫的時候談論他們的經驗，第二組則只被要求口頭說出經驗。當談及自身經驗時，比起只用口頭說的組別，有機會將其畫出來的兒童的確能說出更多訊息。第二個進行的實驗（Patterson & Hayne, 2009）則是以年紀較長、5〜12 歲的兒童作為研究對象，採取上述兩個步驟進行訪談。結果亦顯示被要求在繪畫時說出情緒滿載的事件時，兒童的確會說出兩倍或三倍的訊息量。根據作者的論點，繪畫似乎能協助記憶提取，因為創傷和繪畫主要都是感官經驗。

2. 由 Hayne 和同事們稍早所做的研究也獲得 Woolford（2011）的支持，他發現被要求在繪畫時說出主述問題的學齡兒童，比只說出問題的兒童提供兩倍的訊息。此外，Driessnack（2005）在統合分析中發現，在臨床訪談過程中，和只有口頭訪問者相比較，若給兒童畫圖的機會，他們很明顯能說出更多的訊息。此策略帶來的整體效應值高達 0.95。

應用

　　由於繪畫能夠處理附於創傷之中的感官經驗，因此對於兒童期創傷受害者的減壓、化解和療癒而言是一個有效的工具。

參考文獻

Driessnack, M. (2005). Children's drawings as facilitators of communication: A meta-analysis. *Journal of Pediatric Nursing, 20*(6), 415–423.

Gross, J., & Haynes, H. (1998). Drawing facilitates children's verbal reports of emotionally laden events. *Journal of Experimental Psychology, 4*, 163–179.

Malchiodi, C. A. (1998). *Understanding children's drawings.* New York: Guilford Press.

Patterson, T., & Hayne, H. (2009). Does drawing facilitate older children's reports of emotionally laden events? *Applied Cognitive Psychology, 25*(1), 119–126.

Pynoos, R., & Eth, S. (1986). Witness to violence: The Child Interview. *Journal of the American Academy of Child Psychiatry, 25*(3), 306–319.

Shelby, J. (1997). Rubble, disruption, and tears: Helping young survivors of natural disaster. In H. G. Kaduson, D. Cangelosi, & C. Schaefer (Eds.), *The playing cure* (pp. 143–169). Northvale, NJ: Jason Aronson.

Shelby, J., & Tredinick, M (1995). Crisis intervention with survivors of natural disaster: Lessons from Hurricane Andrew. *Journal of Counseling and Development, 73*(5), 491–497.

Smyth, J., & Helm, R. (2003). Focused expressive writing as self-help for stress and trauma. *Journal of Clinical Psychology, 59*, 227–235.

Van der Kolk, S. (1994). The body keeps the score: Memory and the evolving psychobiology of posttraumatic stress. *Harvard Review of Psychiatry, 1*(5), 253–265.

Woolford, J. (2010). *Clinical assessment of the child: Does drawing help children talk about their presenting problems?* Master's thesis, University of Otago, New Zealand.

28

曼陀羅畫

我知道在發現曼陀羅成為一種自性的表達過程中，我已經達到我的終
極境界。或許其他人懂得更多，不只我。

——Carl G. Jung

簡介

曼陀羅（mandala）在梵語意指「圓圈」，已有相當悠久的歷史，且因其
靈性上的重要性而在許多文化中廣為人知。大多數曼陀羅的傳統形狀是一個有
四個門的正方形，包含著有中心點的圓圈。然而，許多曼陀羅是簡單的圓形，
未包括外圍的正方形。曼陀羅通常代表著「平衡」。在宗教活動中，它們被用
來當作冥想、保護和療癒的象徵和工具。曼陀羅不只出現在印度教和佛教傳統
的神聖藝術中，甚至也常在洞穴畫、沙畫和哥德式玫瑰窗中出現。

在藏傳佛教中，沙曼陀羅的創作是一種神聖的冥想儀式，僧侶會仔細的布
置彩沙，以重現複雜精細的象徵。這個精心製作的過程會花上好幾天，甚至數
週。當「彩粉之曼陀羅」完成，就舉辦閉幕儀式將沙曼陀羅毀壞。接著把沙掃
掉，再分給每個參與儀式者一把沙，作為「可能性」的象徵。剩下的沙會被丟
進水裡，以散播其靈性能量並且為世界祈福。此曼陀羅儀式的潛藏訊息是世事
無常——佛教教義的核心（Chitterster, 2011）。

　　納瓦荷印第安人則是以創作沙曼陀羅作為療癒儀式的一部分。他們的曼陀羅也以相當精確的方式創作，且涵括了納瓦荷族神（Yei）的形象，該神被視為能帶來療癒和恢復和諧。相似的，許多美洲印第安人部落也使用藥輪（medicine wheels）或聖環（sacred hoops）來做療癒。藥輪可能是一件藝術品，或土地上的實體建築。

　　和曼陀羅相似的形式在基督教也很常見，包括凱爾特環形十字架（Celtic cross），還有哥德式建築常見的環形玫瑰窗，以及念珠十字架。許多人也注意到，在生物學（例如，細胞的形式）、植物學（花的形式）和化學（原子的形式）中亦可發現曼陀羅（有中心點的圓圈）模式。

　　文藝復興時期的義大利人 Giordano Bruno 引入運用曼陀羅作為治療工具的概念。他相信運用視覺化的練習以及熟記曼陀羅的意象，將會造成個人的轉變，並且帶來和諧及正向改變。

　　Jung（1973, 1989）是首先將曼陀羅運用於治療的人。Jung（1989）透過畫曼陀羅作為個人分析的一部分，並且發現這些作品和他每天的內在經驗及精神轉變互相呼應。他發現創作曼陀羅不只有平靜的效果，也是自我追求朝向整合（integration）、完整性（wholeness）和個體化（individuation）的象徵。Jung 表示：

> 當我開始畫曼陀羅時，我看著這一切，所有我曾依循的路徑、我走過的步伐，皆回歸到單一點，亦即中心點。對我來說，這件事逐漸變得明朗，曼陀羅就是中心。它是所有路徑的指標，也是朝往中心、個體化之路。（p. 196）

原理

曼陀羅是獲得領悟和理解的象徵性工具，有很廣泛的療效助益。

- **溝通**：曼陀羅提供兒童一個方法，畫出下意識的意象、隱喻和象徵，可以提供有關其人格和內在衝突的有用訊息。他們創作的形狀和顏色通常反映內在經驗和情緒，能被用來觸及潛意識素材。

- **領悟**：曼陀羅成品能被視為創作者心靈或內在世界的表徵或速照。榮格取向遊戲治療師並不分析兒童的曼陀羅；反之，他們協助兒童從自己的內在經驗中詮釋和發現意義。

- **精神療癒**：Jung 相信在個體感到困惑或混亂時，曼陀羅的圓圈意象有助於個體綜合訊息和經驗。他表示：

  這種強迫採用圓圈意象的模式，可以補償精神狀態的失序和混亂，亦即透過中心點的建構，而其他每樣事物都跟它有所關聯，或依序將非常混亂、對立和難以調和的事物排成同心圓的形狀。（1983, p. 236）

- **放鬆**：研究顯示，創作曼陀羅或是為其著色，都會讓大腦轉變為冥想／α波狀態，其特點是平靜和放鬆感（Beaucaire, 2012; Green, 2013）。

- **專注和自我調節**：Green（2013）指出，創作曼陀羅是一種認知和有意圖的過程，其特點是自我調節和專注於當下。

- **觸及潛意識素材**：曼陀羅的投射本質使其成為了解兒童內在世界的有力工具。

- **具體化**：對兒童的心靈與其嘗試追求的平衡和解決之道，曼陀羅提供了具體的圖像。

- **樂趣**：創作、著色和繪製曼陀羅是一個令人愉快、滿足的過程。此外，曼陀羅成品的整合和療癒特性也會帶來幸福感。

描述

年齡

4 歲以上。

材料

　　讓兒童著色的曼陀羅不該太複雜，因此，給他們一盒蠟筆和一張有圓圈曼陀羅圖樣的白紙就好。曼陀羅應該包含能讓兒童著色的簡單圖形，像是心形、花形；有些兒童或許偏愛簡單的抽象形狀。或者給兒童一張有大圓圈的紙，然後請他以自己想要的方式作畫或著色。

　　網路（例如，www.mandala-4free.de/en/index.htm）上皆能取得免費、可印製的曼陀羅範本，從簡單到非常複雜的樣式都有。同時，許多給幼童用的曼陀羅著色本和遊戲，例如《我的第一本曼陀羅著色本》（*My First Mandalas Coloring Book*; Pomaska, 2008），和《兒童的第一本曼陀羅》（*Kid's First Mandalas*; Verlag, 2005）皆有對兒童較友善的圖像，像是心形、圓形、花和昆蟲等。曼陀羅套件像是「曼陀羅設計師」（Mandala Designer）（6 歲以上使用）和「小曼陀羅設計師」（Junior Mandala Designer）（4 歲以上使用）皆包括鏤空範本、彩色鉛筆和繪畫區。

技術

　　曼陀羅對任何有著色能力的兒童都有幫助。取決於兒童的藝術技巧和發展階段，曼陀羅可以從隨手畫開始，或較普遍的做法是使用預先繪製好的曼陀羅。榮格取向遊戲治療師在請兒童創作自己的曼陀羅前，通常會先使用預先繪製好的曼陀羅。這提供對媒介的一種具體經驗，對幼兒而言特別重要（Green, Drewes, & Kominski, 2013）。

曼陀羅時常與引導式想像練習一起引入，用來增進放鬆感和創造力。然而，這並非絕對必要，大多數治療師寧可單純請兒童在繪製好的曼陀羅上面著色，而沒有開場練習。

變化技術

創傷曼陀羅

Henderson、Rosen 和 Mascaro（2007）請患有創傷後壓力障礙症的大學生在一張紙上畫個大圓圈，接著使用對他們來說適合的象徵、圖案和色彩（但不用文字）塗滿這個圓圈，以代表與創傷有關的感受或情緒。在後續一個月的追蹤中，與控制組相比，實驗組的參與者表示創傷症狀有明顯減少。

實證發現

1. Curry 和 Kasser（2005）檢視不同類型的著色活動對焦慮感減緩之效果。84 位曾有短暫焦慮感的大學生，被隨機安排在曼陀羅、方格花紋和白紙上著色。實驗結果顯示，和控制組相比，曼陀羅和方格花紋組的焦慮程度有所減緩。這些結果顯示，在複雜的幾何圖形著色，或許會讓飽受焦慮之苦的個體得到放鬆的效果。著色治療結合藝術治療（亦即為某種形狀上色）和冥想（亦即深入的專注於使人平靜的體驗上）。

2. Van der Vennet 和 Serice（2012）藉寫作活動誘發焦慮後，使用焦慮量表（State Anxiety Inventory）評估，然後在曼陀羅、方格花紋或白紙上著色後再次施測，以複製 Curry 和 Kasser（2005）的研究。在此實驗中，在曼陀羅上著色者比在方格花紋或白紙上著色者，焦慮感有顯著的減緩。

3. Green 和同事們（2013）描述對診斷患有注意力不足過動症的青少年使用曼陀羅的狀況。一位參與者的分析顯示，在曼陀羅上著色減少該男孩的壓力，協助他表達內在和外在衝突，並且增進其對個人優勢的覺察。

同時，值得注意的是，Smitheman-Brown 和 Church（1996）的研究顯示，繪製曼陀羅使 10～13 歲被診斷為注意力不足或注意力不足過動症的兒童增進專注力，且減少衝動行為。

應用

曼陀羅可以運用於兒童、青少年和成人，是放鬆、壓力管理、自我調節和自我反思的良好工具。對於焦慮相關的障礙症、創傷後壓力障礙症、注意力不足過動症，以及能從自我反思和領悟取向治療方式有所獲益的個體，曼陀羅著色特別有用。

參考文獻

Beaucare, M. (2012). *The art of mandala meditation*. Avon, MA: Adams Media.

Chittister, J. (2011, November 20). The mandala: Why do monks destroy it? Retrieved from *www.huffingtonpost.com/sister-joan-chittister-osb/mandala-why-destroy-it_b_970479.html*.

Curry, N. A., & Kasser, T. (2005). Can coloring mandalas reduce anxiety? *Art Therapy: Journal of the American Art Therapy Association, 22*, 81–85.

Green, E. J. (2013*). Mandalas and meaning: A coloring workbook for adolescents*. Dallas, TX: Author.

Green, E. J., Drewes, A. A., & Kominski, J. M. (2013). Use of mandalas in Jungian play therapy with adolescents diagnosed with ADHD. *International Journal of Play Therapy, 22*(3), 159–172.

Jung, C. (1973). *Mandala symbolism* (R. F. C. Hull, Trans.). Princeton, NJ: Princeton University Press. (Original work published 1959)

Jung, C. G. (1983). Integration, wholeness, and the self. In A. Storr (Ed.), *The essential Jung* (pp. 227–238). Princeton, NJ: Princeton University Press.

Jung, C. G. (1989). Confrontation with the unconscious. In A. Jaffe (Ed.), *Memories, dreams, reflections* (pp. 170–199) (C. Winston & R. Winston, Trans.). New York: Vintage Books.

Pomaska, A. (2008). *My first mandalas coloring book*. Mineola, NY: Dover Coloring Books.

Smitheman-Brown, V., & Church, R. (1996). Mandala drawing: Facilitating creative growth in children with ADD or ADHD. *Art Therapy: Journal of the American Art Therapy Association, 13*(4), 252–262.

Van der Vennet, R., & Serice, S. (2012). Can coloring mandalas reduce anxiety?: A replication study. *Art Therapy: Journal of the American Art Therapy Association, 29*, 87–92.

Verlag, A. (2005). *Kids' first mandalas*. New York: Sterling.

29

連環畫

雙手時常能解決大腦死命掙扎卻徒勞無功的問題。

——Carl G. Jung

簡介

連環畫（serial drawing）技術由榮格學派遊戲治療師 John Allan（1978）引入，指的是一次又一次的重複請兒童「畫一幅畫」。治療師在每次單元時都會請兒童繪畫，但鮮少或幾乎不指示該如何畫，兒童能畫任何他想畫的。此活動的連續性本質（也就是固定的會面）以及兒童得以向理解他的治療師分享畫作的事實，是啟動治療歷程的關鍵（Allan, 1988）。這個方法所根基於 Jung 的信念就是，只要將夢和象徵性表達的作品以整體的角度來加以檢視，隨著時間累積，就可以對個體的潛意識內在世界提供更完整的了解。源於 Jung 對精神具有自我療癒能力的信念，焦點會放在潛意識的方向和演進。在一、兩次遊戲單元中所發生的事情，並不如隨時間經過而由意象、幻想或行為形成的形式來得重要（Allan & Levin, 1993）。對中度困擾的兒童來說，進行超過十次單元的連環畫就很容易看見明顯的療效助益（Allan, 1977）。

連環畫的主題一般來說會經歷三個階段，與治療階段相呼應：初期、中期和結束（Allan, 1977, 1978）。在初期階段（第一到第三次單元），畫作通常反

映兒童內在世界的觀點、兒童困擾的影響、兒童的無助感,以及與治療師建立關係的管道。在中期階段(第四到第七次單元),畫作反映出痛苦和其他情緒的分離、對治療師更深的關係,以及表達更多有關兒童的議題。最後,在結束階段(第八到第十次單元),畫作展現掌控感、自我控制和價值、正向意象、幽默,且與治療師做依戀的切割。

原理

連環畫技術的連續本質,以及兒童將畫作與有情緒回應的治療師分享的事實,都提供了許多療效助益:

- **克服抗拒**:繪畫是一種對兒童親善、不具威脅性的活動,可以減少其不舒服和抗拒。當兒童無法或不願意討論困擾,或覺得是被迫參與治療時,這就特別顯得重要。此外,兒童能選擇他們想用的材料(例如鉛筆、蠟筆、顏料、黏土或說故事),使連環畫成為一種特別讓人感到愉快的活動(Allan, 1978)。

- **溝通**:連環畫具有投射性的本質,因為它允許兒童創作出任何他們所想要的意象。這有助於觸及兒童內在經驗、知覺、衝突和資源等重要資訊的管道,還有潛藏的潛意識歷程。

- **創意思考**:透過連環畫表達內在衝突,可促進問題解決、創新想法、彈性和情緒成長。此歷程有助於兒童對舊有衝突找到象徵性的解決方式。

- **掌控感**:連環畫開發了精神的療癒潛能,並且協助兒童掌控失落和創傷經驗(Allan, 1978)。這個繪畫的過程或行為提供兒童一個涵容其潛意識衝動的容器,使其能獲得個人的控制感。這帶來幸福感並改善功能運作。

- **強化關係**:Jung 相信治療改變的關鍵成分源自於兒童和治療師的依戀關

係。在一次又一次的繪畫過程中有善體人意、不冒犯的治療師陪伴，將會支持兒童的自我並且治療心理創傷。Allan（1978）表示，治療關係「會啟動或重啟內在被愛和被關心的感覺。經過數次單元之後，外在關係也慢慢內化，而這種被愛的感覺會開始在諮商單元以外的兒童內在展現」（p. 227）。

描述

年齡
5 歲以上。

材料
紙（8.5×11 英寸）、一枝鉛筆或蠟筆。

情境
　　這個技術需與兒童有固定的個別單元，每次至少 15～20 分鐘。如果可以的話，單元應每週於同地點、同時段進行。找到兒童偏愛且可用的創作材料很重要。再者，使用連環畫技巧前，兒童和治療師之間的信任同盟必須已經建立。

技術
　　治療師採用非指導式的策略，請兒童：「畫一幅畫，畫任何你想畫的內容」。兒童開始繪畫時，治療師不會問問題，但若兒童提問，則會簡短回應。當畫作完成，治療師或許會藉著問一些問題，協助兒童進行治療，像是：「我很想知道，你能否告訴我這張圖裡發生了什麼事？」和「這張圖有故事嗎？」

然而，治療師不會邊聽邊做筆記，以確保兒童能體驗到治療師的陪伴，並且投入於歷程中。Allan（1978）強調繪畫過程本身並不會為兒童帶來療癒，而是治療關係啟動自我療癒的原型。

變化技術

在指導式的策略中，治療師會請兒童畫出有關其創傷的特定圖像。在半指導式的策略中，為了檢視意義和可能的療癒力量，治療師會請兒童重畫已畫好的特定象徵物。

實證發現

Shedler（2010）的研究支持心理動力和精神分析的療效，總結認為這些策略或許不只減少症狀和壓力，也能發展出讓生活變得更充實的內在資源和因應技巧。他強調這些策略可以促進有意義的關係、療癒童年期的情緒傷疤，並且增進復原力和自我價值。

應用

連環畫技術是個不具威脅性的方法，提供有關潛意識過程的訊息，以及克服這些過程的方法。這是一個能讓兒童投入治療的有效策略，協助無法口語表達的兒童溝通，同時協助兒童從受虐、創傷、災難和其他重大失落中獲得修通、掌控和療癒。此外，此技術使有依戀議題的兒童，得以透過治療關係這個關鍵因素重新處理發展上的困擾。

參考文獻

Allan, J. (1978). Serial drawing: A therapeutic approach with young children. *Canadian Counsellor, 12*(4), 223–228.

Allan, J. (1988). *Inscapes of the child's world: Jungian counseling in schools and clinics*. Dallas, TX: Spring.

Allan, J., & Levin, S. (1993). Born on my bum: Jungian play therapy. In T. Kottman & C. Schaefer (Eds.), *Play therapy: A casebook for practitioners* (pp. 209–243). Northvale, NJ: Jason Aronson.

Allan, J. B. (1977). *Serial drawing: A therapeutic approach with young children*. Paper presented at the annual meeting of World Federation for Mental Health Congress, Vancouver, BC.

Shedler, J. (2010). The efficacy of psychodynamic psychotherapy. *American Psychologist, 65*(2) 98–109.

30

拼貼

拼貼是 20 世紀最偉大的創新發明。

——Robert Motherwell

簡介

　　拼貼（collage）是將材料或物件黏貼到素材表面上以製造主題的排置方式。大約從西元前 200 年，紙在中國發明以來，就已開始使用拼貼，但直到 20 世紀初期的立體派運動（cubist movement），它才被視為一種藝術形式。Pablo Picasso 和 Georges Braque 從法文動詞「膏」（coller）創造出拼貼（collage）這個詞，意思為「黏著」。他們使用這個詞來描述以舊報紙、布、繩、色紙和類似物件做成較大面積的藝術品。在這個時期的歐洲各地藝術家皆使用拼貼。

　　達達運動（dada movement）創始者之一 Jean（Hans）Arp 創造了「時機拼貼」（chance collage），即藝術家站在較大張的紙上，將色紙碎片丟下，讓紙片隨機黏貼於掉落處。此歷程解放了 Arp 的藝術表達方式。另一位達達主義者 Kurt Schwitters 則融合紙張、報紙、廣告紙和廢棄材料，做出三度空間的拼貼，他將其命名為集合裝置（assemblages）。Schwitters 表示，任何東西都可能做出「美」。Max Ernst 是與達達、超現實主義（surrealist）運動相關的藝術家，是首批應用 Freud 理論於創作性表達的藝術家之一。Ernst 運用了夢境意

象，試圖利用下意識的素材來創作。他的早期經驗和原始情緒是其「拼貼小說」（collage novels）的主題，運用期刊、小說插圖和目錄製作而成。多年之後，在 1970 年代，拼貼被用來當作在治療中協助個人的技術。

原理

對不同年齡的兒童來說，製作拼貼都是一種有趣、吸引人且讓人覺得享受的活動。它並不需要藝術能力，這使得拼貼較不具威脅性，缺乏藝術天賦或自信的兒童也比較願意採用。拼貼製作的療效助益包括：

- **自我表達**：製作拼貼是一種投射性的技術，會促進下意識想法和感受的溝通表達。在選擇材料完成拼貼時，兒童有機會去探索回憶、需求、期望和希望。這個過程能增進口語溝通，並且傳達理解和領悟。
- **樂趣**：兒童享受剪、貼和創作，這樣做能增強平靜和開放的狀態。創造力也與幸福感和自尊感相關。
- **外化**：拼貼製作提供兒童關於內在經驗、感受和關係的視覺意象。這給了他們足夠的距離來看待困難、獲得釐清，以及探索處理問題的方法。
- **勝任感**：完成拼貼前的剪、貼圖片和材料等過程，會讓兒童產生自豪和勝任感。兒童會從完成作品中獲得自尊，這可從每次諮商中追蹤其主題、改變和進展來做檢視。

描述

年齡

4 歲以上。

技術

　　製作拼貼是一種簡單的技術，可分為四個基本步驟：

1. 決定兒童要用什麼表面素材來做拼貼。常用的是較大張的厚紙卡、硬紙板、紙袋和鞋盒。

2. 蒐集剪刀、膠帶、膠水和／或口紅膠、蠟筆、麥克筆、顏料，以及各種材料以促使自我表達。這些可以包括勞作紙、面紙、報紙、雜誌圖片、文字、壁紙、貼紙、照片、明信片、紗線、彩帶、不同材質的布、蕾絲、畫作；以及從自然界取得的物品，例如葉子、花瓣和貝殼。

3. 提供指引。治療師或許會建議一個明確的主題，或是讓兒童創作他們自己選擇的拼貼。拼貼的主題時常包括價值觀、詩歌、夢、目標、優點和回憶。

4. 協助兒童處理拼貼。請兒童說說在拼貼中選了哪些項目、在拼貼中看見什麼，以及相關的感受。

變化技術

回憶箱

　　使用拼貼來裝飾回憶箱（memory box）能提供兒童一種自由聯想及處理失落相關情緒的方法。這個用雜誌、照片、文字、繪畫、卡片和手工藝品的圖像製作回憶箱的機會，能幫助 5 歲以上的兒童想起他所愛的人，也是保有正向回

憶的一種方法。

魔法袋

Cangelosi（1997）曾利用魔法袋（bags of tricks）協助 5 歲以上兒童面對治療的結案階段。這個技術是先給兒童一個棕色紙袋，用取自雜誌、圖畫和手工用品等的圖片來裝飾／拼貼。接下來兒童用從雜誌剪下的圖片、圖畫和文字等裝滿袋子，那些代表著他們從治療中學習到的魔法或因應技巧。這個袋子可以提醒兒童有關其外在的獨創性和內在資源，並促進勝任感。

剪貼本

剪貼本是一種使人感到愉快、不具威脅性的活動，適合 5 歲以上的兒童。使用拼貼製作個人書籍，會讓兒童在探索其關係和內在世界時感到自在。剪貼本能被用在特定的群體（Williams & Lent, 2008），或作為自我探索的一種通用工具。

惡夢箱

Hickey（2001）發展惡夢箱（nightmare box）來協助6～12歲的兒童克服惡夢、害怕以及對於睡覺的擔心。這個技術讓兒童在箱子的裡面和外面拼貼出惡夢的表徵。接著讓他跟箱子玩，及／或改造箱子，讓它變得較不令人害怕。

家庭拼貼

我們會給 4 歲以上的兒童不同顏色的勞作紙和口紅膠，接著請他們選擇一個顏色以反映家中背景（氣氛）。他們可以用色紙撕出代表自己和每位家庭成員的形狀，並將這些形狀黏貼在其選擇的背景位置上面。治療師不會對兒童進行作品的詮釋。然而，有關背景、家庭成員的在場或缺席，以及他們位置的訊息，皆提供了有價值的臨床訊息（Shepard, 2003）。

實證發現

Meguro、Ishizaki 和 Meguro（2009）發現有望藉由拼貼觸及失智症病人的內在世界。分析病人的拼貼可以告訴我們有關他們失智早期的心靈意象，以及失智後期的家庭意象。

應用

拼貼是個不具威脅性的技術，對不同年齡和不同診斷類別的人們都有幫助。拼貼的投射特性對口語表達困難的兒童特別有用。拼貼對有關憂鬱、焦慮以及涉及失落、分離和轉換的適應議題也都有幫助。它也能用來幫助兒童涵容情緒，而非隨意發洩。拼貼技術可以應用於個人、團體和家庭治療中。

參考文獻

Cangelosi, D. (1997). *Saying goodbye in child psychotherapy: Planned, unplanned and premature endings.* Northvale, NJ: Jason Aronson.

Hickey, D. A. (2001). The nightmare box: Empowering children through dreamwork. In H. G. Kaduson & C. E. Schaefer (Eds.), *101 more favorite play therapy techniques* (pp. 141–145). Northvale, NJ: Jason Aronson.

Meguro, M., Ishizaki, J., & Meguro, K. (2009). Collage technique may provide new perspectives for Alzheimer patients by exploring messages from their inner world. *Dementia Neuropsychology, 3*(4), 299–302.

Shepard, J. S. (2003). The family collage. In H. G. Kaduson & C. E. Schaefer (Eds.), *101 favorite play therapy techniques* (Vol. 3, pp. 3–6). Lanham, MD: Jason Aronson.

Williams, K., & Lent, J. (2008). Scrapbooking as an intervention for grief recovery. *Journal of Creativity in Mental Health, 3*(4), 455–467.

31

彩繪

彩繪是自我探索。每一個優秀的藝術家都藉由畫來傳達自己。

——Jackson Pollock

簡介

　　大約西元前30,000到10,000年的穴居人畫出了第一幅畫作。史前藝術家一開始用手指作畫，後來則使用有顏色的蠟筆和動物鬃毛製的刷子創作，他們也用蘆葦或挖空的骨頭將顏料吹在牆上。數種不同的材料組合被用來製造有色顏料，例如，黏土赭石被用來做成紅色、黃色和棕色，錳或木炭被用來做成黑色。這些色素被磨碎成粉末，混合洞穴中的水、動物脂肪、蔬菜汁、血或尿，以便能夠黏在石頭表面。石器時代多半是畫打獵的場景，會出現的動物像是野牛、馬、馴鹿、猛瑪象，或抽象的象徵，像是點、直線和曲線；幾乎不曾出現人類的圖樣。穴居彩繪的目的仍然未知，某些歷史學家認定只是純粹用來裝飾，另有些人爭辯說這是一種溝通形式，而另一派人則相信穴居畫是巫師基於儀式目的而做，像是社交、超自然或宗教的儀式（Encyclopedia of Stone Age Art, n.d.）。

　　彩繪在古埃及也很常見。他們用水彩顏料或刀在墓室牆上畫草稿，且用水彩淡刷的方式完成設計。這些畫通常記錄著死者的個人生平事蹟。

　　隨著基督教在西元一世紀興起，教堂在教導教規時，藝術成為一種重要媒介。教堂的領導者委託藝術家用壁畫、馬賽克和鑲有顏料的板子裝飾教堂的牆面，以傳達基督教的教義。這使彩繪成為一個受歡迎的媒介、受尊重的職業，以及一種溝通形式。

　　自史前時期起，兒童也很享受用顏料作畫。研究顯示，至少 13,000 年前，約 2 歲大的幼兒就會用手指畫來裝飾洞穴牆壁，他們會創作出簡單的線條，也會畫出具象徵性的形狀。有個洞穴裡出現許多兒童的手指畫，研究者形容它像是一個「嬰兒圍欄」，讓史前時代的兒童作為娛樂或儀式之用。然而，一直到 1938 年，R. F. Shaw 博士才發現手指畫有幫助兒童克服壓抑和表達想像的效果。自此之後，彩繪被認為是臨床上與兒童工作時最有用的技術之一。

原理

　　彩繪是一種讓人感興趣的活動，有著許多療效助益：

- **自我表達**：彩繪是一種投射性的技巧，比文字更能讓兒童深入表達其意識感受和情緒體驗，並且能提供進入潛意識幻想和自我發現的途徑。

- **克服抗拒**：彩繪是個絕佳工具，能為鬆動防衛以及協助兒童處理壓抑和投入治療。此外，它也可以提供兒童運用顏料來傳達信任訊息的機會，並且讓兒童知道治療師很有興趣認識他。這提供了建構信任關係的基礎。

- **創意思考**：彩繪協助兒童以一個嶄新、具創造性的方式看事情。它促使他們對於使用的顏色、畫法、編排和內容做出決定。這有助於他們探索個人喜好，並且發展出表達自我的個人風格。

- **幻想**：彩繪允許兒童用意象來創作和玩耍。他們能自在的在畫中創作出個性、處所和事件，讓他們對真實生活中的困擾感到有所補償。這樣做能促進掌控感和賦能感。

- **自尊**：學習彩繪給兒童一種自豪和成就感。此外，他人對其作品的支持反應也能讓他們獲得信心和自尊。由於藝術沒有所謂正確的方式，彩繪的兒童會從其獨特的藝術風格中獲得滿足感。這對完美主義者以及對自己藝術能力缺乏自信的兒童特別有幫助。
- **釋放壓力**：彩繪的動作提供兒童一個舒適的處所，以及從壓力中喘息的機會。它讓他們有遠離問題的時刻，並且重拾因應的資源。Hutchinson（2012）用「在此藝術創作中，我注意到個案感到放鬆、平靜且有專注的焦點。看著顏料四處旋轉和改變，有某種催眠的效果」來描述旋轉藝術（spin art）。

描述

年齡

　　2 歲以上的兒童就能使用顏料作畫，唯一的要求是兒童不能把顏料放進嘴巴裡。一般來說，年紀較小的兒童使用較大的紙張和較粗寬的畫刷效果最好，使用畫架對幼兒來說也很有幫助。6～12 歲的兒童隨著年紀漸長會對於淡彩畫法的顏料逐漸不感興趣，而對氈筆、彩色鉛筆和水彩等較感興趣。

材料

顏料、紙、畫刷和罩衫。

技術

手指畫

　　Arlow 和 Kadis（1993）試著在治療中整合手指畫（finger painting），將其用來作為幻想和自由聯想的資源。提供兒童手指畫顏料和紙張，並讓其決定要

畫什麼。或者，治療師會指示兒童畫一幅「對你來說重要的東西或是夢」的圖畫。當畫作完成時，首先兒童會被要求說說有關畫作的故事，並且討論畫作中有無任何東西讓他們想到自己的真實生活。Arlow 和 Kadis 強調必須觀察兒童如何投入手指畫，焦點則是放在「兒童的作畫速度和節奏、使用的顏色、線條形式等」（p. 206）。

旋轉藝術

Hutchinson（2012）引入旋轉藝術（spin art）作為適用於任何年齡兒童的一種治療工具。利用電池驅動的旋轉藝術機器、厚紙卡、水溶性顏料，兒童將他想呈現在紙上的顏料放上去，看著顏料旋轉，逐漸轉出一件獨特的藝術作品。Hutchinson 提到旋轉藝術能被用來當作一種指導性的活動，治療師可以對每一種顏色指派不同的情緒，並且鼓勵兒童在運用每種顏色時說說過去何時曾感受到那種情緒。此外，也可要求兒童分享在上次單元之後發生過哪些情緒顏色的事件。這個技術能加以改編而應用在家庭治療中，讓每個成員輪流在作品上面加上顏料的色彩，然後討論每個人如何在家庭中加上某些東西。

彈珠彩繪

彈珠彩繪（marble painting）適用於任何年齡的兒童，需要的材料有紙張、顏料和幾顆彈珠。首先，將一張紙放在有邊框的餅乾盒蓋上或襯衫盒底層。數種繽紛色彩的顏料團會被塗敷在紙上。最後，將彈珠放在紙上，讓盤子或盒子傾斜，這樣一來彈珠就能四處滾動，並利用顏料創作出軌跡。

實證發現

Bar-Sela、Atid、Danos、Gabay 和 Epelbaum（2007）檢視水彩畫對接受化療的癌症病患在降低憂鬱、焦慮和疲勞程度的療效，共有 60 位參與的癌症病

患進行一週一次的藝術治療（以水性顏料作畫）。19 位參與者進行超過四次治療（介入組），41 位參與者少於兩次治療（參與組），每次治療前都會針對前一週狀況進行醫院焦慮與憂鬱評分表（The Hospital Anxiety and Depression Sacle, HADS）和短期疲累問卷（Brief Fatigue Inventory, BFI）的施測。結果顯示，介入組比參與組的 BFI 指數較低。在介入組裡，HADS 憂鬱指數的中位數一開始是 9，但在四次治療後，指數下降至 7，表示彩繪有著顯著的效果。

應用

　　彩繪是個多用途的技巧，可以用來處理各年齡層兒童和青少年的各種主述問題。由於彩繪是個投射性的工具，它對以下情況特別有幫助──害羞、焦慮、憂鬱和壓抑的兒童，難以用口語表達感受的個體，以及可以從繪畫所提供的暫時逃避中獲益的人們。彩繪是個展開治療的好方法，因為它能鬆動防衛，而且可以提供治療師豐富的診斷訊息。

參考文獻

Arlow, J. A., & Kadis, A. (1993). Finger painting. In C. E. Schaefer & D. M. Cangelosi (Eds.), *Play therapy techniques* (pp. 161–175). Northvale, NJ: Jason Aronson.

Bar-Sela, G., Atid, L., Danos, S., Gabay, N., & Epelbaum, R. (2007). Art therapy improved depression and influenced fatigue levels in cancer patients on chemotherapy. *Psycho-Oncology, 16*(11), 980–984.

Encyclopedia of Stone Age Art. (n.d.). Stone Age cave painting prehistoric characteristics, origins, history, ideas. Retrieved from *www.visual-arts-cork.com/prehistoric/cave-painting.htm.*

Hutchinson, L. (2012). Using spin art in play therapy. Retrieved from *http://blog.playdrhutch.com/2012/10/4/using-spin-art.*

Shaw, R. F. (1938). *Finger painting.* Boston: Little, Brown.

32

舞蹈／律動遊戲

我動故我在。

——Marian Chace

或許戲法（Hokey Pokey）真的就是它所呈現的樣子。

——佚名

簡介

舞蹈／律動治療（dance/movement therapy, DMT）以身、心、靈互有關聯的想法為基礎。美國舞蹈治療協會（American Dance Therapy Association, ADTA）於 1966 年創立，將舞蹈／律動治療定義為「將律動作為心理治療運用的過程，而這過程能增進個體的情緒、認知、身體和社交整合」（www.adta. org）。舞蹈在歷史中早就被用來作為治療的儀式，它能增進生命力、治療疾病和哀悼死亡。在全世界的文化中，舞蹈也被視為是一種娛樂。

在 19 世紀後期，歐洲人和美國人意識到，舞蹈對舞者有所影響，會帶來心情和情感的改變。Marian Chace，時常被稱為 DMT 的「偉大的夫人」（Grand Dame），是第一個引進 DMT 概念的人。她發現她的學生對自身在舞蹈中所傳達的情感比對舞蹈技術更感興趣，於是她開始利用舞蹈來作為自我表

達的方式。這使得 Chace 後來成為華盛頓特區聖伊莉莎白醫院的工作成員，她在那裡提供「溝通之舞」（Dance for Communication），並且成為一個新的精神衛生專業（稱為 DMT）之濫觴。當 ADTA 在 1966 年創立，Chace 擔任第一任理事長。從那時起，舞蹈和其他律動技術開始在醫院、學校和私人診所中擴大運用於各種年齡層。

　　舞蹈／律動遊戲治療（dance/movement play therapy, DMPT）是一個整合性的方法，將 DMT 與遊戲治療的理論、技術混合在一起。這種介入在 DMT 中加入遊戲治療的清楚特性（例如，自發性、創意、道具、幻想、競賽遊戲、愚蠢動作、歡樂和笑聲），以便能增進療癒（Teichart, 2013）。這種方法涉及讓一個人透過身體的律動，以一種有趣和具有隱喻性的方式表達自己。DMPT 是一種整合式的遊戲治療模式，是在世界上被廣泛應用的多重理論取向（Drewes, Bratton, & Schaefer, 2011）。

原理

　　DMPT 有許多療效助益，包括：

- **理解診斷**：好玩的律動會協助治療師了解兒童的壓抑、兒童如何且在何處感到壓力，以及社交／情緒議題如何在生理上影響他們。
- **自我表達**：它提供一個機會，將那些難以口語表達的想法和感受以隱喻式或戲劇化的方式表達出來。
- **克服抗拒**：兒童天生比成人更有活動力。他們享受躍起、跳動、舞蹈和其他好玩的活動，這些活動能解除其防衛，幫助他們與治療師有所連結，並且投入於治療中。
- **情感宣洩**：有趣的律動會幫助兒童釋放與失落、不公平、分離和轉換相關的負向情緒。這樣會減少焦慮和憂鬱，讓兒童對生活感到自在和暢快。這也協助他們更能忍受挫折，因為他們不再需要壓抑煩躁的情緒。

- **正向情緒**：有趣的活動能觸發笑聲、愉悅和歡樂，那會釋放眾所皆知的腦內好心情神經傳導物質——腦內啡。正向的情緒能增加能量和樂觀、減少緊張，並且協助人們在壓力狀況下保持平靜。
- **自尊**：好玩的律動能增加自信，減少和憂鬱、焦慮相關的症狀。它也能幫助睡眠、減少壓力，並且給兒童對自己身體和生活的一種控制感。
- **競賽遊戲**：許多競賽遊戲像是扭扭樂（Twister）和紅綠燈（Red Light, Green Light）都涉及律動的運用。這些競賽遊戲增進社交技巧，像是輪流、公平的玩，以及有禮貌的面對輸贏。它們教導孩子認識到，合作使玩耍變得更有樂趣，並能增進愉快的友誼。

描述

　　舞蹈和律動能以一個非結構式、自發性的方式融入遊戲治療中，或是藉由引入特定的遊戲技術來處理兒童的臨床需求。

年齡

2 歲以上。

技術

舞蹈彩繪

　　Lite 和 Segal（2010）用舞蹈彩繪（dance painting）技術減緩 2 歲以上兒童的焦慮。需要的材料包括壁報紙或勞作紙、水溶性顏料、調色盤和膠帶。治療師用兒童所選擇的顏料畫在其腳底，再播放音樂，讓兒童自由並開心的在紙上舞蹈。治療師可以依照兒童的需求來選擇播放鬆或激勵的音樂。

跺腳和捏泡泡

Wunderlich（1977）引入這個供幼兒使用的技術，作為一種表達憤怒和挫折的工具。首先在紙上畫出兒童足部的輪廓並塗上顏色，接著治療師會討論抒發憤怒的重要性，以及如何藉由在足部輪廓上跺腳來抒發憤怒。治療師也會說明，一旦兒童覺得比較好過一些，同時腳底感覺到溫暖，就表示憤怒抒發出來了。在兒童跺腳後，治療師會協助兒童討論感覺有何不同，也可以畫一個發瘋的臉在鞋子上、一個快樂的臉在鞋底。Wunderlich 還使用泡泡紙幫忙兒童甩掉憤怒感。他發現大部分的兒童在用手指捏爆十個泡泡後，憤怒會變得少一些。我們也發現一種有用的方式，就是將泡泡紙貼在地板上，然後讓兒童興高采烈的踏走他們的憤怒，直到泡泡都弄爆為止。

圍巾故事（Kaduson & Schaefer, 1997）

在圍巾故事（scarf story）中，兒童愉快且自發的輪流在團體成員所拉起的一條大圍巾底下做動作。治療師會說一個有關於某個角色人物的故事，裡面會有各式各樣的身體律動。在故事的不同段落中，圍巾會被拉起，圍巾底下的兒童一邊聽治療師的敘說，一邊模仿和演出故事角色的傻氣動作。之後兒童要說出故事角色在律動中可能有什麼感覺和想法。

呼拉圈

一千年以前，希臘兒童用竹子做成類似呼拉圈的東西在腰間轉動。現在治療師在兒童個別和團體諮商中使用呼拉圈來當作舞蹈和律動的一種有趣形式。這個活動經常可以提振兒童的精神、讓身體變結實，並且讓精神更加專注。

跟從領導者

Harvey（1990）發展出動力遊戲治療模式，整合了舞蹈、律動、遊戲和其

他表達性藝術。有個技術是「跟隨領導者」（follow the leader），家長和兒童會輪流跟隨著對方做律動，包括像是在地板上跳、爬和滾，以及攀登枕頭山等動作。這些和其他好玩的身體互動能用來促進兒童和家長之間的依戀關係。

定點舞

在定點舞（freeze dancing）活動中，團體治療的兒童會隨著音樂跳舞。當治療師一停止播放音樂，每個人都要表現出定點不動的樣子。兒童在慢歌中緩慢的跳舞，在快歌中迅速的跳舞。

古怪舞

在團體治療中，治療師會放一些有趣的音樂，然後開始跳舞。團體成員必須準確的跟著治療師的舞步移動，不論舞步多麼古怪。在大概 30 秒後，治療師會點某個兒童的名字，那個兒童要開始做出自己的舞步，其他團體成員必須跟著做。

感覺律動

請兒童做個動作（或手勢）以代表一種感覺，像是憤怒或害怕。

實證發現

此技術還需要進一步的實證研究。

應用

　　用有趣的方式律動和舞蹈，對兒童來說是個有用、愉快及適性的活動。因為它是個有趣的活動，不具威脅性，因此能減少防衛性，並且讓兒童投入治療中。它透過活化腦內啡的方式來協助減少憂鬱，透過提供釋放感來減少焦慮，並且幫助害羞和壓抑的兒童表達自己。過動和行為困擾的兒童常常很難安靜坐著以及直接對治療師講話。然而，他們享受身體的活動，這會幫助他們消耗過多精力並減少他們身體躁動的程度。

參考文獻

Drewes, A., Bratton, S., & Schaefer, C. E. (Eds.). (2011). *Integrative play therapy*. Hoboken, NJ: Wiley.

Harvey, S. (1990). Dynamic play therapy: An integrated expressive art approach to the family therapy of young children. *Arts in Psychotherapy, 17*, 239–246.

Kaduson, H. G., & Schaefer, C. E. (Eds.). (1997). *101 favorite play therapy techniques*. Northvale, NJ: Jason Aronson.

Lite, L., & Segal, S. (2010, September 10). Dance painting reduces stress and eases anxiety in preschoolers. Retrieved from *www.stressfreekids.com/3923/painting-reduces-stress*.

Teichart, A. (2013). *The phenomenon of play within a dance/movement setting with adults*. Unpublished master's thesis, Columbia College, Chicago.

Wunderlich, C. (1997). Stomping feet and bubble popping. In H. G. Kaduson & C. E. Schaefer (Eds.), *101 favorite play therapy techniques* (pp. 283–285). Northvale, NJ: Jason Aronson.

33

畫一個家庭

一旦孩子能將他腦海中的「畫面」轉換到一張紙上，它就變成一個行動的對象。

——Nancy Boyd Webb

簡介

Goodenough（1926）引入運用人物畫來評估發展成熟度的概念。自那之後，基於衡鑑和治療目的而發展出許多不同的繪畫技術。通常，兒童能在畫中傳達無法用語言或文字表達的想法和感覺。Hulse（1951, 1952）是將兒童畫作作為一種工具藉以了解兒童對自己家庭關係觀點的第一人。對大多數兒童來說，要訂定一個有效的治療計畫，理解兒童的家庭動力是相當關鍵的因素。

原理

「畫一個家庭」技術有著投射和療癒的特質，讓兒童以不同的方式獲益：

- **工作同盟**：對於抗拒的兒童以及很難談論感覺的兒童來說，繪畫活動會很有幫助。此外，「畫一個家庭」技術的投射特性提供治療師對兒童人際關係之快照，可增進對兒童知覺和需求的了解。這個臨床上的領悟

使治療師能與兒童同調及回應兒童，並且增進信任關係。

- **正向的情緒**：所有年齡的兒童都會覺得繪畫很令人愉快和放鬆。此外，繪畫能短暫改善心情（Drake & Winner, 2013）。
- **溝通**：「畫一個家庭」技術提供兒童以一種非口語的方式表達對家庭成員的情緒、知覺、態度和需求。這些在畫中會藉由一些指標來揭露，例如尺寸大小、風格、臉部和身體特徵，以及位置。

描述

年齡

6～12 歲。

材料

鉛筆和一張白紙。

技術

　　對兒童的簡單指令為：「為我畫一張你的家庭圖，要包括你自己。」接下來治療師請兒童指出每個人物是誰，並且討論有關這張畫他想說什麼。要注意畫裡的一些質性層面，像是人物尺寸、人物之間的距離，以及在紙上的分布位置等。此外，家庭成員被畫出來的順序、兒童下筆的力道、陰影和著色，以及對家庭成員的省略或誇大（包括兒童自己）都值得留意（Klepsch & Logie, 1982）。

變化技術

親子的家庭畫

Shearn 和 Russel（1970）擴展了「畫一個家庭」技術，方式是從兒童及家長一方或雙方取得家庭畫。他們發現，比較親子的畫作能讓他們對家庭成員的情緒、知覺、角色和動力有更具體明確的理解，也更能了解整體的家庭氣氛。

家庭畫／說故事

在這個技術（Roosa, 1981, p. 270）中，首先治療師會請兒童畫一張他的家庭畫。接著請其「說一個全家人正在畫裡做什麼的故事。同時，也說一下在這之前發生了什麼事？每個人感覺如何？這個故事怎麼結束？」

家庭畫訪談

面對特別沉默或口語表達困難的兒童時，Grunes（1979, p. 15）表示可以問兒童一連串有關其家庭畫的問題，像是：「誰最強壯？哪個人最喜歡爸爸？」有必要的話，兒童可指著畫中的人物作為回應。

動態家庭畫

Burns 和 Kaufman（1970）引入「畫一個家庭」技術的變化技術，稱為「動態家庭畫」（kinetic family drawing, KFD）。它已成為廣泛使用於 6～16 歲兒童的一種診斷工具。不像「畫一個家庭」技術只把焦點擺在靜止的人物上，KFD 的指示和分析強調行動以及家庭的運作方式。對兒童的指示是：「畫出家中每一個人（包括你自己）正在做某件事。試著畫出完整的人，而不是卡通人物或火柴人。記住，讓每個人都做某件事情（某個動作）。」（Burns & Kaufman, 2013, p. 5）當畫作完成，兒童會被要求去指出每個人，以及說出每個人正

在做什麼。這能提供兒童對家庭動力、身體互動和情緒關係的知覺方面更多的訊息。

KFD 有完整的計分系統，包含有四個主要範疇——行動；身體特徵；距離、障礙及姿勢；風格。行動是指畫的內容或主題（例如合作、滋養、緊張）。身體特徵指的是臉部表情、納入的身體部位、人物大小等。距離、障礙及姿勢則是涉及人物臉部的方向以及彼此之間的距離。最後，風格指的是兒童在紙上安排人物的方式。

感官／動態手部家庭畫（Filley, 2003）

這個技術需要紙、麥克筆、蠟筆或其他書寫材料。首先，治療師或家長／照顧者在一張紙上描繪出兒童的手。在手部描繪的每一根手指上面，兒童用一些方式來代表每位家庭成員，例如，畫一個人、用象徵物代表，或寫他的名字。兒童可以在手腕上寫或畫其他的重要他人，或是將這些家人連結在一起的事物（例如運動、音樂、爭吵）。兒童可以在手掌或手「心」畫個象徵，代表家人一起做過的事情。若是進行家族治療或家長—兒童兩人一組的親子治療，每位成員皆須完成自己的手部描繪。這個技術能藉由使用顏料或黏土來促進感官的體驗。

做家庭畫

Kaduson（2003）為有精細運動困難的兒童、完美主義者，以及覺得自己不是好藝術家而不願意彩繪的兒童創造了這個技術。這個方法對缺乏繪畫技巧的幼兒非常理想。在初次晤談之前，治療師可以剪下兒童所畫家庭畫裡面的圖片項目，包括臉、襯衫、褲子、裙子、洋裝、鞋、球鞋、桌子、椅子、球等。重點在於選擇各式各樣的表情和風格，以提供兒童更多選項，讓兒童找到想要傳達的方式。治療師會把圖片放在盒子裡，這樣一來，當兒童看著盒子時，就能看到大部分的圖片。我們會給兒童一張紙（11×14 英寸）和一條口紅膠，然

後指示他創作有關他家庭的一張圖畫。只要有足夠的剪下項目可用，此技術可用於團體和家庭。

家庭互動圖

Truax（2003）表示家庭互動圖（family interaction diagram）可用在 6～12 歲的兒童身上。治療師會給兒童一張圖畫紙、各種顏色的麥克筆、鉛筆或蠟筆，請其畫出家中的每位成員，底下標記名字。如果兒童不只生活在一個家庭，就請他把紙折半，然後在不同欄位畫上每一個家庭群組。接下來請兒童選擇一種顏色來代表相處融洽，在所有這些相處融洽的人之間畫一條線；用另一種不同的顏色來代表相處不好，像是常爭吵或其他狀況。這個技術特別適用於寄養兒童、父母離婚的兒童，以及生活在大家庭或複雜家庭情況中的人。

畫一群人測驗

和「畫一個家庭」相似的衡鑑工具已被用來評估和了解兒童與家庭以外的人之主要關係。Hare 和 Hare（1956）引入「畫一群人」（draw-a-group）測驗來評估兒童友誼的角色和動力。在這個技術中，兒童畫出喜歡一起玩的同儕，以及喜歡跟他們一起做的活動。Kutnick（1978）則引入一個相似的方法——「畫一間教室」技術，以評估和了解兒童對學校的知覺和經驗。在這個技術中，兒童畫出有人在裡面的教室畫。對畫作的討論和分析重點是人物與其動作、教室和在裡面的物品，還有對教師的描繪（Klepsch & Logie, 1982）。

實證發現

1. Daren（1975）比較了 239 位被轉介到精神科門診的非裔美國人、波多黎各人和白人之家庭畫。檢視者用畫的尺寸大小、細節和家庭成員數量來評分。結果顯示在族群間有明顯的大小差異。具體來說，非裔美籍參

　　與者的畫顯示母親的身形比其他族群還大。而在所有族群中，兒童經常
　　畫出比真實生活還要多的家庭成員。

2. Piperno、Di Biasi和Levi（2007）發現，曾遭受身體或性虐待的5～10歲
　　兒童，經常會把他們的主要照顧者從家庭畫中排除。

3. Gardano（1988）將父親酗酒的兒童之家庭畫與配對控制組的畫做比
　　較。父親酗酒的兒童畫出相似尺寸的家庭成員，但跟控制組比起來，成
　　員間保持著明顯較遠的距離；控制組畫出不同大小的人物，而且會更靠
　　近。實驗組的雙親之間的距離明顯較遠，顯示他們普遍有疏離感。此
　　外，控制組會畫出尺寸顯著較大的母親。

4. Gross 和 Hayne（1998）檢視了繪畫對於幼兒在情感體驗之後的口語回
　　應有何影響。治療師請兒童先畫再說，或只是說出他們感到快樂、難
　　過、害怕或生氣的一次經驗。比起說之前沒有機會畫的兒童，有機會畫
　　和說的兒童明顯的能陳述較多關於情緒經驗的訊息。這些發現顯示繪畫
　　可以增加幼兒談論情緒經驗的能力。

應用

　　「畫一個家庭」技術適用於所有主述問題類型的兒童。由於它是一個投射工
具，它能夠讓兒童傳達他們沒有覺察或是無法用口語表達的感受、情緒和知覺。
對於沒有口語能力、害羞或壓抑，以及隱藏情緒的兒童都非常有用。

　　「畫一個家庭」技術也是有用的診斷工具，在初次晤談或治療初期階段特
別有用。觀察兒童如何完成任務，同時留意家庭畫的內容，可以幫助治療師了
解兒童的需求和內在掙扎。對於發展信任關係和治療計畫，這個訊息頗為有用。
舉例來說，若兒童傳達出父母在畫中氣勢凌人（且假如過去史和臨床觀察中都
支持這個訊息），個人中心的治療策略或許就會很有用。相反的，假如兒童傳
達出需要結構和指引，這時或許就需要運用較有指導性、結構性的治療策略。

參考文獻

Burns, R. C., & Kaufman, S. H. (1970). *Kinetic family drawings (K-F-D)*. New York: Brunner/ Mazel.

Burns, R. C., & Kaufman, S. H. (2013). *Actions, styles, and symbols in kinetic family drawings (K-F-D): An interpretive manual*. New York: Brunner/Mazel.

Daren, S. (1975). An empirical evaluation of the validity of the draw-a-family test. *Journal of Clinical Psychology, 31*, 542–546.

Drake, J. E., & Winner, E. (2013). How children use drawing to regulate their emotions. *Cognition and Emotion, 27*(3), 512–520.

Filley, D. K. (2003). Sensory/kinetic hand family drawing. In H. G. Kaduson & C. E. Schaefer, *101 favorite play therapy techniques* (Vol. 3, pp. 42–45). Northvale, NJ: Jason Aronson.

Gardano, A. (1988). *A revised scoring method for kinetic family drawings and its implication to the evaluation of family structure with an emphasis on children from alcoholic families*. Unpublished doctoral dissertation, George Washington University.

Goodenough, F. L. (1926). *Measurement of intelligence by drawings*. New York: Harcourt, Brace & World.

Gross, J., & Hayne, H. (1998). Drawing facilitates children's verbal reports of emotionally laden events. *Journal of Experimental Psychology: Applied, 4*, 163–179.

Grunes, W. (1979). The Grunes' "which one" interview procedure. *Journal of Learning Disabilities, 12*, 146–149.

Hare, A. P., & Hare, R. T. (1956). The draw-a-group test. *Journal of Genetic Psychology, 89*, 51–59.

Hulse, W. (1952). Childhood conflict expressed through family drawings. *Journal of Projective Techniques, 16*(1), 66–79.

Hulse, W. C. (1951). The emotionally disturbed child draws his family. *Quarterly Journal of Child Behavior, 3*, 152–174.

Kaduson, H. G. (2003). Make a family drawing. In H. G. Kaduson & C. E. Schaefer (Eds.), *101 favorite play therapy techniques* (Vol. 3, pp. 93–95). Northvale, NJ: Jason Aronson.

Klepsch, M., & Logie, L. (1982). *Children draw and tell: An introduction to the projective uses of children's human figure drawings*. New York: Brunner/Mazel.

Kutnick, P. (1978). Children's drawings of their classrooms: Development and social maturity. *Child Study Journal, 8*, 175–185.

Piperno, F., Di Biasi, G., & Levi, G. (2007). Evaluation of family drawings of physically and sexually abused children. *European Child and Adolescent Psychiatry, 16*, 389–397.

Roosa, L. (1981). The family drawing/storytelling technique: An approach to assessment of family dynamics. *Elementary School Guidance and Counseling, 15*, 269–272.

Shearn, C. R., & Russel, K. R. (1970). Use of the family drawing technique for studying parent–child interaction. *Journal of Projective Techniques and Personality Assessment, 33*(1), 35–44.

Truax, K. (2003). Family interaction diagram. In H. G. Kaduson & C. E. Schaefer (Eds.), *101 favorite play therapy techniques* (Vol. 3, pp. 93–95). Northvale, NJ: Jason Aronson.

34

家庭雕塑

父母所表達的每個字句、臉部表情、手勢或動作，都在向孩子傳達有
關自我價值的訊息。令人難過的是，許多父母並不了解他們正在傳達
什麼樣的訊息。

—— Virginia Satir

簡介

　　家庭雕塑（family sculpting）是被廣泛用來評估家庭動力的家庭治療技
術。它源自於 Minuchin（1974）的理論，認為觀察和操作家庭成員的空間親密
度和距離感有很大的重要性。它能讓治療師洞悉家庭結構的議題，包括界線、
凝聚力、同盟關係、階層結構和疏離。作為遊戲治療的一種技術，家庭雕塑有
助於兒童將難以表達的感受和知覺轉化為外在的示意圖或雕塑（Simon,
1972）。

原理

　　家庭雕塑是個有力的評估工具，對治療是很有價值的輔助。它提供了許多
療效助益，包括：

- **自我表達**：這個技術讓兒童能用一個有形的方式展現其對家庭的內在知覺和經驗。它提供了家庭系統中情緒同盟、衝突、親近模式、距離、限制、滋養、依附狀況、包容及排斥的視覺化呈現。這些能提供治療師擬定治療計畫的寶貴訊息，而這些訊息是多數兒童無法以口語表達或需花很長時間才能發現的。
- **關係促進**：家庭雕塑的過程能強化家庭的同理連結。看到雕塑的家庭成員會因此理解孩子如何看待這個家庭，這比文字更強而有力。這能增進理解，並且促進溝通和更親近的家庭關係。若是在團體治療中進行雕塑，團體成員會對彼此的感覺、情況和掙扎產生新的理解。他們常能彼此提供支持及不同的解決方式，使過程帶來更親近的關係。
- **解決衝突**：家庭雕塑的展示特性會強調有問題的行為，可以成為家庭和同儕關係中有用的衝突解決工具。
- **力量**：家庭雕塑可以帶來力量，因為它讓兒童負責雕塑自己的家庭經驗，這對兒童來說可以提升自我評價。

描述

年齡

家庭雕塑適合 6 歲以上的兒童，唯一的條件是兒童要能理解指示。

技術

治療師會請兒童以雕塑的方式擺置家庭成員的肢體，這些動作反映目前的家庭情況或家人之間典型的互動方式。兒童指定家庭成員採取特定的姿勢、表情和彼此之間的距離，以傳達兒童對家庭動力的內在經驗。有時候，一開始的雕塑可以是動態式，以展現互動或事件的順序。或許也會使用道具，像是提供

繩子給家庭做出拔河動作，以顯示家庭成員想要去的目的地是相反的方向。

Perkins（1999）提出常見的三種家庭雕塑形式。第一種是在家庭治療單元中用實際的家庭成員來完成雕塑。第二種在進行團體諮商時，用團體成員作家庭成員的代理人，讓成員得以輪流雕塑自己的家庭。最後，第三種是使用家庭成員的象徵來代表，可能包括布偶、家庭成員畫、迷你娃娃、玩具，或其他創作性藝術材料，像是黏土。幾種象徵性的家庭雕塑分述如下。

變化技術

用布偶做家庭雕塑

Haslam（2010）運用多重感官的媒介引入此方式來協助家庭成員表達情緒。每一位家庭成員依序選擇各自代表家中每一個人的布偶，且讓布偶傳遞在家中的感覺。布偶可能會靠在一起、離得很遠、在開放空間或藏起來。在每個人雕塑完布偶後，治療師會請他說出創作的場景，並描述布偶們的感覺。此外，其他家庭成員則被要求對此雕塑和其所引發的情緒和想法做出回應。重點是探索，目標則是提供家庭一個正向經驗。

黏土家庭雕塑

在這個技術中，兒童個案做出黏土樣貌來反映每位家庭成員的個性及家中角色。一旦所有雕塑都完成，兒童擺出它們彼此的相對位置，以傳遞家人的關係和互動狀態。

Kyebaek 家庭雕塑

此技術使用一套特別設計的物件，其中有 17 個木製人像和一隻寵物。在這個技術（Berry, Hurley, & Worthington, 1990）中，兒童使用與棋盤相似的網格板和小型木製人像，來表達家庭成員之間的距離。此距離能以客觀和主觀的方式測量。

家庭系統測驗（Gehring & Wyler, 1986）

家庭系統測驗（Family System Test）讓兒童使用一套木製玩偶和一個網格板，在兩個向度上描繪典型或理想的家庭關係——凝聚力（情緒的親密度）和階層（權力）。這是一個快速、容易上手且吸引人的工具，可用在個別的兒童／青少年、一般家庭和延伸家庭。

形式的底端

實證發現

1. Berry 和同事（1990）研究 31 個家庭，這些家庭中有雙親和至少一個青少年。他們使用 Kyebaek 家庭雕塑技術（kyebaek family sculpture technique, KFST）評估家庭成員之間的情緒距離，並且將其和家庭調適與凝聚評估量表（Family Adaptability and Cohesion Evaluation Scale III, FACES III）所測量的凝聚力結果做比較。結果顯示，KFST 所測的距離與 FACES III 所測的凝聚力有顯著相關，此結果支持 KFST 的聚合效度。

2. Gehring 和 Marti（1993）發現，與不需接受治療的兒童相較，接受治療的兒童家庭系統測驗結果比較無法顯示他們的家庭有凝聚力、適當階層，或清楚的代間界線。

應用

家庭雕塑是對廣大兒童和青少年個案評估家庭動力時很有用的技術。它讓家庭結構「迅速且戲劇性的變得清晰可見」（Hartman & Laird, 1983）。這個技術對有依戀關係議題、監護權問題及父母施虐或疏忽的兒童相當有助益。對於

口語技巧弱、領悟力受限、有對立傾向，及家庭關係有問題的兒童，家庭雕塑特別有幫助。

參考文獻

Berry, J. T., Hurley, J. H., & Worthington, E. L. (1990). Empirical validity of the Kvebaek family sculpture technique. *American Journal of Family Therapy*, *18*(1), 19–31.

Gehring, T., & Marti, D. (1993). The Family System Test: Differences in perception of family structure between nonclinical and clinical children. *Journal of Child Psychology*, *34*(3), 363–372.

Gehring, T. M., & Wyler, I. L. (1986). Family System Test (FAST): A three-dimensional approach to investigate family relationships. *Child Psychiatry and Human Development*, *16*, 235–248.

Hartman, A., & Laird, J. (1983). *Family-centered social work practice*. New York: Free Press.

Haslam, D. (2010). Family sculpting with puppets. In L. Lowenstein (Ed.), *Creative family therapy techniques: Play, art, and expressive therapies to engage children in family sessions* (pp. 138–141). Toronto: Champion Press.

Minuchin, S. (1974). *Family and family therapy*. London: Tavistock.

Perkins, M. R. (1999). An introduction to family sculpting, version 1.9. Retrieved from *https://sites.google.com/site/homepageformikeperkins/Home/family-sculpting*.

35

音樂遊戲

文字無法傳遞的地方，就用音樂來說話。

——Hans Christian Andersen

簡介

　　從非常早的時期開始，兒童就能愉快的用自己的聲音和不同物體發出聲響。從古代開始，音樂的治療價值就已獲得認可。古埃及人利用誦經音樂來做療癒。希臘的醫師使用長笛和提琴來療癒疾病，也利用聲波的振動來改善消化及幫助睡眠。美洲印第安人在療癒儀式中使用不同種類的鼓、響板和歌聲。數千年以前，亞里斯多德就曾提到音樂能激發強烈的情緒並淨化靈魂。

　　音樂治療最早的參考文獻出現於 1789 年一本名為 *Music Physically Considered* 的雜誌。然而，直到第一次和第二次世界大戰結束，音樂家為遭受身體和情緒創傷所苦的退伍軍人演奏，音樂作為情緒療癒的重要性才驟升（American Music Therapy Association, 2015）。自此之後，音樂便被用來撫慰、刺激、引發和吸引各種臨床需求及主述問題的個體。在醫院、學校和私人執業機構裡，音樂都能用在不同年齡的兒童身上。

　　Bender 和 Woltman（1941）首先引入以音樂輔助遊戲治療的概念，同時提及它在非口語溝通的價值。在音樂遊戲治療中，治療師會提供音樂性的玩具和

樂器給兒童，以促進其自我表達及溝通。不像音樂治療是一個需要特別訓練的專門領域，音樂遊戲治療不需要治療師有相關的音樂背景。

原理

　　研究顯示，音樂提供情緒表達的管道、促進學習，以及增進專注力（Children's Music Workshop, 2014）。此外，兒童會很自然被音樂所吸引，而且用在遊戲治療時有許多療效助益：

- **克服抗拒**：治療剛開始時在遊戲室裡使用熟悉的音樂或擺放樂器，能幫忙減緩兒童的焦慮。這讓兒童鬆動防衛，並協助治療師建立工作同盟。
- **創意思考**：音樂能增進創意思考的能力。它能挑戰兒童透過想像玩出各種解決方法來解決問題。
- **自我表達**：音樂提供一個安全、愉快的方式來讓兒童表達感受、想法、觀念和喜好。它有助於減少壓抑及建立自信。
- **正向情緒**：唱歌、哼唱或簡單聆聽音樂或摸索樂器的彈法，都會促進兒童的想像力，並且減少日常生活的壓力。此外，使人平靜的音樂也可作為放鬆、壓力管理和降低疼痛的工具。
- **勝任感**：音樂固有的結構和情緒拉力，使其在教導觀念和想法時成為一個有用的工具（Merzenich, 2010）。研究顯示將熟悉的歌曲與新的資訊做連結，可以促進兒童的學習能力（Children's Music Workshop, 2014）。音樂是個有趣的記憶輔助裝置，會標記資訊且增強記憶和學習。在遊戲治療中使用音樂，能協助兒童記得討論結果並學習新的技能。
- **執行功能**：音樂和空間智能（spatial intelligence；精準的覺知世界並形成心智圖像的能力）之間有因果關係的連結。這個能力讓兒童得以將應該放在一起的各種元素加以視覺化，對於計畫和問題解決是相當關鍵的

（Children's Music Workshop, 2014）。

· **自尊**：由於音樂能促進與學習新技能相關的自我效能感，因此它對兒
童的自尊會有正向影響。此外，學習彈奏樂器有助於兒童克服恐懼，並
且帶來掌控感。

· **關係促進**：在團體治療中使用音樂能促進溝通並增進人際關係。

描述

年齡
3 歲以上。

材料
　　各種簡單可發出音樂聲響的物件，像是沙鈴、鼓、鈴或手搖鈴。CD 播放
器、iPod、玩具麥克風以及有關自尊、情緒和友誼等議題的歌曲精選輯也有幫
助。

技術
　　音樂遊戲技術混合了音樂和遊戲，涵括音樂的各種不同形式，像是唱歌、
哼唱、彈奏樂器、編一首搞笑的歌曲、使用背景音樂、聽歌詞和／或表演。每
一個技術都能在遊戲室裡用於個人、家庭和團體治療。Carmichael（2002）建
議遊戲治療師先展示音樂材料，然後陳述一段像是「我猜你今天或許想玩些音
樂」的話來提供活動的結構。接下來兒童可以自由演奏或是唱出他想要唱的歌
曲。隨後，兒童可能會透過彈奏某種樂器或唱某首特別的歌曲來尋求結構
（Moreno, 1985）。

變化技術

歌唱遊戲

歌唱遊戲以一種有趣的方式，使用歌詞來引導一群學齡前兒童進行律動。例如「The Hokey Pokey」（譯註：一首著名的幼兒唱跳歌曲）、「頭兒、肩膀、膝、腳趾」、「我是一個小茶壺」等。因為兒童必須跟著特定的節奏擺動，且隨著動作的文字和音樂同步，歌唱遊戲因此能增進執行功能。

治療師創作的歌曲

Carmichael（2002）引入為兒童編創歌曲的點子，唱所編的歌給兒童聽，再邀請兒童改編歌詞或增加更多小節。

音樂彩繪

請兒童在聽音樂時畫（或著色）一張隨音樂出現在腦海中的想法或感受的圖畫。

跳舞遊戲

播放某些音樂，並請兒童以非常快速和非常緩慢的速度跳舞。「定點舞蹈」可能也很有趣，而要求兒童以特定的姿勢（例如手舉高）定點不動會有更多挑戰性。

鼓掌遊戲

有節奏的鼓掌能加強兒童的抑制控制及認知彈性。這對不同文化、不同世代的兒童來說都相當受歡迎。

非指導式音樂遊戲治療

　　Moreno（1985）發展這個模式來提供音樂遊戲治療，整合了音樂治療和非指導式遊戲治療的基本哲學和概念。遊戲室中要有樂器，讓兒童有機會彈奏出自己的感受。Moreno 相信，樂器的結構和非結構雙重性對治療歷程會有幫助。樂器提供結構，因為樂器發出的音調和節奏有所限制，例如，鋼琴的琴鍵必須要按壓，長笛必須要用嘴巴吹；非結構則是指音調和節奏所表達的各種情緒。Moreno 認為，當兒童從探索樂器轉變到要求學習旋律，改變就會發生。他認為一旦兒童在治療以外的地方使用音樂來表達情緒，治療的目標就達成了。

長笛或直笛歌曲

　　Freeman（1997）發展這個技術作為一種輔助行動，以便「支持、促進和強化治療」（p. 348）。他強調它有助於兒童對治療感興趣、鼓勵兒童與治療師的互動、教導新技巧、促進自尊，以及發現改變和發展。需要的材料包括一支長笛或直笛、Hoenack 的 *Let's Sing and Play Music Book*（1986），以及治療師教兒童吹奏樂器之前要先讀過的指導手冊。治療師先教兒童如何把笛子握好，接著依序押 B、A、G 的音孔來學習吹奏。在稍微練習這三個音（B、A、G）之後，兒童可嘗試吹奏 Hoenack 音樂教材的第一首歌，並在學下一個音之前，逐漸學完書中其餘歌曲。

實證發現

　　1. Kim、Wigram 和 Gold（2009）發現，比起沒有音樂的遊戲治療，自閉症兒童在音樂治療單元中會出現較多的情緒表達和社交互動。此外，比起沒有音樂的遊戲治療，接受音樂治療的兒童對治療師的要求會出現比

較多的回應。

2. Hendon 和 Bohon（2008）指出，比起遊戲治療，1～12 歲的住院兒童在音樂治療中更為快樂。

3. 在一個對 96 位 4 歲兒童共同創作音樂的研究中，Kirschner 和 Tomasello（2010）發現這些兒童後來會增加自發性、合作性和助人的行為。

4. Pound（2010）在近期對音樂遊戲的研究回顧中發現，它能促進廣泛的適應行為，包括社交互動、自我表達、情緒理解和自我調節。

5. Loewy、Stewart、Dassler、Telsey 和 Homel（2013）檢視了音樂對 272 位早產兒在生命跡象、餵食及睡眠模式的影響。他們研究三種音樂類型的影響——嬰兒的父母親挑選並哼唱催眠曲；「海洋盤」（ocean disc，譯註：含有可轉動的金屬珠圓筒，可演奏出呼呼聲）模仿子宮的聲音；加托盒（Gato box，譯註：是一種長方形木鼓，可模仿出心跳的雙音節奏）是一種像鼓的樂器，被用來模擬兩種音調的心跳節奏。合格的音樂治療師現場演奏這兩種樂器，同時將音樂配合嬰兒的呼吸和心跳節奏。研究顯示這些方法都可減少心跳頻率。然而，歌唱最為有效。唱歌也增加嬰兒安靜的時間長度、降低父母的壓力程度，並且增強連結。此外，研究也證明可協助父母親與正在經歷依戀障礙的較大兒童有更多連結。

應用

對於享受音樂的兒童來說，音樂遊戲是一個有用的治療策略。它協助兒童和青少年投入於治療中，協助害羞、焦慮、無法口語表達和壓抑的個體增進開放性和溝通，增加亞斯伯格症兒童的情緒表達及社交回應，減少憂鬱和焦慮，以及協助記憶生活事件。音樂遊戲也能促進社會化，對發展遲緩和有社交技巧障礙的兒童是一個有用的資源。

參考文獻

American Music Therapy Association. (2015). History of music therapy. Retrieved from *www.musictherapy.org/about/history*.

Bender, L., & Woltman, A. G. (1941). Play and psychotherapy. *Nervous Child, 11*, 17–42.

Carmichael, K. (2002). Music play therapy. In C. E. Schaefer & D. M. Cangelosi (Eds.), *Play therapy techniques* (2nd ed.). Northvale, NJ: Jason Aronson.

Children's Music Workshop. (2014, November 29). Twelve benefits of music education. Retrieved from *www.childrensmusicworkshop.com/twelve-benefits-of-music-education*.

Freeman, R. W. (1997). The song flute or recorder. In H. G. Kaduson & C. E. Schaefer (Eds.), *101 favorite play therapy techniques* (pp. 347–352). Northvale, NJ: Jason Aronson.

Hendon, C., & Bohon, L. M. (2008). Hospitalized children's mood differences during play and music therapy. *Child: Care, Health, and Development, 34*(2), 141–144.

Hoenack, P. (1986). *Let's sing and play, book 1*. Bethesda, MD: Music for Young People.

Kim, J., Wigram, T., & Gold, C. (2009). Emotional, motivational, and interpersonal responsiveness of children with autism in improvisational music therapy. *Autism, 13*(4), 389–409.

Kirschner, S., & Tomasello, M. (2010). Joint music making promotes social behavior in 4-year-old children. *Evolution and Human Behavior, 31*(5), 354–364.

Loewy, J., Stewart, K., Dassler, A. M., Telsey, A., & Homel, P. (2013). The effects of music therapy on vital signs, feeding, and sleep in premature infants. *Pediatrics, 131*(5), 902–918.

Merzenich, K. (2010). Top 12 brain-based reasons why music as therapy works. *Neuroscience*. Retrieved from *http://blog.brainhq.com/2010/04/22/top-12-brain-based-reasons-why-music-as-therapy-works*.

Moreno, J. (1985). Music play therapy: An integrated approach. *Arts in Psychotherapy, 12*(1), 17–23.

Pound, L. (2010). Playing music. In J. Moyles (Ed.), *The excellence of play* (pp. 139–153). Maidenhead, UK: Open University Press.

第五部分

心像與幻想技術

36

引導式心像

簡介

　　心像（imagery）技術用於心理治療已有很長的歷史。Desoille（1945）在 1920 年代是發展「引導式白日夢」作為治療工具的先驅。他引導病人在一個放鬆狀態下閉上雙眼，並且主動想像一些主題，例如接近一個具威脅性的原型人物。意象（images）可以被定義為在缺乏刺激足以引發真實經驗下出現的類似感官或知覺經驗的精神表徵（Richardson, 1969; Sherrod & Singer, 1984）。心像是製造和運用意象的藝術（例如，形成森林或海岸的心理圖像）。運用心像作為因應技巧的能力，能夠透過治療師而獲得發展和鼓勵。

原理

- 心像有助於觸及發生在語言能力發展之前的重要事件。
- 意象可以繞過抗拒，因此可以在心理治療中提供較寬廣的探索領域。
- 在許多案例中，引導式心像中隱喻的治療價值在於，沒有治療師的詮釋或個案的領悟也能夠產生療效變化（Desoille, 1961; Klinger, 1980）。

心像改寫和預演

簡介

　　幾十年來治療師一直在幫助兒童改變不適應故事、心像和夢境的結局（Gardner, 1971）。此方法近來的一個變化是運用心像改寫和預演來處理兒童的惡夢。

原理

　　此認知行為技術的原理是意象比口語指令有更強的情緒和記憶效應。同時，對恐懼夢境創造出並練習一個可掌握的結局能消除威脅內容，並且將之前的無助和脆弱感改變成力量和控制感。

描述

年齡

4～8 歲。

技術

　　這種形式的引導式心像就是幫助兒童改寫重複出現的惡夢，並且創造更為正向的結局（Halliday, 1987; Krakow, 2001）。在白天的時候告訴兒童說恐怖的夢境就像是我們自己編出來的電影，它們不是真的，因此我們可以改變它們來

讓它們變得比較不恐怖。接著詢問兒童希望在夢裡發生什麼事情能讓他比較不害怕。這個過程就像是想像的自我肯定訓練。

　　心像改寫是 Siegel（1998）和 Krakow（2001）發展出來的惡夢緩解技術四部分之一。在這個策略中，兒童首先會被父母給予立即的情緒和身體安撫，好讓兒童可以在惡夢之後感覺安全和自在。隔天，父母會運用改寫來幫助兒童改變惡夢的某一部分，好讓兒童減少害怕，並對惡夢產生掌握感，例如，和惡夢怪獸成為朋友，或惡夢被超級英雄追著跑，使得惡夢變得無害。預演是第三個步驟，兒童運用迷你物件以及與夢境相關的玩具來演出並練習嶄新且可以掌握的結局。這個練習連續三天，每天玩 10～20 分鐘，或直到兒童產生控制感。如果兒童不願意在家練習，治療師可以在治療單元中玩出一個正向的結局。在最後一個解決階段，父母和治療師試圖發現並解決惡夢經驗的可能原因（例如霸凌、虐待）。

變化技術

　　兒童治療師 Kerri Golding Oransky（2011）所寫的書 *How Zac Got His Z's: A Guide to Getting Rid of Nightmares*，描述一個男孩學習祕密改寫技術，進而成功消除惡夢。這本書已經獲得家長的正向評價。

實證發現

1. 時至今日，心像改寫與預演技術對兒童、青少年和成人的惡夢治療已廣受研究資料支持（Simard & Nielsen, 2009）。舉例來說，St-Onge、Mercier 和 De Koninck（2009）探討心像預演治療（imagery rehearsal therapy, IRT）用於 20 位有中重度惡夢的學齡期兒童之效果。兒童被隨機分配到 IRT 組或等待名單控制組。與等待名單控制組相比，IRT 介入顯著降低治療組的惡夢頻率，而且成效維持到九個月之後的追蹤。

2. Hansen、Hofling、Kroner-Barowik、Strangier 和 Steil（2013）針對運用心像面對或心像改寫和預演這兩種心理治療處理惡夢進行統合分析，顯示這兩種方法都有高效值。

應用

用心像改寫和預演技術來降低學齡兒童的惡夢特別有效。這個技術也被發現有助於改寫遭受創傷後壓力障礙症的兒童及成人的創傷回憶（Casement & Swanson, 2012; Hackman, 2011）。

禁忌

在個案與治療師缺乏信任關係時不應該使用引導心像。更具體來說，它對那些處於聯想鬆弛或急性精神病狀態者可能有害。

引導式放鬆心像

簡介

運用心像來增進身體和心理健康可以追溯至古代文化。亞述、巴比倫尼亞（譯註：一古代東方國家）和希臘的歷史資料都有描述運用心像來治療受折磨病人的儀式。再者，心像一直是佛洛伊德式分析的重要部分。目前，引導式放鬆心像被廣泛運用在兒童治療。這是一個簡單、有效的認知行為遊戲治療技術，治療師引導個案想像一個放鬆的場景或一系列經驗。過去 30 年的許多臨床觀察指出，當一個人可以視覺化心像場景（例如，在吊床上放鬆），他的反

應就會像是彷彿真的發生一樣。因此，心像可以對一個人的身體和心理福祉產生正向效應。

原理

- 在經驗到壓力和困擾情緒，例如焦慮、生氣和悲傷時，放鬆心像的創造可以幫助兒童感覺安全並且恢復平靜、安全和舒適。它可以創造出隨時可以去的想像式「安全場所」。
- 想像平靜意象的能力可以提升自我控制和舒適感，並且可以改善功能運作。

描述

年齡

6 歲以上。

技術

治療師可以播放影帶來引導兒童經歷一個標準的放鬆場景，或是讓孩子閱讀一個引導式放鬆心像腳本（可以從網路取得）。或是治療師可以幫助兒童創造屬於自己的放鬆心像，進行程序是向孩子說明你要告訴他如何運用想像來幫助他在緊張或苦惱的時候感覺好一點。接下來用溫柔聲音要求兒童舒服的坐著，做幾個深呼吸，閉上雙眼（或眼睛往下看），在心中想像一個讓他覺得舒服、放鬆、安全的地方（真實或想像的）。一旦兒童可以看見那個地方，請兒童告訴你關於那個安全處所的事。要兒童盡可能納入更多的感官細節（例如，視覺如天空的顏色；聽覺如海浪拍打的聲音；嗅覺、感覺，陽光照在皮膚上的

溫暖；以及在安全處所的食物口味）。這樣可以強化意象，並且讓兒童感覺更
為真實。在想像安全處所之後，要兒童畫下這個特別的地方（或者進行一個只
用顏色來表達心像所引發的感覺之自由繪畫活動）。最後，建議兒童在緊張或
苦惱的時候就閉上雙眼並且想像這個安全、自在的處所。

實證發現

1. 引導式放鬆心像的有效性已經獲得許多研究確認，顯示對身體和心理
   福祉有正向影響。舉例來說，Ball、Shapiro、Monheim 和 Weydert
   （2003）指出患有反覆腹部疼痛的兒童可以從四單元的放鬆和引導式心
   像訓練中減少 67%的疼痛。同樣的，Van Tilburg（2009）發現引導式心
   像技術能夠顯著降低兒童的功能性胃痛。
2. Ebrahim、Elliott 和 Summers（1982）指出，在經過結合放鬆訓練與催眠
   的整合訓練計畫之後，兒童和青少年可以增進自我概念，並且得到嚴重
   行為問題的控制，例如厭食症、注意力和衝動控制問題。

應用

　　引導式放鬆心像技術已經成功應用在廣泛的兒童期心理疾病，包括廣泛性
焦慮、壓力反應、害怕／畏懼、強迫症、創傷後壓力障礙症、創傷和虐待、憂
鬱、注意力不足／過動、習慣問題和睡眠障礙。

禁忌

　　解離的兒童可能不適合這個活動。

參考文獻

Ball, T., Shapiro, D., Monheim, C., & Weydert, J. (2003). A pilot study of the use of guided imagery for the treatment of recurrent abdominal pain in children. *Clinical Pediatrics*, *42*(6), 527–532.

Casement, M., & Swanson, L. (2012). A meta-analysis of imagery rehearsal for post-trauma nightmares. *Clinical Psychology Review*, *32*(6), 566–574.

Desoille, R. (1945). *Le reve eveille en psychotherapie*. Paris: Presses Universitaires de France.

Desoille, R. (1961). *Theorie et pratique de reve eveille dirige*. Geneva, Switzerland: Mont Blanc.

Ebrahim, D., Elliott, J., & Summers, J. (1982). The use of hypnosis with children and adolescents. *International Journal of Clinical and Experimental Hypnosis*, *30*(2), 189–234.

Gardner, R. (1971). *Therapeutic communication with children: The mutual storytelling technique*. Northvale, NJ: Jason Aronson.

Hackman, A. (2011). Imagery rescripting in posttraumatic stress disorder. *Cognitive and Behavioral Practice*, *18*, 424–432.

Halliday, G. (1987). Direct psychological therapies for nightmares: A review. *Clinical Psychology Review*, *7*, 501–523.

Hansen, K., Hofling, V., Kroner-Barowik, T., Strangier, U., & Steil, R. (2013). Efficacy of psychological interventions aiming to reduce chronic nightmares: A meta-analysis. *Clinical Psychology Review*, *32*(1), 146–155.

Klinger, E. (1980). Therapy and the flow of thought. In J. Shorr, G. Sobel, P. Robin, & J. A. Connella (Eds.), *Imagery: Its many dimensions and application*. New York: Plenum Press.

Krakow, B. (2001). Imagery rehearsal therapy for chronic nightmares: A randomized, controlled trial. *Journal of the American Medical Association*, *286*, 537–545.

Oransky, K. G. (2011). *How Zac got his Z's: A guide to getting rid of nightmares*. Creative Space Independent Publishing Platform.

Richardson, A. W. (1969). *Mental imagery*. London: Routledge.

Sherrod, L. R., & Singer, J. L. (1984). The development of make-believe play. In J. H. Goldstein (Ed.), *Sports, games, and play* (pp. 1–38). Hillsdale, NJ: Erlbaum.

Siegel, A. (1998). *Dreamcatching: Every parent's guide to exploring and understanding children's dreams and nightmares*. New York: Random House.

Simard, V., & Nielsen, T. (2009). Adaptation of imagery rehearsal therapy for nightmares in children: A brief report. *Psychotherapy: Theory, Research, Practice, Training*, *46*(4), 492–497.

St-Onge, M., Mercier, P., & De Koninck, J. (2009). Imagery rehearsal therapy for frequent nightmares in children. *Behavioral Sleep Medicine*, *7*(2), 81–89.

Van Tilburg, M. (2009). Audio-recorded guided imagery treatment reduces abdominal pain in children. *Pediatrics*, *124*(5), e890–e897.

37

世界技術

簡介

　　兒童在沙中會玩得很開心，他們透過想像遊戲可以將內在與外在世界融合。世界技術（the world technique）由英國治療師 Margaret Lowenfeld（1935）在 1929 年於倫敦的兒童心理機構創造出來。她指出這個技術的想法是源自於 Wells（1911）《地板遊戲》（*Floor Games*）一書。Wells 在這本書中描述他花許多時間和兩個兒子在地板上遊玩，在遊戲中他們用玩具兵和建造積木創造了想像島嶼。他觀察到透過這個遊戲，兒子們可以彼此以及與其他家庭成員一起解決他們的問題。

原理

　　Lowenfeld（1979）相信兒童可以透過利用具體的感官遊戲器材來表達言語無法表達的意識和潛意識情緒和需要。一旦兒童可以藉由沙世界將內在的想法、感受和意象加以投射和外化，他就可以對生命有更多的覺察和領悟。事實上，許多治療師已經觀察到未解決的問題、未完成的任務、角色衝突和認同挑戰經常會在沙盤中浮現（Klinger, 1971）。將這些議題帶入個人的意識層面是讓這些議題有機會獲得克服的第一步。

　　總之，世界技術的主要治療力量在於提升個案的自我表達、自我覺察和自我探索。

描述

年齡
4 歲以上。

材料
　　Lowenfeld（1979）提供一個長方形盤子，約30英寸長、20英寸寬、4英寸高，放在一張桌上，沙盤大約在兒童腰部的高度。盤子裡裝半滿的乾沙或濕沙。有一個可以拉開抽屜的櫃子在旁邊，裡面放有超過 100 個迷你物件，以利兒童將物件放入沙中。Lowenfeld 認為物件的蒐集需要包括以下物件以便製作小世界：

- 「人物」，包括男人、女人、兒童，以及野生動物和家禽家畜。
- 「幻想和民俗」物件，包括史前生物、神話人物以及神。
- 「場景」，包括建築物、樹、圍籬、門和橋。
- 道路、鐵路、海運和空運的「運輸工具」。
- 農場、醫院和馬路（例如交通號誌）的「設備」。

技術
　　Lowenfeld（1950）對兒童的指導語如下：「我們頭腦裡有一些不容易用言語表達出來的圖像，不管是否真實存在，把它創造出來有時還蠻有趣的。」（p. 327）。另一種說法是：「就像你現在所看到的，這個沙盤裝滿沙子。你可以決定挑選多少物件來創造場景……或任何你想到的其他東西，做法沒有對

錯。」通常兒童會有完全的自由來選擇與安排沙盤中的物件。治療師的角色是一個沉默的見證人，對兒童創造的沙盤充滿好奇。場景完成之後，治療師可以詢問一些問題來協助兒童更了解場景在表達什麼。身為抱持兒童中心取向的治療師，Lowenfeld 認為不需要提出詮釋或建議，兒童可以對沙盤圖像形成自己的意義和聯想。他相信兒童內在本身就具有療癒力量，讓兒童對自己的問題能夠找到適應性的解決。治療師透過非指導式沙盤來提供讓改變發生的關鍵（Lanyado & Horne, 1999）。Lowenfeld 認為擺盤者自己最懂沙盤場景中象徵性物件的意義，她稱自己的介入方法為「直接投射治療」。

　　世界技術後來成為兩種著名遊戲治療形式的基礎。榮格取向遊戲治療師（Kalff, 2003）應用榮格理論到世界技術中，稱為「沙遊治療」（sandplay therapy）。榮格取向治療師特別關注兒童沙遊創作中的療癒象徵和原型。「沙盤治療」（sandtray therapy）（Homeyer & Sweeney, 2010）這個名稱則是為抱持各種不同取向的治療師所用，例如人本、阿德勒（Adlerian）、完形及處方取向。截至目前為止，沒有證據指出現在的治療取向比最初的世界技術更有療效。這個事實支持 Lowenfeld（1950）最初對遊戲治療的偏好以及兒童的療效需要。今日許多遊戲療師表示，他們在遊戲室中不能沒有沙盤。

變化技術

由治療師引導的場景

　　採結構取向，治療師可能會邀請兒童在沙盤中創造他們家庭的樣貌，或重現父母離婚前後的生活。治療師可能會要求青少年創作一個有關生涯目標的沙盤。在場景完成後，治療師可能會詢問一些問題以深化個案的自我覺察和了解，例如：

　　「你在這個場景中的哪裡？或是你希望你在這個場景中的哪裡？」

　　「這個場景中，你想要哪裡有所不同？」

「接下來在場景中會發生什麼？」

「可以怎麼命名這個場景？」

團體沙遊

治療師給兒童遊戲團體中的每個兒童一個沙盤和一組物件。雖然治療師沒有特別引導要去建造一個「世界」，多數 5 歲以上的兒童會在沙盤中創作場景。接下來每個成員輪流分享個人沙盤創作的想法和感受。

家庭沙盤

這個技術是家庭中的每個人都被要求在自己的沙盤上創造全家人在一起做某件事的場景。治療師接著詢問追蹤問題，來澄清每個家庭成員的沙盤創作。

桌上世界

治療師邀請學齡前兒童在桌上（或地板）上玩一組迷你物件（動物、人物、房屋、樹木、車輛等），然後治療師觀察從遊戲中浮現的主題。

實證發現

Flahive 和 Ray（2007）發現，與等待名單控制組相比，參加十週團體沙盤治療的兒童個案有顯著的內在及外在行為問題的改善。

應用

全世界的遊戲治療師已經廣泛運用沙盤和迷你物件幫助個案對自己的內在想法及感覺更有覺察，進而協助他們解決各式各樣的問題。兒童、青少年、伴侶和老人都可以從這個方式獲得幫助。

參考文獻

Flahive, M., & Ray, D. (2007). Effect of group sandtray therapy with preadolescents. *Journal for Specialists in Group Work, 32*(4), 362–382.

Homeyer, L., & Sweeney, D. (2010). *Sandtray: A practical manual* (2nd ed.). New York: Routledge.

Kalff, D. (2003). *Sandplay: A psychotherapeutic approach to the psyche.* Cloverdale, CA: Temenous Press.

Klinger, E. (1971). *Structure and function of fantasy.* New York: Wiley.

Lanyado, M., & Horne, A. (1999). *The handbook of child and adolescent psychotherapy.* London: Routledge.

Lowenfeld, M. (1935). *Play in childhood.* London: MacKeith Press.

Lowenfeld, M. (1950). The nature and use of the Lowenfeld world technique in work with children and adults. *Journal of Psychology, 30,* 325–331.

Lowenfeld, M. (1979). *Understanding children's sandplay: Lowenfeld's world technique.* London: Allen & Udwin.

Wells, H. G. (1911). *Floor games.* London: Frank Palmer.

38

娃娃屋遊戲

簡介

　　最早有紀錄開始使用娃娃屋的是 1550 年代巴伐利亞的 Albert Duke，那是他住家的複製品，用來誇耀他的財富和品味。自從 20 世紀開始，娃娃屋成為典型的遊戲治療玩具，因為兒童發現娃娃屋很好玩，並且可以催化出兒童對家庭生活的觀點（Klem, 1992; Olszerski & Fuson, 1982）。

　　Virginia Axline（1947, 1964）是最早開始討論娃娃屋用來發現家庭動力有效性的遊戲治療師之一。從那時開始，娃娃屋成為引發兒童表達對家庭生活的觀點（Woolgar, 1999）以及幫助兒童修通各種議題和擔憂的有力工具。

原理

　　幼童通常在娃娃屋遊戲中比用口語更能表達他們對家庭生活的想法及感受（滋養或敵意）（Tallandini, 2004）。

描述

年齡

3～10 歲。

材料

目前有許多種娃娃屋，但只有一些適合遊戲治療使用。娃娃屋必須有以下特點：

- 有開放屋頂或開放側邊，可以讓人物和物件自由放進及移出娃娃屋。
- 富吸引力的外觀，顏色要中性，以便也能夠吸引到年幼男孩。
- 可以方便移動到矮桌上使用，且大概是在腰部的高度。
- 要符合現實，房間和人物要符合兒童的真實生活。人物應該要可彎折和可站立。娃娃屋本身要有現代外觀。
- 有足夠的家庭人物和家具。

技術

如果兒童生活在一個以上的家庭，要讓兒童有機會自由在一個或兩個娃娃屋中遊戲，此外也有許多技術可以使用。

娃娃屋遊戲任務

結構式娃娃遊戲評估在 1950 年代非常普遍，近來也有復甦趨勢。在這個技術中，治療師用娃娃屋和娃娃們呈現四個共通、家庭本位的場景（Murray & Woolgar, 1999）。治療師會要求兒童做出和說出在每個場景中，自己的家庭發生了什麼事：

1. 上床時間。「現在是上床時間，請你秀出來這時候你的家庭發生什麼事。」
2. 晚餐時間。
3. 遊戲時間。
4. 打掃時間。

治療師以一種反映式、非指導式的態度傾聽每個場景的故事。

另一個類似的方式是由 Lynn 和 Lynn（1959）發展出來，使用十個場景，包括如廁時間、兒童害怕黑暗、手足為玩具打架等。接下來的兩個技術會呈現更多近期結構式娃娃屋遊戲評估程序的變化類型。

故事起頭

這個技術是對兒童說出一則故事的開端，兒童接著用小型家庭娃娃和娃娃屋家具演出一則故事。娃娃屋故事與兒童真實家庭生活中的家庭關係經研究證實會有所關聯（Warren, Oppenheim, & Emde, 1996）。故事起頭的範例：「這個家庭在吃晚餐，小珍打翻了牛奶，讓我知道接下來會發生什麼事。」另外的故事起頭可能是一個小孩膝蓋受傷、在房間裡看見怪獸、遇到一隻可怕的狗，或媽媽取消了遊戲活動（Warren, Emde, & Soufe, 2000）。這些在結構性遊戲中出現的主題，通常集中在掌握和其他議題，以及兒童無法控制的一些衝突。

日常事件

在這個技術中，治療師呈現給兒童一座娃娃屋以及代表他家人的娃娃人物，邀請兒童秀出並說出家庭中的日常事件（Gil, 1994; Tallandini, 2004）。舉例來說，運用娃娃屋，兒童被要求秀出家庭在以下時候會發生的事：（1）吃飯時間；（2）就寢時間；（3）最悲傷的一天；（4）最開心的一天。遊戲治療師可以從家庭事件的重現中知道許多關於孩子的家庭生活。

兩個房子

　　對兒童展示一些家人娃娃和兩個娃娃屋，然後說：「這裡有兩個房子，讓我們假設這個房子是你家人目前居住的房子，但因為房子有些工事要做，有些家庭成員必須住在另一個房子，你希望誰去住那個房子？還有嗎？」（Kuhli, 1979）

離開家的場景

　　除了家庭場景，治療師可以呈現一些代表教室、病房或法院的玩具道具，並要求兒童使用迷你玩具和人物秀出發生什麼事。

案例說明

- Klem（1992）指出娃娃屋遊戲幫助一位年幼男孩揭露遭受父親和哥哥身體虐待的創傷。娃娃屋遊戲幫助男孩克服虐待過程中產生的無助感和孤立感。
- Walker（1989）提到一個 7 歲女孩在娃娃屋中玩娃娃家庭的經驗。她讓爸爸娃娃將小女孩娃娃放上床，然後爸爸娃娃也進入小孩的床。
- 在 Virginia Axline 的書 *Dibs in Search of Self*（1964）中，一個名叫 Dibs 的小男孩將他的家庭問題透過娃娃屋表現出來。一個特別痛苦的經驗是 Dibs 曾被父母鎖在房間裡。
- Marvasti（2004）描述吉米這個案例，吉米對於妹妹的出生懷有敵意。在第二次單元，他在娃娃屋中放置家庭娃娃。接下來他讓媽媽娃娃買了一隻新的小狗，結果變成家中的關注焦點。他接著讓一隻怪獸從娃娃屋外面進入屋內，並將這隻新來的小狗（象徵妹妹）綁走。

實證發現

1. Trawick-Smith（1990）發現真實的玩具（例如，娃娃家庭和家具 v.s. 非真實玩具——怪獸）對 5 歲以下兒童能刺激出最大量的假裝遊戲。非真實玩具的模稜兩可特性通常會帶出對玩具的探索（「這是什麼？」），而非與物件進行想像遊戲。

2. Murray 和 Woolgar（1999）指出失功能的親子互動經常可以從 4～8 歲兒童的娃娃屋遊戲中反映出來。

3. Beiser（1955）提供兒童各種玩具和遊戲器材，觀察到兒童最常選擇的是玩娃娃屋。她也提到兒童最能夠運用娃娃遊戲來表達對家庭情境的感受。

應用

娃娃屋遊戲對於了解 3～10 歲兒童（特別是 5～8 歲兒童）的家庭生活是一個有效的窗口。它通常運用在父母離婚或分居的孩子，以及與父母或手足有衝突掙扎的孩子。它也可以促進兒童揭露出身體／性虐待、疏忽及家庭暴力（Hodges, Hule, & Hillman, 2003; Klem, 1992）。

參考文獻

Axline, V. (1947). *Play therapy: The inner dynamics of children.* Oxford, UK: Houghton Mifflin.

Axline, V. (1964). *Dibs in search of self.* New York: Houghton Mifflin.

Beiser, H. R. (1955). Play equipment. *American Journal of Orthopsychiatry, 25,* 761–771.

Gil, E. (1994). *Play in family therapy.* New York: Guilford Press.

Hodges, J., Hule, M., & Hillman, S. (2003). Changes in attachment representations over the first year of adoptive placement: Narratives of maltreated children. *Clinical Child Psychology and Psychiatry, 8(3),* 351–367.

Klem, R. (1992). The use of the dollhouse as an effective disclosure technique. *International Journal of Play Therapy, 1*(1), 69–78.

Kuhli, L. (1979). The use of two houses in play therapy. *American Journal of Orthopsychiatry, 49*(3), 431–435.

Lynn, B., & Lynn, R. (1959). The structured doll house play test. *Journal of Projective Techniques, 23*, 335–344.

Marvasti, J. A. (Ed.). (2004). *Psychiatric treatment of victims and survivors of sexual trauma.* Springfield, IL: Charles C. Thomas.

Murray, L., & Woolgar, M. (1999). Children's social representations in dolls' house play and theory of mind tasks and their relation to family adversity and child disturbance. *Social Development, 8*(2), 179–200.

Olszewski, P., & Fuson, K. (1982). Verbally expressed fantasy play of preschoolers as a function of toy structure. *Developmental Psychology, 18*(1), 57–61.

Semrud-Clikeman, M. (1995). *Child and adolescent therapy.* Boston: Allyn & Bacon.

Tallandini, M. (2004). Aggressive behavior in children's dolls' house play. *Aggressive Behavior, 30*, 504–519.

Trawick-Smith, J. (1990). The effects of realistic versus non-realistic play materials on young children' symbolic transformation of objects. *Journal of Research in Childhood Education, 3*(1), 27–36.

Walker, C. (1989). Use of art and play therapy in pediatric oncology. *Journal of Pediatric Oncology, 6*(4), 121–126.

Warren, S., Emde, R., & Soufe, A. (2000). Internal representations predicting anxiety from children's play narratives. *Journal of the American Academy of Child and Adolescent Psychiatry, 39*(1), 100–124.

Warren, S., Oppenheim, D., & Emde, R. (1996). Can emotions and themes in children's play predict behavior problems? *Journal of the American Academy of Child and Adolescent Psychiatry, 35*, 1331–1337.

Woolgar, M. (1999). Projective doll play methodologies for preschool play. *Child Psychology and Psychiatry, 4*(3), 126–134.

39

適應娃娃遊戲

簡介

娃娃遊戲幾十年來一直是廣受兒童喜愛的假裝遊戲。3 歲兒童就已經會使用簡單、擬真的娃娃來演出家庭角色和情境。適應娃娃遊戲是一個特殊的娃娃遊戲技術，由治療師或父母運用迷你娃娃屋物件和家具來複製兒童正在經歷的壓力狀況，並且示範一種更適應的處理方式。

原理

這個技術被用來對在家庭中有行為問題的兒童示範有效的問題解決方式。用迷你娃娃和物件玩，可以讓兒童用可以掌控的方式來處理問題。根據 Bandura（1971）指出，幼童的主要學習方式就是透過觀察學習（也就是觀察他人的行為）。這種學習方式不需要增強，只需要有人或事物可以示範出想要的行為（例如父母、老師、治療師、同儕或娃娃）。

描述

年齡

3～7 歲。

材料

迷你娃娃家庭和娃娃屋家具。可能會用到一間娃娃屋，但非絕對必要。

技術

這是一個指導性的技術（Brennan, 1990, 2001; Danger, 2003; Lynn & Lynn, 1959），一開始由治療師或父母設定一個相關聯的情節開始說故事，並實際用迷你娃娃和娃娃屋家具演出。代表孩子的這個娃娃必須和個案有相似的年齡和性別，也有相似的行為問題。這個技術牽涉到治療師必須藉由迷你娃娃家庭和娃娃屋家具來重新演出兒童在家庭中的一個困難情境。治療師使用道具來為兒童示範出更正向的處理方法（例如，父母分居、夜間獨睡、手足分享玩具）。為了達到最好的結果，更適應的行為應該要重複四到五次以鞏固學習。這個重演畫面可以給兒童一個更正向的圖像，也比口語更容易記住。

實證發現

適應娃娃遊戲技術還需要進一步的實證研究。

應用

除了促進兒童的自我表達，這個技術還可以用來展現一則故事，以示範更正向的方式來因應兒童常見的困難，例如，睡眠問題、分離焦慮（Danger, 2003）、同儕衝突解決（Chittenden, 1942），以及雙親分居／離婚壓力。

參考文獻

Bandura, A. (1971). *Psychological modeling*. New York: Lieber-Antheton.

Brennan, C. A. (1990). Parent adaptive doll play with children experiencing parental separation/divorce. *Dissertation Abstracts International*, *51*, 4022.

Brennan, C. A. (2001). The parent adaptive doll play technique. In C. E. Schaefer & H. G. Kaduson (Eds.), *101 more favorite play therapy techniques* (pp. 294–298). Northvale, NJ: Jason Aronson.

Chittenden, G. B. (1942). An experimental study in measuring and modifying assertive behavior in young children. *Monograph of the Society for Research in Child Development*, *7*(1, Serial No. 31).

Danger, S. (2003). Adaptive doll play: Helping children cope with change. *International Journal of Play Therapy*, *12*(1), 105–116.

Lynn, D., & Lynn, R. (1959). The structured doll play test as a projective technique for use with children. *Journal of Projective Techniques*, *23*(3), 335–344.

40

灌木叢幻想技術

簡介

　　灌木叢幻想技術是一個投射繪畫活動，由 John Stevens 在 1971 年發明。這個技術可以讓個案將感覺、需要和經驗投射到灌木叢，與灌木叢合而為一，以及重新擁有浮出覺察的部分自我。這可以幫助個人與不愉快／失去連結的經驗或生活層面重新連結。

　　Violet Oaklander（1978, 1997），一位完形兒童治療師，改編這個活動來幫助兒童和青少年用不受威脅的方式表達卡住的感覺、想法和需要。這個技術對個人、家庭和團體都有幫助。

原理

　　這個活動融入了引導式心像、幻想和隱喻想法這三種有效遊戲治療的療效因素。運用灌木叢的隱喻，這個活動讓兒童得以用一種安全、有偽裝的方式表達害怕、問題、渴望、需要和想法。除此之外，Oaklander（1997）發現當兒童有機會去觀看和處理屬於生命中的隱喻層面，他們可以獲得更強的自我感。

　　灌木叢幻想技術提供許多治療上的好處，包括：

- **溝通**：灌木叢技術提供兒童用一種有創意且好玩的方式去表達意識及潛意識願望、衝突、害怕和幻想。這提供治療師在建立治療目標方面有效的訊息。

- **具體化**：灌木叢繪畫經常是兒童的內在世界和情緒生活層面的化身，因此可以用一種有偽裝的方式來加以處理。它提供遊戲治療師通往兒童內在世界的途徑，並且促進治療師進一步了解兒童的困難和需要。

- **創意思考**：灌木叢隱喻可以鼓勵彈性思考、用新想法遊戲的能力，並且增加對個人問題和感受的領悟。除此之外，為灌木叢想點子和解決方式可以幫助兒童發現自身生活困難的解決方式。

- **幻想**：Oaklander（1997）指出灌木叢技術中的引導式幻想和心像可以幫助兒童表達卡住的情緒和需要。她寫道：「使用幻想可以提供了解兒童內在生活的一座橋梁，兒童接下來就可以看看它、檢視它，然後等準備好了，就可以擁有它。」（p. 11）

- **隱喻式思考**：灌木叢這個隱喻其實代表著兒童，這使它成為一種很有力量的治療技術。了解灌木叢意味著了解兒童的潛意識感受和困難。Oaklander（1997）認為當兒童「擁有」灌木叢隱喻的某些層面，他的自我會強化，因為那代表著他生活中失去連結的層面。

描述

年齡

10～16 歲。

技術

灌木叢技術包括五個步驟：

1. 引導兒童閉上眼睛並且想像自己是灌木叢。
2. 請兒童描述身體和地理特徵，例如大小；形狀；是否有根、莖或花；花的顏色；位在哪裡；旁邊有什麼；以及由誰來照顧。
3. 請兒童畫出灌木叢以及他希望出現在畫中的任何東西。
4. 請兒童告訴治療師有關灌木叢繪畫的故事。
5. 詢問兒童灌木叢的特徵和故事是否讓他聯想到自身生活的任何層面。

案例說明

　　Ray、Perkins 和 Oden（2004）將灌木叢幻想技術用在三個五年級學生身上。他們對於這些學生繪畫的描述及詮釋說明了這個技術在觸及兒童的現象經驗方面的用處。對於羅傑這位患有情緒困擾及語言障礙的五年級學生的描述，他們提供了一個鮮明的例子。他們寫道：

　　羅傑進入目前的小學，因為他的父親威脅要到原來的學校綁架他。他和一個表兄弟一起住，而且非常清楚他的父親威脅要綁架他。在學校，羅傑嘗試讓週圍的人開心。在進行灌木叢幻想技術時，羅傑描述他的灌木叢是彩色的，而且總是感到疲累。他這麼描述：「我的樹莖吸收了水，因此可以生存。樹枝與樹莖及樹幹連結，他們可以幫助我從泥土裡吸取水分。」羅傑說他身上沒有任何刺，因此無法保護自己。當諮商師詢問他對身上沒有刺有什麼感覺，羅傑回應：「一點都不好。如果有任何東西把我挖起來，我沒有刺的話就會死掉。如果我有刺的話，我可能可以傷害某些人。」羅傑進一步指出，當有人要干擾他，他請他們停止但他們持續干擾，並且不聽他的話時，他的灌木

叢則會性情乖戾。再者，當他要求別人停止而別人照做時，他會覺得開心。當詢問他想要如何改變他的畫畫時，羅傑回應：「我想要畫兩棵有刺的灌木叢，這樣它們可以保護我。我也可以在自己的灌木叢上加刺。我不喜歡獨自生活。」（pp. 4-5）

實證發現

1. Allan 和 Crandall（1986）發展灌木叢視覺化策略來測試灌木叢幻想技術的正確性。在這個研究中，三個學校諮商師使用灌木叢繪畫來區別適應與不適應的兒童，正確性達到 80%。適應兒童的圖畫（視覺心像）以及用來描述灌木叢的文字（隱喻陳述）反映出情緒上的健康。那些不適應的兒童則顯示出內在混亂。

2. Glazer（1998）研究接受悲傷治療方案前後灌木叢繪畫的差異。研究結果顯示，在接受悲傷諮商方案之後的繪畫中有正向改變。具體來說，諮商之後的繪畫有更多的連結和組織。

應用

灌木叢技術的投射本質對於因痛苦經驗而難以表達情緒的兒童是一個很好的工具。它讓憂鬱、焦慮兒童以及遭受早期失落或創傷的兒童得以用一種沒有威脅的方式來表達感受和需要。灌木叢技術可以運用在任何一個兒童，只要他可以了解指導方式並畫出灌木叢。然而，Ray 等人（2004）指出幼童通常難以將繪畫和真實生活進行連結，因為所需要的抽象推理能力還沒有發展出來。

參考文獻

Allan, J., & Crandall, J. (1986). The rosebush: A visualization strategy. *Elementary School Guidance and Counseling, 21*, 44–51.

Glazer, H. (1998). Expressions of children's grief: A qualitative study. *International Journal of Play Therapy, 7*(2), 51–65.

Oaklander, V. (1978). *Windows to our children: A Gestalt therapy approach to children and adolescents.* Highland, NY: Gestalt Journal Press.

Oaklander, V. (1997). The rosebush. In H. G. Kaduson & C. E. Schaefer (Eds.), *101 favorite play therapy techniques* (pp. 11–13). Northvale, NJ: Jason Aronson.

Ray, D. C., Perkins, S. R., & Oden, K. (2004). Rosebush fantasy technique with elementary school students. *Professional School Counseling, 7*(4), 277–282.

Stevens, J. O. (1971). *Awareness: Exploring, experimenting, expressing.* Moab, UT: Real People Press.

41

家庭關係技術

簡介

家庭關係技術發展至今已超過 50 年，是由精神科醫師 Eva Bene 和心理學家 James Anthony 最早發展出來，作為一種投射技術，以評估兒童對家庭關係的觀點（Bene & Anthony, 1957）。至今它仍是相當受歡迎的臨床技術。

原理

兒童的家庭關係品質對兒童的自我感、安全依附發展、自尊和心理福祉有重大影響。通常，幼童不容易用口語表達出對家庭成員的正向或負向感覺。由於這個技術不需要口語，它可以促進情緒表達並增進領悟，進一步為家庭關係帶來更有效的問題解決和改善。在一開始及治療過程中使用這個技術評估兒童對家庭成員的知覺，可以為治療計畫提供豐富的訊息。

描述

年齡

3～17 歲。

材料

　　大約 5～10 個迷你玩具郵筒。另外還需要有 25～75 片小紙條當作郵筒中的「信件」。

技術

　　將那些郵筒放在兒童面前的桌子上，每一位家庭成員分配一個，包括兒童自己，還有一個標示「不知名先生」，可以放不屬任何家庭成員的信件。信件中包含幾張小紙條，寫有簡單明確的陳述，內容是這個年齡層的兒童對家庭成員可能會有的正向及負向想法。你可以為兒童準備的描述如下：

　　「愛我。」

　　「和我一起玩。」

　　「打我。」

　　「恨我。」

　　「對我吼叫。」

　　「我想要抱的人。」

　　「嘲笑我。」

　　「讓我害怕。」

　　「保護我。」

　　「寵我。」

閱讀每一張紙條，告訴兒童將最能描述兒童對某位家庭成員感受的紙條放入該家庭成員的郵筒中。每位家庭成員的郵筒前面都有一張寫上名字的小卡片。治療師可透過觀看這些描述來更了解兒童的家庭關係，及其與兒童主述問題的相關性。

變化技術

1. 郵筒方法可以用來幫助兒童傳達訊息給失去或相距遙遠的人（失落工作）、給過去或未來的自己，或將訊息傳達給那些難以直接對他表達的人。

2. Bow（1988）發展一個名為「家庭字句聯想遊戲」的方法。在這個遊戲中，兒童被要求畫出每個家庭成員一起做某件事的圖畫。接下來治療師給兒童一疊含有正向或負向個人屬性的卡片（例如漂亮、有趣、保護性、小氣、掌控、容易抓狂、經常不在、我最像……、愛哭）。兒童被要求將卡片放在最適合那個描述的人前面。如果卡片不能被歸類到家庭中的某個人，可以放到「不知名」那堆中（不要超過十張）。兒童可以增加自己做的卡片到之前做好的卡片中。卡片的歸類會由治療師加以記錄，並在後續與兒童進行討論，以便更完整了解兒童如何看待家庭關係。

3. Surkin（2001）改編家庭遊戲，要求兒童先完成 KFD，接著將彩色索引卡（3×5 英寸）將特別的歸類放在每一個家庭成員。正向和負向的描述都要有，包括「最悲傷」、「和他玩最有趣」和「哭很多」。兒童被邀請加入他自己選擇的額外的卡片。

實證發現

家庭關係技術還需要進一步的實證研究。

應用

　　家庭關係技術和變化技術是對兒童親善的方式，可以促進兒童的自我表達和領悟。關於兒童的想法、感受、未滿足的需要以及家庭動力、同盟及其他議題，它們可以提供治療師非常有價值的資訊。家庭關係技術可以運用於每個兒童，但特別適用於有家庭關係問題、手足或親子衝突，以及有父母分居或離婚議題的兒童。

參考文獻

Bene, E., & Anthony, E. J. (1957). *Manual for the Family Relations Test*. Slough, UK: National Foundation for Educational Research in England and Wales.

Bow, J. (1988). Treating resistant children. *Child and Adolescent Social Work*, 5, 3–15.

Surkin, E. (2001). Variation of the family attribute game. In H. G. Kaduson & C. E. Schaefer (Eds.), *101 more favorite play therapy techniques* (pp. 337–339). Northvale, NJ: Jason Aronson.

42

憂慮娃娃

憂慮絕不會化解明天的不幸，只會奪走今天的快樂。

——Leo Buscaglia

簡介

憂慮娃娃是身穿馬雅族彩色衣飾的手作迷你娃娃。用鐵線、衣物和毛線製作，瓜地馬拉人的憂慮娃娃通常介於 0.5 英寸到 2 英寸高，通常放在衣物小袋或木製盒子裡，一套六到八個。根據馬雅族傳說，土著用憂慮娃娃來解除兒童睡眠時間的憂慮已有幾世紀之久。當兒童無法入眠，他就把自己的憂慮一一指定給某個憂慮娃娃，然後將它們放在枕頭下或是它們的小袋或盒子裡面。這些憂慮娃娃會接管兒童的憂慮，讓兒童好眠。

原理

憂慮娃娃很迷你、有色彩而且很獨特。幼童會被憂慮娃娃的傳奇故事迷住，而且它們的外觀讓它們顯得有趣、吸引人。這個特性讓憂慮娃娃在遊戲治療中成為對 4 歲以上兒童很有用的技術。療效助益包括：

- **治療關係**：憂慮娃娃很吸引人，因此可以作為破冰工具，教導兒童任

何人（即使是其他國家的人，例如瓜地馬拉）都會有憂慮。這個過程讓兒童得以用一種好玩、不帶威脅的方式確認他的憂慮，並且幫助治療師建立治療關係及信任感。

- **溝通**：憂慮娃娃可以促進憂慮和其他負向感受的表達及分享，舉例來說，針對從癌症倖存的兒童們（U.C. Davis Health System, n.d.），憂慮娃娃可以被描述成「一個特別的朋友」，他們可以一起分享情緒的痛苦。此外，其中一位兒童提到她「再也不需要對憂慮娃娃說自己的憂慮，因為它已經都知道了」。

- **掌握感**：兒童在製作憂慮娃娃時通常會全神貫注。這個過程可以讓他們對不想要的感受有勝任感、效能感和掌握感，並且可以降低焦慮及增加自尊。Gettins（2014）推薦憂慮娃娃可以運用在遭受家庭暴力的兒童團體工作上。她利用《憂慮的大包包》（*The Huge Bag of Worries*）一書（Ironside, 2012）與憂慮娃娃結合運用來教導兒童甩開憂慮、探索情緒、分享經驗及發展因應技巧的重要性。

- **外化**：憂慮娃娃提供一個客體讓兒童可以將憂慮放上去。這會讓兒童從焦慮中獲得自由。兒童製作好自己的憂慮娃娃之後，可以將它們帶回家，並且在焦慮發生時隨時使用，諸如準備考試、即將分離，以及當作一種睡前儀式。關於最後一項，父母可以在半夜將憂慮娃娃帶走，以增強兒童憂慮已經遠離的想法。一個櫃子、盒子或小袋子都有助於增強兒童憂慮已經消失的信念。

描述

年齡

4 歲以上。

材料

一套憂慮娃娃。

技術

　　在遊戲治療單元中，與兒童討論他想要擺脫的一些憂慮。接下來請兒童將每一個憂慮分派給一個憂慮娃娃。請兒童將娃娃放在盒子或袋子裡，然後將它們放在治療室一個星期。這些娃娃在接下來的幾次單元會一一被拿出來討論如何解決這些憂慮。可以使用真正的瓜地馬拉娃娃，或由兒童運用不同材料創造個人化的憂慮娃娃。材料可以是毛根、毛線、布、衣夾、黏土、彩色黏土、卡片和各種顏色的馬克筆。大一點的兒童、青少年或是對娃娃沒興趣的個人可能在分享憂慮時會比較喜歡運用石頭、串珠、大理石、代幣、心形物，或是使用上述材料製作的物品。

變化技術

憂慮牆

　　和憂慮娃娃一樣，憂慮牆技術幫助兒童外化他們的憂慮。在這個技術中，兒童寫下或畫一幅有關憂慮的畫，然後將它黏在牆上。大的憂慮放在牆的高處，而較小的憂慮則放在牆腳底部的地方。兒童可以在一次次的單元中移動它們，取決於這些憂慮影響他們的程度（Pomeroy & Garcia, 2009）。治療師可以建議每一個憂慮需要一個正向的想法來取代，接下來兒童就可以創造另一面牆——樂觀牆。兒童會在樂觀牆上放兩個正向想法，以對應憂慮牆上的每一個憂慮。

憂慮罐子

　　在這個技術中（Jones, 1997），兒童在色紙上畫下或寫下「害怕的事

情」，然後將這些色紙黏在有蓋子的罐子上。接著在蓋子上做一個投幣口，然後將他們的憂慮紙張或繪畫投入。衛生紙盒或鞋盒裝飾成「憂慮盒子」，也可以達到同樣的目的。治療師和兒童接著會討論如何解決這些憂慮。

憂慮石頭

　　這個活動適合 3～12 歲兒童，可用在個人、團體或家庭。治療師和兒童坐在房間中央一張大型、中性顏色的紙張週圍。在牆邊石頭被分成三堆──小、中、大。治療師解釋這些是憂慮石頭，並且強調分享憂慮會讓它們變小。接著兒童開始選擇需要的石頭數量，以代表他們心中憂慮的大小和程度。他們將石頭放在紙上，治療師先開始分享自己的一個憂慮，然後換兒童分享，直到所有的石頭都被討論過為止（Anastasia，2003）。

憂慮時間

　　這個運用在較大兒童及青少年的憂慮時間技術有三個步驟。首先，設定一個特殊時間、地點和時間長度（例如 15～20 分鐘）來憂慮。必須設定在白天的固定時間，而且不要靠近就寢時間。下一步，將憂慮寫在隨身攜帶的筆記本上面，並將憂慮延後到憂慮時間再來憂慮。最後一步，在設定的憂慮時間回想你的憂慮。

憤怒表達

　　針對難以控制憤怒的孩子之變化技術是請他們將令他們憤怒而且想釋放的事情寫下來。這種寫出來或畫出來的方式可以幫助他們用一個更安全的方法將憤怒找出來並加以釋放。

實證發現

　　Eesenberger、Lieberman 和 Williams（2003）指出，將問題用言語表達有助於減緩情緒痛苦。研究者使用功能性核磁共振掃描個人在玩虛擬丟球遊戲時的腦部狀況，然後透過電腦程式引出受排擠／社會拒絕的經驗。社會拒絕激活了前扣帶迴皮質──這個區域在身體遭受疼痛時也會亮起來。前扣帶迴皮質活性較低且苦惱感較少的參與者，他們的語言形成及想法口語化相關區域（右腹側前額葉皮質）活性較高。作者們的結論是，將情緒口語化可以活化前額葉，進而抑制腦部與情緒痛苦相關的區域。

應用

　　憂慮娃娃對過度焦慮和恐懼的兒童有特別效果，對於因焦慮想法而失眠的兒童也有效果。它們有助於討論任何類型的憂慮、問題或負面情緒，可以運用在個人、團體或家庭諮商。我們通常將憂慮娃娃運用在治療單元的結束儀式，透過引導兒童「由憂慮娃娃帶走憂慮」，他們就有機會表達出在單元中尚未分享的任何擔心。這通常會對接下來的單元及治療計畫帶出重要的訊息，父母也提到焦慮的孩子在離開遊戲室時覺得比較輕鬆。

參考文獻

Anastasia, J. (2003). Worry stones. In H. G. Kaduson & C. E. Schaefer (Eds.), *101 favorite play therapy techniques* (Vol. 3, pp. 373–378). Lanham, MD: Jason Aronson.

Eisenberger, N. I., Lieberman, M. D., & Williams, K. D. (2003). Does rejection hurt?: A study of social exclusion. *Science, 302,* 290–292.

Gettins, T. (2014). Therapeutic play as an intervention for children exposed to domestic violence. In E. Prendiville & J. Howard (Eds.), *Play therapy today: Contemporary practice with individuals, groups and careers* (pp. 64–78). London: Routledge.

Ironside, V. (2012). *The huge bag of worries.* London: Hachette.

Jones, D. S. (1997). The worry can technique. In H. G. Kaduson & C. E. Schaefer (Eds.), *101 favorite play therapy techniques* (pp. 254–256). Northvale, NJ: Jason Aronson.

Pomeroy, E., & Garcia, R. (2009). *The grief assessment and intervention workbook: A strengths perspective (death and dying/grief and loss).* Belmont, CA: Brooks/Cole.

U.C. Davis Health System. (n.d.). Worry dolls, posters, masks, and mandalas help kids cope with cancer. Retrieved from *www.ucdmc.ucdavis.edu/welcome/features/20080716_cancer_coping.*

43

茶派對遊戲

簡介

幼童對茶派對感到興奮。在真實生活中，派對是人們為慶祝節日、生日、里程碑和成就而聚在一起的方式。然而，在遊戲的假裝世界中，派對可以在任何時間、為任何理由來舉行。假裝的遊戲派對對兒童和治療師雙方都是一件樂事，可促進溝通和人際親密。

原理

茶派對許多療效助益，包括：

- 茶派對可以幫助治療師在遊戲治療的早期階段發展與兒童的治療關係。
- 茶派對可以讓兒童感到特別和重要，有助於提升他們的自尊。
- 茶派對提供兒童一些機會來學習和練習重要的社交技巧，例如分享、輪流、開啟對話、傾聽他人以及良好的禮貌。
- 茶派對創造遊戲室內的滋養感。

描述

年齡

4～8 歲。

材料

　　茶派對組合（兒童尺寸的塑膠茶杯、茶托、茶盤、茶壺）、水、健康零食、兒童尺寸的桌椅。

技術

　　「茶派對」是一個兒童玩了多年的經典遊戲。在茶派對裡，治療師詢問兒童想邀請哪些客人（例如父母、手足、朋友）來他的茶派對。接下來兒童可以從家裡或遊戲治療室中選擇娃娃、絨毛動物或玩偶來代表受邀者，並將它們放在茶派對桌旁邊。治療師請兒童介紹客人，並且說一些有關他們的事情。接著派對開始，治療師和兒童輪流倒飲料、分享餅乾，並且跟受邀客人說話。

變化技術

慶祝派對

　　透過舉辦驚喜派對來慶祝兒童達成治療目標，治療師可以確認並增強兒童在遊戲治療中的進步。派對帽、餐巾、贈品、招待可以增加歡樂。在兒童治療成功結案之際，另一個派對可以接著舉行。

實證發現

　　茶派對遊戲需要進一步的實證研究。

應用

　　茶派對是讓兒童投入治療的絕佳方式，可以幫助他們在一開始治療時感到受歡迎和自在。對於抗拒或或不情願前來治療的兒童，派對特別有助於建立治療關係。慶祝派對有助於增強兒童在治療中的成就，也可以提升他們達成治療額外目標的動機。

第六部分

競賽遊戲技術

44

溝通競賽遊戲

在一小時的遊戲裡，對一個人的認識比一年的對話裡還多。

——Plato

簡介

　　競賽遊戲是一種互動的活動，由一位或多位遊戲者根據一套定義遊戲內容的規則，進行競爭或合作（Denzen, 1975）。桌遊則是一種根據一套規則要移動物件或將物件放置於棋盤上的競賽遊戲。大部分文化自古以來就有桌遊，在最古老的文明裡面，桌遊甚至比文字更早出現。過去 30 年來，發展使用於兒童心理治療的各種桌遊已顯著增加。有設計用來提升兒童自尊心、自我控制、壓力管理、溝通技術的各種桌遊，還有幫助了解各式各樣兒童所遇問題（例如離婚、死亡、霸凌）的桌遊。

　　溝通桌遊設計之目的是為幫助兒童揭露出一些已知和未知的自我面向。這些投射能呈現出各種問題，及治療師原本關注焦點之外的、值得關注的額外問題。這使治療師獲得關於孩童的豐富資訊。各種發現顯示，溝通競賽遊戲對個人、家庭和團體治療都很有用。

原理

　　溝通競賽遊戲的主要治療效益是，這些競賽遊戲使遊戲者容易表達自己。競賽遊戲的假裝、「彷彿……」特質以及玩遊戲帶來的樂趣，能營造一種不具威脅性的氣氛，使兒童和青少年有「打開話匣子」的效果。此外，回答印在卡片上的問題這種非個人的特性，使各種年齡的遊戲者都能保持足夠的心理距離，讓他們能揭露深層的想法和感覺。這些揭露出來的訊息可作為後續與治療師討論如何治療的出發點（Schaefer & Reid, 2001）。透過競賽遊戲所誘發的溝通類型包括表達幻想和潛意識裡的材料，以及揭露有意識的感覺、想法和願望。

描述

年齡

6 歲以上。

技術

說話、感覺、行動競賽遊戲

　　由兒童精神科醫師 Richard Gardner（1973, 2001）所發展出的說話、感覺、行動競賽遊戲（Talking, Feeling, Doing Game）是第一個出版的治療性溝通競賽遊戲，目前仍然是兒童治療師最廣泛使用的工具之一，以幫助兒童在治療中表達自己。這個經典遊戲為兒童提供足夠的心理距離，使他們能輕鬆自在的揭露出自己潛藏的想法和感覺。

　　競賽遊戲裡的卡片要求遊戲者回答一些關於想法、感覺或做法的問題。例如，一張「說話」卡片可能寫著：「假裝有件可怕的事情正發生。現在正發生

什麼事？」如果遊戲者按卡片上的要求去做，他們就會得到一個遊戲幣。此競賽遊戲的目標是盡可能得到最多的遊戲幣。治療師對卡片上所列之問題的回應能幫助修正兒童所做出的適應不良回應。

此遊戲已證明適合 6～12 歲學齡兒童之發展，且對他們很有幫助，可在治療一開始的幾個單元當作破冰遊戲來玩，甚至可用來使最抗拒和羞怯的兒童參與遊戲，變得更敞開心扉，進而揭露自己的想法和感覺（Fried, 1992）。

The Ungame

The Ungame 由 Rhea Zakich（1979）發明，是全球最受歡迎的溝通競賽遊戲，每年銷售量超過 400 萬份（www.Rheazakich.com）。這個競賽遊戲能發展多種溝通技術，包括積極聆聽、清晰表達自己的想法和感覺、輪流發言、理解別人的想法和感覺，以及在別人說話時保持安靜。

這個競賽遊戲可回溯到 1972 年，當時 Rhea Zakich 是一位年輕的母親，住在美國加州加登市（Garden City），在醫生發現她的聲帶上長了肉瘤之後，她被迫好幾個月不能說話。雖然她事後完全康復，但長時間無法說話的經驗使她覺得自己與丈夫和兩個學齡兒子在情感上已疏遠。她發覺，雖然他們現在聚在一起說話，卻沒有真正在溝通，彼此間沒有交流。為了補救這種情況，她決定將一些她想問家人的問題寫在卡片上。有些問題很輕鬆，比如：「你閒暇時喜歡做什麼？」有些問題既嚴肅又涉及個人私密：「如果你能重活一次，你想改變什麼？」「你覺得 100 年以後的生活會變得如何？」「你生命中四件最重要的事是什麼？」「你擁有的東西裡，最珍貴的是什麼？」「你希望能從父母得到更多什麼？」

這個暢銷遊戲有許多不同的版本，有適合所有年齡的完整版桌遊，也有適合 5～12 歲兒童、青少年、夫妻伴侶、家庭和老人的各種口袋卡片版。治療師可在第一次會面時使用它當作破冰遊戲，或用來使家庭成員就想法、感受和價值觀進行嚴肅交流。

實證發現

溝通競賽遊戲技術仍需實證研究。

應用

溝通桌遊是一個極度有效的遊戲，使兒童、青少年和成人個案能更容易並更快自我揭露。這遊戲亦能在個人治療中建立治療關係，並在團體和家庭治療中建立彼此的凝聚力和連結感。

參考文獻

Denzen, N. (1975). Play, games, and interaction. *Sociological Quarterly, 16,* 468–478.

Fried, S. (1992). Chess: A psychoanalytic tool in the treatment of children. *International Journal of Play Therapy, 1,* 43–51.

Gardner, R. A. (1973). *The talking, feeling, and doing game.* Cresskill, NJ: Creative Therapeutics.

Gardner, R. A. (2001). The taking, feeling, and doing game. In C. E. Schaefer & S. Reid (Eds.), *Game play: Therapeutic use of childhood games* (2nd ed., pp. 78–105). New York: Wiley.

Schaefer, C. E., & Reid, S. (2001). *Game play: Therapeutic use of childhood games* (2nd ed.). New York: Wiley.

Zakich, R. (1979). *Everybody wins: The story behind the ungame.* Carol Stream, IL: Tyndale House.

45

自我控制競賽遊戲

勝人者有力，自勝者強。

——老子

簡介

　　有許多競賽遊戲已被研發出來用以提升自我控制和改善執行功能（execu-tive functioning）。執行功能包括以下的能力，例如，抑制行為：不衝動行事；事先規劃：展望未來，並設定目標來引導自己的行動；工作記憶：記住完成某個任務或活動所需的資訊（Yeager & Yeager, 2009）。以下將簡要描述這些簡單且大家熟悉的競賽遊戲。

原理

　　經由刻意重複抑制自己衝動的回應和肢體動作一段時間後，兒童能強化自己的執行功能能力。

描述

年齡

3～12 歲。

技術

老師說

　　自羅馬時期以來，全世界的兒童都喜歡玩「老師說」（Simon Says）這個遊戲。在這個遊戲裡，只有作鬼的人說「老師說……」時，其他孩子才可以遵從他的命令。也就是說，若命令前面有「老師說……」時，其他人就必須遵從他的命令；若命令前面沒有「老師說……」時，就不必遵從這個命令。沒做到這些事的人就出局。例如，作鬼的人說：「老師說……，摸腳趾頭！」「老師說……，舉起雙臂！」「老師說……放下雙臂！」「舉起雙臂！」最後一個命令就不必遵從。

　　這個競賽遊戲的原理是，它加強專注力、記憶力、抑制個人衝動行為的能力，並管理挫折沮喪的情緒。心理學研究發現，「老師說」這類自我調控（self-regulation）遊戲是幫助 8～12 歲兒童改善自我控制和抑制衝動行為的一種既簡單又有效的方式（Strommen, 1973）。

　　另一個類似「老師說」的簡單遊戲叫作「唱反調」（Head to Toes），它要求幼兒做與命令相反的動作（例如，如果命令是「摸頭」，就要去摸腳趾；如果命令是「摸肩膀」，就要去摸膝蓋）。這個自我調控遊戲需要結合專注力、抑制力和記憶技術，已發現它能增加學齡前兒童的自我調控能力（Ponitz & McClelland, 2008）。

紅綠燈

　　另一個類似「老師說」的遊戲是「紅綠燈」。在這個競賽遊戲裡，聽到作鬼的人說「綠燈！」（或舉起一個綠燈牌子時），孩子們可以走動；若聽到「紅燈！」就不能動。這個自我控制遊戲特別適合有注意力不足過動症和控制衝動問題的兒童。Tominey 和 McClelland（2011）指出，「紅紫燈」競賽遊戲對自我調控能力很弱的學齡前兒童的確有改善的效果。「紅紫燈」競賽遊戲是根據「紅綠燈」競賽遊戲的概念發展出來的。然而，在這個遊戲裡，作鬼的人以不相關的顏色，比如橘色和紫色，來指定「走」和「停」的命令。

123 木頭人

　　作鬼的人是木頭人，其他人可以在他旁邊自由走動，可是當木頭人一說出「123 木頭人」時，其他人無論正在做什麼動作，都不能再動。這時鬼輪流走到每一個人面前，在不能碰觸對方的情況下想辦法使對方笑出來（比如做出愚蠢的表情或發出奇怪的聲音）。第一個笑出來的人就變成下一個鬼（VanFleet, 2001）。

　　還有一種玩法是播放音樂，音樂一停時，所有的孩子都不能動。另一個玩法則是讓孩子們像個衛兵一樣站著，完全靜止不動，或叫他們躺在地板上不要動，如果動的話就出局。維持到最後都不動的孩子是贏家。

慢動作

　　要一個孩子用盡可能緩慢的速度去做一件事，並且用碼錶測量，比如要他寫出自己的全名。規則是，孩子的鉛筆不可以離開紙，而且鉛筆不可以停止移動。目標是打破之前保持的慢動作紀錄。

疊疊樂

　　對有注意力不足過動症的兒童而言，疊疊樂（Jenga）是一個很棒的競賽遊戲。它要求遊戲者要慢慢來，集中精神，好能從一堆疊好的積木中慢慢抽一塊積木出來，同時不可使已堆好的積木倒塌。這遊戲亦提供治療師去進行討論，當事情發展不如意時（例如積木倒塌），該如何處理失望或挫折的情緒。

動手術遊戲

　　動手術遊戲（Operation）（譯註：台灣有類似的遊戲，稱為「瘋狂的醫生」）是一種桌遊，至今五十多年前就發明出來，是一種訓練精細動作技巧（fine motor skill）和自我控制的遊戲。這競賽遊戲有一個「手術檯」，上面畫著一個卡通病人的圖案，病人的鼻子有一個大紅燈。遊戲者要用一個鑷子小心將假的生病器官取出，同時不可碰到裝著生病器官的洞口邊緣。如果碰到洞口的邊緣，鼻子的紅燈就會亮起，發出警告聲。

實證發現

1. Halperin、Marks、Bedard 和 Chacko（2013）指出，有注意力不足過動症的學齡前兒童之父母學會每天和孩子玩 30～45 分鐘的自我控制遊戲（例如「老師說」）超過八星期以上時，孩子的注意力不足過動症嚴重程度有明顯改善，而且三個月後效果還持續著。

2. Manuilenko（1948）發現，3～7 歲兒童和玩伴在一個房間裡玩「站衛兵」遊戲時，比自己一個人時能夠不動的站得更久。這應該是玩伴在「監督」這個衛兵的表現所導致的結果。

應用

　　學齡前兒童和學齡兒童能從自我控制競賽遊戲中獲益匪淺，因為這些遊戲以一種輕鬆愉快的方式教導各種技巧。這些競賽遊戲對患有注意力不足過動症和有控制憤怒情緒這方面問題的兒童特別有幫助。有控制衝動問題的兒童在發展出自我調控能力之前，通常需要外來的提示來發展執行功能。訓練有控制衝動問題兒童的父母在家和孩子玩這些控制遊戲，能加強孩子的執行功能、提升自尊心，並培養親密的親子關係。

參考文獻

Halperin, J., Marks, D., Bedard, A., & Chacko, A. (2013). Training executive, attention, and motor skills: A proof-of-concept study in preschool children with ADHD. *Journal of Attention Disorders*, *17*(8), 711–721.

Manuilenko, Z. (1948). The development of voluntary behavior in preschoolers. *Izvestiya APN RSFSR*, *14*, 43–51.

Ponitz, C., & McClelland, M. (2008). Touch your toes!: Developing a direct measure of behavioral regulation in early childhood. *Early Childhood Research Quarterly*, *23*(2), 141–158.

Strommen, E. (1973). Verbal self-regulation in a children's game: Impulse errors on "Simon Says." *Child Development*, *44*, 849–853.

Tominey, S., & McClelland, M. (2011). Red light, purple light: Findings from a randomized trial using circle time games to improve behavioral self-regulation in preschool. *Early Education and Development*, *22*(30), 489–519.

VanFleet, R. (2001). Make me laugh. In H. G. Kaduson & C. E. Schaefer (Eds.), *101 more favorite play therapy techniques* (pp. 203–206). Northvale, NJ: Jason Aronson.

Yeager, D., & Yeager, M. (2009). *Simon says pay attention* (2nd ed.). Lafayette, LA: Golden Path Games.

46

策略競賽遊戲

無論策略多麼漂亮，你都應該偶爾看一下其結果。

—— Winston Churchill

簡介

　　關於如何輸贏，策略競賽遊戲有一套特定的規則和說明，玩這些遊戲需要規劃和解決問題的技術。幾千年來，這些遊戲所帶來的挑戰和樂趣使它們成為全世界各種文化裡的一種娛樂方式。早在西元前 3100 多年，古埃及人就在玩兩人對峙的塞尼特（Senet）遊戲。「Senet」的意思是「通關遊戲」，它的棋盤由 30 個方格組成，即共三行、每行十個方格，有些方格裡有一些精神和宗教主題的符號。如今我們無法得知當初古埃及人使用的是什麼樣的規則，然而，歷史學家認為，玩這種遊戲既牽涉運氣，也要有策略。遊戲者使用細棒或關節骨當骰子來擲，在棋盤上移動自己的棋子，第一個吃掉所有棋子的遊戲者贏得遊戲。在古埃及墓的牆壁和出土的塞尼特棋古文物上所發現的圖像顯示，古埃及人認為，贏得這個遊戲能提供精神上的保護。他們常常將塞尼特棋盤放到墓內陪葬，以備死後之用。

　　考古學家在中國、印度和美索不達美亞也有發現策略競賽遊戲的證據，歐洲則在被羅馬人征服之後才開始有策略競賽遊戲。羅馬人最常玩的策略競賽遊

戲包括：（1）Tabula，一種類似雙陸棋（Backgammon）的競賽遊戲；（2）Calculi，一種類似屏風式四子棋（Four in a Row）的競賽遊戲；（3）Latruncu-li，一種類似西洋棋的軍事策略競賽遊戲；（4）Lapilli，一種類似井字遊戲（Tic-Tac-Toe）的競賽遊戲。這些競賽遊戲的競爭特質反映出玩這些遊戲的文化，並影響了現代競爭性遊戲的發展。

原理

　　兒童大約從 5～6 歲時開始玩桌遊或紙牌競賽遊戲，培養邏輯思考能力、解決問題的能力，並養成理解世界的興趣。競賽遊戲提供一種簡單的方法讓大人不慌不忙的陪伴孩子，這是培養關係和提升自尊心的一個因素。此外，競賽遊戲還培養社交、情緒和認知發展。策略競賽遊戲對以下方面尤其有幫助，它教導孩子停下來想一想、事先計劃、期待行動帶來的後果、控制衝動、遵守規則、忍受挫折，並處理失望。此外，玩一個簡單的策略競賽遊戲能幫助治療師去評估孩子是否具有下列能力：耐心坐著、等待輪到自己、遵守規則、有專注力、維持專注力，並面對輸贏。

　　策略競賽遊戲有多種治療上的益處，其中包括：

- 建立治療同盟：剛開始接受治療時，許多孩子都抱著抗拒的心態和／或不自在的感覺。而與治療師玩一種熟悉的競賽遊戲能減少這些感覺，並幫助孩子參與治療。

- 提升心情：競賽遊戲涉及一種施與受的過程，因而帶給人快樂和好玩的感受。這能提升心情、自尊心、自我價值感，並教導孩子互惠的重要性。

- 增加專注和自律能力：策略競賽遊戲提供一種不具威脅性和好玩的方式，協助兒童發展各種執行功能，例如，注意力、集中精神、解決問題、記憶技術、期待結果、邏輯思考和忍受挫折。

- **社會化**：接受治療的兒童通常在與人相處和在社交情境中進行協商這些方面有困難。與一位有同理心的治療師玩競賽遊戲可教導兒童運動家精神和合作精神，幫助兒童以社交上可接受的方式學會如何處理攻擊、競爭、遵守規則和界線等問題，並使之內化。
- **掌握能力**：Freud 指出，競賽遊戲提供兒童一種表達衝動和掌控焦慮的管道。競賽遊戲使兒童能掌握新的技巧，並培養出發展執行功能的能力、更高層次思考的能力、社交技巧，以及成就感和自尊心。
- **健康的競爭**：Gardner（2002）發現，競爭是有益的，因為它使兒童能在對抗他人能力的情況下評估自己的能力。這個過程能建立自信心和自尊心。此外，玩競爭性遊戲幫助兒童發展出健康的競爭意識，包括尊重對手、以公平和友善的方式贏得遊戲，以及輸也要輸得有風度。

描述

年齡

6 歲以上。

技術

西洋棋

　　歷史學家認為，西洋棋是從一個稱為「恰圖蘭卡」（Chaturanga）或「四個軍事師隊」（Four Divisions of the Military）的競賽遊戲演變而來，這是西元 600 年左右在印度所玩的遊戲。然而，直到 15 世紀，現代西洋棋才在歐洲變得普遍起來。西洋棋是一種兩個人的鬥智遊戲，它要求玩家集中精神、規劃步驟、期待結果。西洋棋通常是給年齡大一點的孩子玩的。棋盤（8×8 英寸）由兩種顏色交替構成。每一位玩家有 16 個棋子，每個棋子因其移動之自由度

和吃掉對方棋子的能力不同而有不同的價值。西洋棋的目標是把對手將死,即吃掉對方的國王。

　　Rhazes 是九世紀時的一位波斯醫生,他是最早記錄使用西洋棋作為一種治療方式的人,常常被稱為西洋棋治療的發明者。Rhazes 利用西洋棋的策略幫助病人理解並掌握生命中的各種問題。自從那時開始,西洋棋一直被用來治療在信任人方面有困難、缺乏社交技術、發展性障礙／自閉症(developmental/spectrum disorder)、在談論個人問題方面有困難、衝動、無法集中精神,和低自尊心等問題。

　　由於西洋棋難以精通,因此已有一些競賽遊戲被設計出來教導兒童怎麼玩西洋棋,例如,Cardinal Industries 公司出版的 Chess Teacher 是給 6 歲以上兒童玩的。棋子上刻有箭頭,告訴玩者這個棋子能移動的方向。Winning Moves Games, Inc.出版的 No Stress Chess 則適合 7～12 歲的兒童,內含一副棋步走法紙牌,每一張牌上有一個棋子的圖樣以及它能走的棋步。

西洋跳棋

　　歷史學家認為,西洋跳棋(Checkers,亦稱為 Draughts),源自一種來自中東稱為 Alquerque 的競賽遊戲。像西洋棋一樣,西洋跳棋是兩人玩的棋盤遊戲(8×8 英寸),但它比較容易學會,而且大部分 6 歲以上的兒童都可以玩。其中一人執紅色的棋子(通常稱為「men」),另一人執黑色的棋子。玩家輪流移動其棋子,從一方格走對角線到另一方格。玩家要想辦法讓自己的棋子跳過對手的棋子並吃掉它。第一個吃掉對手所有棋子的人便贏。要贏一盤棋,玩家可能使用迅速跳過對手之棋子的攻擊性策略,也可以使用棋子擋住對方的路的防守策略,或結合此兩者。此外,亦建議將棋子移往前面和棋盤中央,因為這增加贏棋的機會。

屏風式四子棋（Wexler & Strongin, 1974）

屏風式四子棋（connect four）最先由 Milton Bradley 於 1974 年推出，此遊戲有一個立著的網格（7×6 英寸），適合 6 歲以上兒童，兩人對峙，誰最先將四個棋子連成一線便贏，可以是水平、垂直或斜角的方向。這個遊戲亦稱「四子成一線」（Four in a Row）或「船長的情婦」（Captain's Mistress），因為相傳這是庫克船長（Captain Cook）發明的，他都自己一個人在寢室裡下這個棋。

UNO 牌

這個競賽遊戲由 Merle Robbins 於 1971 年發明，並自 1992 年起一直由 Mattel 公司銷售。這是一種紙牌競賽遊戲，玩家二到十人，適合 7 歲以上兒童。此遊戲的目標是第一個贏得 500 點並發完手中所有牌的人便贏得遊戲，可以個人，亦可組隊。桌子中央有一疊牌，輪到自己時，玩家必須打出符合已打出的牌之數字、顏色或文字的牌。如果沒有符合的牌可以打，則必須從牌疊中抽一張牌。當玩家手上只剩一張牌時，必須大聲說「Uno」。當玩家手上都沒有剩下牌時，他就贏了。為了贏牌，玩家可以利用攻擊性策略，比如打出轉色牌（wild cards；譯註：即可以發不符合顏色的牌），或者防衛性策略，比如把高點數的牌打出去，或結合兩種策略（譯註：現代版的 UNO 牌已發展出更複雜的玩法）。

撿竹籤

撿竹籤（Pick-Up Sticks）競賽遊戲裡的細棒原本用象牙或骨頭做成，歷史學家認為這個遊戲源自中國。然而，當它在美洲殖民地普遍起來時，細棒變成用木做成，遊戲的名稱通常叫作 Jack-straws 或 Spellicans。現在這個遊戲裡的細棒通常是塑膠或木質的，且為了計分，細棒有各種不同的顏色。撿竹籤是一個

技巧性競賽遊戲，玩家兩人或以上，適合 5 歲以上兒童。遊戲的玩法是，將竹籤撒到一平坦表面上，接著玩家輪流想辦法撿起一根竹籤，但不可碰到其他竹籤。若成功撿起一根竹籤，便可繼續撿下去，若碰到了別的竹籤，便換下一個人。到最後看誰撿的竹籤最多便贏，或以竹籤的顏色計分。

初級移動迷宮（Kobbert, 1995）

初級移動迷宮（Junior Labyrinth）由 Ravensburger 公司於 1995 年推出，這是個具挑戰性的迷宮競賽遊戲，玩家一到四人，適合 5 歲以上。玩家使用可愛的鬼圖案當作棋子去移動城堡的牆壁以尋找寶藏。找到最多寶藏的人就是贏家。

實證發現

1. Dubow、Huesmann 和 Eron（1987）對十次介入的兩種治療方式（遊戲治療 vs. 認知—行為治療）進行比較，這些治療是設計來減少市區公立學校 104 位有高度攻擊性的 8～13 歲男童之攻擊行為。在介入之後，兩種治療都明顯減少這些男孩的攻擊性行為和增加利社會行為。然而，在追蹤六個月之後，研究人員有意外的發現——即只有接受遊戲治療介入的學童仍然維持明顯改善。此遊戲介入是以同儕兩人玩桌遊或紙牌競賽遊戲的形式進行。治療師使用示範（modeling）、輔導（coaching）、角色扮演、回饋和討論等方式去教導這些男童使用有效的策略去成功贏得遊戲，他們沒有使用特定的認知或行為治療。作者們提出的結論是，這些結果可能是因為這些男童在練習以下的有效策略時，可在現實生活中得到立即回報的緣故。這些策略包括：事先思考規劃和考慮不同步驟帶來的後果、考慮對手的策略、要求同儕遵守規則，並等輪到自己才可以行動。小學時期是同儕團體高度重視玩遊戲技術的一段時間。

2. Serok 和 Blum（1983）指出，在玩競賽遊戲時，犯罪的青少年不太能遵守規則，並傾向以暴力的方式玩遊戲。他們偏愛玩一些靠機運去贏的遊戲，而不喜歡玩必須遵守規則的策略競賽遊戲。

3. Unterrainer、Kaller、Halsband 和 Rahm（2006）比較了智商同高的西洋棋玩家和非西洋棋玩家參加一個稱為「倫敦塔」的規劃任務。這份研究發現，玩西洋棋者花更多時間去規劃其步驟方法，並發展出更優越的規劃技術。

4. Levy（1987）指出，有知覺障礙的學生玩西洋棋至少一年便能提升其自尊心和改善自我形像。

5. Korenman、Tamara 和 Lyutykh（2009）發現，在參加學校所舉辦的一個西洋棋課程之後，有自我中心和攻擊性行為的青少年比較願意以正面的方式去改變自己的行為。

應用

在治療有攻擊性行為、注意力不足過動症、控制衝動行為問題、犯罪青少年、有社交技術問題、自閉症和低自尊心的兒童，策略競賽遊戲是寶貴的工具。策略競賽遊戲亦能幫助建立治療同盟，因為它們好玩、不具威脅性，且大部分兒童都對這些遊戲都不陌生。

參考文獻

Cardinal Industries. (2010). *Chess teacher*. Long Island City, NY: Author.

Dubow, E. F., Huesmann, R., & Eron, L. D. (1987). Mitigating aggression and promoting prosocial behavior in aggressive elementary schoolboys. *Behavior Research and Therapy*, *25*(6), 527–531.

Gardner, R. A. (2002). Checkers. In C. E. Schaefer & D. M. Cangelosi (Eds.), *Play therapy techniques* (2nd ed., pp. 329–345). Northvale, NJ: Jason Aronson.

Kobbert, M. (1995). Junior labyrinth [Board game]. Germany: Ravensburg.

Korenman, M., Tamara K., & Lyutykh, E. (2009). Checkmate: A chess program for African-American male adolescents. *International Journal of Multicultural Education*, *11*(1), 1–14.

Levy, W. (1987). Utilizing chess to promote self-esteem in perceptually impaired students: A governor's teacher grant program through the New Jersey State Department of Education.

Robbins, M. (1992). *Uno*. El Segundo, CA: Mattel.

Serok, S., & Blum, A. (1983). Therapeutic use of games. *Residential Group Care and Treatment*, *1*(3), 3–14.

Unterrainer, J. M., Kaller, C. P., Halsband, U., & Rahm, B. (2006). Planning abilities and chess: A comparison of chess and non-chess players on the tower of London task. *British Journal of Psychology*, *97*(3), 299–311.

Wexler, H., & Strongin, N. (1974). Connect four [Board game]. Springfield, MA: Milton Bradley.

47

合作性競賽遊戲

唯一能救贖人類的事是合作。

—— Bertrand Russell

簡介

家長和老師們已經使用合作性競賽遊戲很久了。在 1980 年代，像 Family Pastimes 這類公司開始生產合作式的桌遊。這些策略競賽遊戲要求玩家以團隊的方式一起合作以面對特定的挑戰。遊戲者分享彼此的想法和策略，整個團隊一起做決定，並練習解決問題的技術，以達到共同目的並贏得遊戲。這涉及聆聽、分享、協商和結合所有人的力量。不像把焦點放在樂趣且沒有贏家的非競爭性遊戲，合作性競賽遊戲培養獲勝的想法。然而，在這些遊戲裡，玩家不是彼此對抗競爭，而是與遊戲本身對抗競爭。由於團隊不是一起贏就是一起輸，合作性競賽遊戲使遊戲者能彼此照顧、互相欣賞。兒童們則學到合作不僅對達成目標有益，而且好玩，並讓他們覺得自己有價值、受重視。

原理

合作性競賽遊戲教人許多技術，並且帶來多種治療效益，包括：

- **增進關係**：在與兒童建立治療同盟上，合作性競賽遊戲特別有幫助。一起合作去贏得某個遊戲能建立信任感，並培養人際間的親密關係。
- **隱喻式教導**：合作性競賽遊戲是一個優秀的工具，它讓兒童看到，治療是團隊的事情，即兒童和治療師一起為一個共同目標努力。
- **促進社交技巧**：合作性競賽遊戲教人社交技巧，因為它要求遊戲者之間要互相合作、分享、妥協、團隊合作，以及以好玩和參與的方式進行協商。

描述

年齡

4 歲以上。

材料

在 www.familypastimes.com 和 www.drtoy.com 上有許多合作性桌遊。

技術

馬克思這隻貓（Deacove, 1986）

這個遊戲由 Family Pastimes 出品，玩家一到八人，適合 4～7 歲兒童。玩家一起合作，幫助一隻老鼠、一隻鳥和一隻花栗鼠安全回到家，以免牠們被馬克思（Max）這隻雄貓抓到。這個遊戲教導邏輯、做決定，以及一起合作解決問題。它亦提供兒童機會去表達他們對於 Max 是一位天生獵人的感受。

登山遊戲（Deacove, 1992）

登山遊戲（Mountaineering）亦由 Family Pastimes 出品，玩家二到六人，適合 7 歲以上兒童。玩家組成團隊想辦法爬到山頂。他們彼此分享設備、規劃登

山策略，並一起處理各種障礙，例如凍傷、雪崩、雪盲。

拯救鯨魚（Kolsbun & Kolsbun, 1978）

拯救鯨魚（Save the Whale）由 Animal Town Game Company 出品，玩家二到四人，適合 8 歲以上兒童。玩家一起合作對抗漏油和捕鯨船等威脅到大鯨魚生存的因素。救到八隻鯨魚便贏得遊戲。

熟睡的暴躁巨人（Deacove, 1981）

熟睡的暴躁巨人（Sleeping Grump）這個冒險故事遊戲由 Family Pastimes 出品，玩家二到四人，適合 4～7 歲兒童。脾氣暴躁的大巨人偷走了村民的寶藏。趁大巨人睡著的時候，玩家一起合作爬到魔豆的頂端去取回他們的寶藏。可是如果大巨人醒來，他就會奪回所有的東西。若得到寶藏，玩家分享所得的寶藏，並將一些寶藏留給脾氣暴躁的大巨人。他們的善心幫助脾氣暴躁的大巨人變得不那麼暴躁。當每一個玩家都分得一些寶藏時，他們便贏得遊戲。

洞穴與爪子（Deavoce, 1998）

洞穴與爪子（Caves and Claws）這個冒險幻想遊戲由 Family Pastimes 出品，玩家二到四人，適合 6 歲以上兒童。玩家組成考古團隊進到叢林裡去尋找古文物。他們在想辦法開路、尋找寶藏的同時，還必須克服各種障礙，並想辦法活著回來。

魔戒（Knizia, 2000）

魔戒（Lord of the Rings）是根據 J. R. R. Tolkien 的魔幻小說《魔戒》（1963）三部曲所設計的桌遊，玩家二到五人，適合 12 歲以上。玩家扮演哈比人，進到中土，一起合作走上摧毀魔戒的旅程。

實證發現

1. Deutsch（1949）最早以實驗的方式，顯示合作式的學習結構比競爭式遊戲學習結構使人與人之間達到更和諧的狀態。

2. Orlick（1981）發現，參加一個 18 週合作性競賽遊戲課程的幼兒園兒童，其分享能力比參加傳統遊戲課程的兒童明顯增加。

3. Bay-Hinitz、Peterson 和 Quilitch（1994）發現，與玩競爭遊戲相比，玩合作性桌遊的 4～5 歲兒童，其攻擊性明顯減少且合作行為明顯增加。

4. Garaigordobil、Maganio 和 Etxeberria（1996）為 125 位 6～7 歲進行 22 單元的合作性競賽遊戲課程。與控制組的兒童相比，介入組的兒童在社會情感關係和團隊合作方面有正面的改變。所使用的 54 個競賽遊戲不是桌遊，而是活動和幻想遊戲，例如，整個團隊一起用黏土做一個物件、一起說故事、一起完成拼圖，或一起玩塗手指的遊戲。

5. Mender、Kerr 和 Orlick（1982）指出，與參加傳統遊戲課程的小學男童相比，參加合作性競賽遊戲課程的小學男童在社會合作行為上有明顯增加。

應用

　　對於因為有攻擊性、焦慮／羞怯、專橫霸道、自尊心過低或膨脹等問題而在社交方面被孤立或拒絕的兒童，合作性競賽遊戲特別有幫助。

參考文獻

Bay-Hinitz, A., Peterson, R. F., & Quilitch, H. (1994). Cooperative games: A way to modify aggressive and cooperative behaviors in young children. *Journal of Applied Behavior Analysis, 27*, 435–446.

Deacove, J. (1998). *Caves and claws.* Perth, ON, Canada: Family Pastimes.

Deacove, J. (1992). *Mountaineering.* Perth, ON, Canada: Family Pastimes.

Deacove, J. (1986). *Max (the cat).* Perth, ON, Canada: Family Pastimes.

Deacove, J. (1981). *Sleeping grump.* Perth, ON, Canada: Family Pastimes.

Deutsch, M. (1949). An experimental study of the effects of cooperation and competition on group process. *Human Relations, 2*, 199–231.

Garaigordobil, M., Maganio, C., & Etxeberria, J. (1996). Effects of a cooperative game program on socio-affective relations and group cooperative. *European Journal of Psychological Assessment, 12*(2), 141–152.

Knizia, R. (2000). *Lord of the rings.* Roseville, MN: Fantasy Flight Games.

Kolsbun, K., & Kolsbun, J. (1978). *Save the whales.* Santa Barbara, CA: Animal Town Game Company.

Mender, J., Kerr, R., & Orlick, T. (1982). A cooperative games program for learning disabled children. *International Journal of Sport Psychology, 13*(4), 222–233.

Orlick, T. (1981). Positive socialization via cooperative games. *Developmental Psychology, 17*(4), 426–429.

Tolkien, J. R. R. (1963). *The lord of the rings.* London: Allen & Unwin.

48

機運競賽遊戲

簡介

　　機運競賽遊戲是一種結果靠運氣而非由技術決定的活動。自古以來，機運競賽遊戲一直是一種消遣活動和樂趣的來源，而且通常用來決定一個人的命運。例如，希臘人和羅馬人相信眾神有影響事件的能力，並且能用擲骰子的方式來介入。

　　古時候最早且最受歡迎的機運競賽遊戲之一是擲蹠骨遊戲（Knuckle-bones），類似現在我們稱之為 Jacks 的遊戲。這遊戲使用動物的踝骨或指關節骨。玩家將骨頭拋到空中，然後用手背接住盡可能多的骨頭；或趁一塊骨頭還在空中時，從地上撿起盡可能多的骨頭。此外，擲蹠骨遊戲也常常當作賭博遊戲來玩，類似於擲骰子遊戲。因為關節骨的每一面都不同，因此每一面的分數也不同。玩家從中等的高度將關節骨往上拋，讓它們落到地板或桌面上，並決定其分數。羅馬人通常使用黃銅、白銀、黃金、象牙、大理石、青銅，或玻璃做成的骨狀骰子來玩這個遊戲，並稱之為 Tali（即「關節骨」的意思）。

　　兒童常玩的一種著名的機運競賽遊戲叫作蛇梯棋（Snakes and Ladders，現在的名稱叫作 Chutes and Ladders），這個競賽遊戲源自一齣稱為 Vaikuntapaali 或 Paramapada Sopanam（通往救贖的梯子）的道德劇裡的遊戲。這個遊戲稱為

Leela，由印度的精神導師所發明，用來教導兒童關於因果報應和做好事及做壞事的後果。不同的梯子分別代表各種不同的美德，例如慷慨、信心和謙卑，而蛇則代表惡習，如嫉妒、憤怒和偷竊。此競賽遊戲之道德意義為，做好事可得救贖（Moksha），而做壞事則使人投胎成較低的生命型態（Patamu）。在遊戲裡，梯子的數目比蛇的數目少，這是提醒人們，走做好事的路比走罪惡的路更困難（Bell, 1983; Topsfield, 1985）。

原理

機運競賽遊戲提供多種效益給參與遊戲治療的兒童，這些遊戲能改善社會、情感和認知功能，包括：

- **增進工作同盟／關係**：因為大部分孩童都熟悉這些機運競賽遊戲，所以這是讓孩童參與治療的一種理想方式。機運競賽遊戲不需要策略競賽遊戲中所需的精神集中力，因此能使孩童和治療師可以邊玩邊進行自發性的對話和討論所涉及的問題。

- **診斷式的理解**：在評估孩子的社會—情感功能、自尊心、社交技術和面對事情的能力上，機運競賽遊戲是一個很有價值的工具。在與孩童玩機運競賽遊戲時，治療師能夠觀察孩童如何與治療師（對手）進行互動、如何解決問題、如何面對挫折和失望。治療師甚至可以注意到孩童擔心輸贏的程度、他們是否採用作弊的手段或是否能從競賽遊戲中獲得樂趣。

- **促進社會化／社交技巧**：機運競賽遊戲要求孩童遵守指示、控制衝動、輪流行動（互惠），並接受遊戲輸了時的挫折。此外，機運競賽遊戲常常要求面對面接觸和口語溝通，因此能提升社交情境中的自在度和改善溝通技巧。

- **帶來正面情緒**：機運競賽遊戲很有趣，並提供人逃避壓力和日常生活

問題的機會。與一位有同理心的治療師玩遊戲能增加孩童的希望，並讓孩童看到，即使有問題時，他們仍然可以享受樂趣。此外，感受到治療師喜歡和他們在一起，能幫助兒童將關於自我的正面感覺內化，進而建立成就感和舒適感。與同儕玩機運競賽遊戲意味著，每個人有相同的機會去體驗到成功，這又進而培養彼此連結的關係。

- 增進面對問題的技巧：由於運氣在機運競賽遊戲中扮演重要的角色，因此機運競賽遊戲是評估並教導孩童面對各種問題之技術的理想工具，即在遊戲中如何面對輸贏、忍受遊戲中發生的各種改變和不幸所帶來的挫折。機運競賽遊戲亦提供治療師一種方式去形塑並教導孩童關於合作、同情、良好的運動家精神，以及面對失望經驗的方式。

- 促進溝通：由於在機運競賽遊戲中，無論一個人如何努力，事情總是出乎意料的改變，這能當作隱喻來反映出在現實生活裡，事情也會出乎意料改變並隨著機遇發生。這使得機運競賽遊戲成為一個很棒的工具，使遊戲者有機會去討論如何面對現實生活中的各種失去和非預期改變等經驗。

描述

年齡

4 歲以上。機運競賽遊戲通常含有特定的玩法指示，依遊戲的種類和適用的年齡，這些指示的複雜度亦各有不同。治療師可以按照他們正在治療的兒童之發展需求選擇是否要調整遊戲的指示。

技術

以下我們選出最經典、最禁得起時間考驗的兒童機運競賽遊戲。

糖果樂園

糖果樂園（Candy Land）最先於 1949 年由 Hasbro 公司推出，糖果樂園這個競賽遊戲為 3～6 歲兒童所設計。遊戲的目標是走過 134 格彎彎曲曲的路，找到糖果王國的 Kandy 國王。格子有各種不同的顏色，有紅、綠、藍、黃、橘或紫，還有五個格子分別是地方名稱或人物名稱。玩家輪流從一疊牌中取出最上面的一張牌，並根據這張牌的顏色走到有這個顏色的最近一格。有些牌上有某種顏色的兩個方格，若抽到這種牌，表示玩家要將自己的棋子移至該顏色隔兩格的位置。也有些牌上面寫著地點或人物。若抽到這種牌，玩家要將自己的棋子移至該地點。在經典版裡，可以往前走，也可以往後走。但在 2004 年給年紀較小的兒童版裡已取消了往後走的規則。

得罪了（譯註：類似台灣的跑馬棋）

這個競賽遊戲由 Hasbro 推出，玩家二到四人，適合 6 歲以上兒童。每一位玩家選一種顏色的棋子，每人有三個棋子。玩家輪流抽牌，看自己在棋盤上可以走幾步。當棋子要走到的那一格已有其他棋子（別人的或自己的）在裡面時，玩家可以決定踢掉對手或自己的棋子；有時候有棋子擋著前進的路，要跳過對手的棋子，有時候要躲在安全區以積聚力量，或者也可以踢掉對手的棋子作為報復。第一個將自己的三個棋子全都走回家的人，便贏得遊戲（McLeod, 2013）。

戰爭遊戲

兩位或更多的玩家，用 52 張的普通撲克牌玩這個遊戲。此遊戲適合 6 歲以上並熟悉撲克牌點數大小的兒童（A、K、Q、J、10、9、8 等）。玩法是，以兩位玩家為例，首先將牌平均分給玩家，玩家拿到牌之後疊成一疊，面朝下。每個玩家將自己的第一張牌掀開，放桌上，點數高的人可以將所有牌收到自己

那一疊牌的最下面。如果亮出的牌點數一樣大，就有戰爭。點數相同的牌仍放在桌上，每位玩家再出兩張牌，第一張牌面朝下，第二張牌面朝上。點數較高者贏得戰爭，可以將全部六張牌收到自己牌疊的下面。如果新掀出的牌點數仍然相同，則戰爭繼續下去。遊戲一直持續，直到其中一位玩家蒐集到所有的牌，贏得遊戲為止（McLeod, 2013）。

釣魚趣

　　這個遊戲長久以來都是兒童最喜歡的紙牌競賽遊戲，玩家二到四人，適合 4 歲以上。此遊戲有 40 張卡（每四張卡為一組，每組卡有相同圖案的魚，共十組）。莊家洗完牌後，發給每個人六張牌。剩下的牌面朝下，放在桌子中央，當作池塘。由莊家左邊的玩家最先開始，輪到的玩家去問另一個人有沒有某種魚的牌，若被問的人手上有這種魚的牌，必須將同一種魚的所有牌統統交給提問者。然後提問者又去問下一個人。若被問的人沒有那種魚的牌，就跟提問者說：「去釣魚吧！」於是提問者必須從桌上抽一張牌。如果提問者抽到的是他剛才所問的牌，他要將牌亮給其他人看，作為證據，然後可以繼續問下一人。若沒有，則換下一人變提問者。玩家要想辦法將一組四張牌都蒐集完整。若蒐集到四張一組時，要將牌面朝上擺在桌上。遊戲一直進行到所有的牌都配成組為止，蒐集到最多組的玩家贏得遊戲。

實證發現

　　機運競賽遊戲仍需要實證研究。

應用

　　機運競賽遊戲是讓兒童參加治療的理想工具，對羞怯、退縮、暖身速度慢

且寧願玩自己所熟悉遊戲的這類兒童特別有幫助。此外，機運競賽遊戲教導有行為問題的兒童、發展遲緩的兒童以及有其他社會問題的兒童一些社會技術，比如合作、輪流行動和運動家精神。機運競賽遊戲提供一種方法去幫助過度熱衷於競爭的兒童、有控制衝動問題的兒童，以及無法忍受挫折的兒童。此外，機運競賽遊戲的好玩特質使它們成為一種很棒的工具，既能帶來樂趣，還能為憂鬱和焦慮的兒童以及有失去、受虐或創傷經驗的兒童提供一個暫時脫離現實生活的機會。

參考文獻

Bell, R. C. (1983). *The boardgame book* (pp. 134–135). Reading, PA: Exeter Books.

McLeod, J. (2013, March 4). Card game rules war. Retrieved from *www.pagat.com*.

Tali: Knuckle Bones. (n.d.). Retrieved from *www.aerobiologicalengineering.com/wxk116/Roman/BoardGames/tali.html*.

Topsfield, A. (1985). The Indian game of snakes and ladders. *Artibus Asiae*, 46(3), 203–226.

49

塗鴉遊戲

簡介

　　塗鴉遊戲（squiggle game）是最有名的遊戲治療技術之一，由英國兒童精神科醫師 Donald Winnicott（1971）所發明。所謂 squiggle 是指各種不同形式的小線條（蠕蟲扭曲狀、弧狀、波浪狀或鋸齒狀的線條）。

原理

　　Winnicott 發現，塗鴉遊戲不僅幫助他與覺得這種遊戲好玩的兒童在治療開始時建立關係（Berger, 1980），亦將關於兒童內心世界的寶貴資訊提供給他，包括內心衝突。塗鴉遊戲亦給治療師機會將新的想法或解決問題的方法間接提供給個案。

描述

年齡

8～12 歲。

材料

鉛筆和白紙。

技術

Winnicott（1971）以這樣的方式將塗鴉遊戲介紹給兒童，他說：

> 我們來玩點東西。我知道我想玩什麼，我來玩給你看。我想玩的這個
> 遊戲沒有任何規則。我就這樣拿起鉛筆，隨便畫（他閉上眼睛，畫一
> 個線條）。你告訴我，這些線條看起來像什麼或你能把它畫成什麼。
> 之後你也做同樣的事，然後我看看能不能把你畫的線條變出什麼東西
> 來。（pp. 62-63）

變化技術

互動式塗鴉遊戲（Claman, 1980）

在兒童畫完之後，治療師要求兒童用他所畫的圖案說一個故事，然後治療師針對故事提出一些問題。之後角色交換，由孩子畫線條，治療師利用線條完成圖案並說故事。這時，利用自己所畫的圖案，治療師分享的故事表達出理解該兒童所面臨的問題並建議可能的解決方案。治療師所畫的圖案應該傳達某種教導訊息或主要構想，鼓勵兒童相信自己能掌控問題並提出解決的方法。

另一種做法是家長畫線條，讓兒童用這些線條畫出一個圖案，並利用該圖案說一個故事。之後角色交換，由孩子畫線條，家長利用線條完成圖案並說故事。另一種版本是治療師和孩童一起選出四張他們所畫的塗鴉畫，並一起合作利用這些圖畫說故事（例如，輪流說一句話加入故事中）。

實證發現

互動式塗鴉遊戲仍需實證研究。

應用

互動式塗鴉遊戲設計用來在治療剛開始時與學齡兒童建立關係，提供兒童一個機會投射出潛意識裡的材料。

參考文獻

Berger, L. (1980). The Winnicott squiggle game: A vehicle for communicating with the school-aged child. *Pediatrics*, 66(60), 921–924.

Claman, L. (1980). The squiggle drawing game in child psychotherapy. *American Journal of Psychotherapy*, 34, 414–425.

Winnicott, D. W. (1971). *Therapeutic consultation in child psychiatry*. London: Hogarth Press.

第七部分

其他技術

50

減敏遊戲

簡介

系統減敏法（systematic desensitization）是由 Joseph Wolpe（1958）所發展出來，採用反制約的介入方式，是治療師常用來幫助兒童克服害怕及畏懼的技術。舉例來說，面對畏狗症的兒童，治療的第一步是要列出恐懼的等級，即要求兒童評估接觸不同程度的恐懼對象時的害怕程度，例如，和遇上大狗相比，小狗造成的恐懼可能比較輕微。下一步是找出面對小狗的替代反應，例如遊戲，以對抗和減輕兒童的恐懼感。第三步是讓兒童在進行遊戲時，接觸一隻友善的小狗，以遊戲的趣味克服恐懼。這個目標達成後，兒童就可以逐步接觸其他有狗出現的不同程度害怕情境。

原理

Wolpe（1958）以「相互抑制」（reciprocal inhibition）一詞來代表某些心理狀態互斥的現象，例如，個體無法同時感受到焦慮和喜悅，所以遊戲中強烈的正向情緒可用來克服兒童的焦慮和恐懼。若有計畫的結合兩種刺激，則較強的正向刺激會改變兒童對造成恐懼的負向刺激之感受。因此，遊戲及其正面特性可作為兒童畏懼症系統減敏法的工具。

遊戲用於兒童畏懼減敏的方式有兩種：第一種是情緒心像（emotive ima-gery）技術，乃想像形式的暴露；第二種是情緒實行（emotive performances）技術，即於真實世界中直接暴露於畏懼的物品或情境中。

描述

年齡

1 歲以上。

技術

情緒心像

情緒心像技術由 Lazarus 與 Abramowitz（1962）所發展，為一種視覺化的方式，指的是能產生強烈正向感受（例如快樂、力量、勇氣）以及其他類似能壓抑焦慮的心像。它是系統減敏法的其中一環，兒童在逐步接觸焦慮引發物的過程中採用情緒心像技術。在恐懼情境下感受到越多正向情緒就越不會害怕，這是因為正向情緒會抵銷且弱化負向情緒（即反制約效果）。當反制約發生在幻想中，稱之為體外暴露（in vitro exposure），若發生在現實生活則稱為實體暴露（in vivo exposure）。

情緒心像技術中，通常由治療師協助兒童編個關於心目中英雄的「故事」，以幫助他在恐懼對象（如黑暗）出現時變得勇敢、有能力回擊。這個量身訂做的故事一般會把重點放在想像的特異功能，以及在超級英雄的協助下處理當前的情境。故事會引發兒童與恐懼不同的心像（例如力量、勇氣）。之後，家長可以提醒兒童用此心像場景來對付真實生活中的可怕情境。另一方面，引發快樂或喜悅的意象可以藉由好笑的意象來對付恐懼。舉例來說，6 歲的珍妮非常怕狗，她的治療師利用情緒心像技術，幫助她把狗看成傻傻流口水

的動物，而非危險的掠食者。這種將幽默感作為對抗回應的方式，與「怪獸頭上戴派對帽」（party hat on monsters）技術（Crenshaw, 2001）雷同。

當畏懼或害怕的對象是想像的，而無法進行傳統的暴露療法時，情緒心像技術格外有效。研究者發現情緒心像技術對於克服個案的恐懼一般來說都很有效（Shepard & Kuczynski, 2009）。

情緒實行

情緒實行技術是實體暴露減敏法的範例之一。4～10 歲大的兒童參與有趣的活動，以產生正向情緒來對抗害怕夜晚之類的畏懼情緒。為了克服兒童對黑暗的恐懼，治療師成功的訓練家長在逐漸變暗的臥室裡和孩子玩遊戲，遊戲引發的正向情緒就可用來克服兒童對黑暗臥室的恐懼（Mendez & Garcia, 1996; Mikulas, Coffman, Dayton, & Maier, 1986; Santacruz, Mendez, & Sanchez-Meca, 2006）。

Bentler（1962）發表的個案研究中，一個小女孩在浴缸中滑倒後對水有強烈的恐懼。為了要反制約此恐懼，就將玩具放在空的浴缸和廚房碗槽給她玩，然後再逐漸加水。幾個月內，她對水的恐懼感就消失了。

實證發現

1. Fernandes 和 Arriaga（2010）探究關於小丑是否可以減少接受小手術的兒童之術前焦慮。結果顯示，有家長和一對小丑陪伴的兒童，相較之下顯然比只有家長陪伴的兒童較不焦慮。

2. Fredrickson 和 Joiner（2002）提出，正向情緒（例如歡樂、喜悅）會促進樂觀思考，並進一步引發較有創意的問題解決能力。研究也指出，正向情緒能抵銷壓力的負面影響，並增加處理問題的彈性（Tugade & Fredrickson, 2004）。

應用

　　減敏遊戲技術對於有焦慮、畏懼症、害怕夜晚，或因創傷後壓力障礙症導致恐懼的兒童特別有效。

參考文獻

Bentler, P. M. (1962). An infant's phobia treated with reciprocal inhibition therapy. *Journal of Child Psychiatry and Psychology, 3*, 185–189.

Crenshaw, D. (2001). Party hats on monsters: Drawing strategies to enable children to master their fears. In H. G. Kaduson & C. E. Schaefer (Eds.), *101 more favorite play therapy techniques* (pp. 124–127). Lanham, MD: Rowman & Littlefield.

Fernandes, S., & Arriaga, P. (2010). The effects of clown intervention on worries and emotional responses in children undergoing surgery. *Journal of Health Psychology, 15*(3), 405–415.

Fredrickson, B., & Joiner, T. (2002). Positive emotions trigger upward spirals toward emotional well-being. *Psychological Science, 13*(2), 172–175.

King, N. (1989). Emotive imagery and children's night-time fears: A multiple baseline design evaluation. *Journal of Behavior Therapy and Experimental Psychiatry, 20*(2), 125–135.

Lazarus, A., & Abramovitz, A. (1962). The use of emotive imagery in the treatment of children's phobias. *Journal of Mental Science, 198*, 191–195.

Mendez, F., & Garcia, M. (1996). Emotive performances: A treatment package for children's phobias. *Child and Family Behavior Therapy, 1*(3), 19–34.

Mikulas, W., Coffman, M., Dayton, D., & Maier, P. (1986). Behavioral bibliotherapy and games for treating fear of the dark. *Child and Family Behavior Therapy, 7*(3), 1–8.

Santacruz, I., Mendez, F., & Sanchez-Meca, J. (2006). Play therapy applied by parents for children with darkness phobia: Comparison of two programs. *Child and Family Behavior Therapy, 1*, 19–35.

Shepherd, L., & Kuczynski, A. (2009). The use of emotive imagery and behavioral techniques for a 10-year-old boy's nocturnal fear of ghosts and zombies. *Clinical Case Studies, 8*, 99–11.

Tugade, M., & Fredrickson, B. (2004). Resilient individuals use positive emotions to bounce back from negative emotional experiences. *Personality and Social Psychology, 88*(2), 320–333.

Wolpe, J. (1958). *Psychotherapy by reciprocal inhibition*. Stanford, CA: Stanford University Press.

51

大笑遊戲

簡介

　　笑，是遊戲中重要且有益的一環，因為它增加了歡樂及幸福感。可惜的是，多數人在生命中笑得不夠，尤其是那些苦於各種精神疾患的人更是如此。Albert Ellis（1977）是最早主張在心理治療中使用歡笑及幽默的治療師之一，他常常用幽默的言語來面質個案的不合理信念。大笑治療日漸發展，以期幫助各年齡層的個案從歡笑的療癒力量中獲益（Provine, 2001）。

原理

　　關於「笑」對心理的好處摘錄如下：

　　笑可以：（1）減輕壓力、焦慮、緊繃感，並且對抗憂鬱症狀；（2）提升情緒、自尊、希望、能量及活力；（3）提高記憶力、創意思考及問題解決能力；（4）改善人際互動、關係、吸引力及親密感；（5）增加友誼、互助，並且建立團體認同、團結與凝聚力；（6）促進心理幸福感；（7）提高生活品質與病人照護品質；以及（8）加強喜悅感，而且有感染力（Mora-Ripoll, 2011, p. 172）。

「笑」的治療力量在於：

- 釋放憤怒、焦慮及煩悶（Provine, 2001）。
- 增加快樂感（Neuhoff & Schaefer, 2002）。
- 促進與他人的連結，培養團體凝聚力（Ayers, Beyea, Godfrey, & Harper, 2005）。
- 減少人際衝突。
- 強化心理彈性。

描述

年齡
4 歲以上。

技術

逗我笑

　　VanFleet（2001）這樣描述「逗我笑」（make me laugh）技術：治療師宣布遊戲玩家（個別治療中的治療師與兒童，或團體治療中的個案和另一兒童）要輪流想辦法讓對方微笑或大笑。板著臉的玩家先開始，粗魯的說：「逗我笑。」然後要維持嚴肅的表情，該回合內保持眼神接觸，且無論如何不可以笑出來。

　　遊戲的另一名玩家要盡其所能讓這個板著臉的人笑出來，他不可以直接碰到對方，但可以湊近扮鬼臉、說笑話、發出怪聲，或擺出任何能逗人發笑的蠢樣子（例如，扭曲的臉部表情，或像雞一樣拍翅膀咕咕叫）。

　　「逗我笑」技術可以在短期連續幾次單元中進行。參與這個遊戲的兒童必須是自願的，絕對不能逼著參加。對於不論原因為何就是很少笑的兒童來說，「逗我笑」是很有效的治療技術。一般來說，兒童一天要笑 400 次。

變化技術

醫院小丑

　　此醫療機構的活動是由受過特殊訓練的小丑前去探訪。這些「小丑醫生」的探視製造了充滿歡笑與樂趣的開心氛圍，有助於提升兒童的情緒。他們幫助兒童適應環境，並將注意力從可怕的醫療程序中轉移開。

大笑瑜珈

　　由於身體無法區分真實和模擬的笑，因此印度孟買的 Madan Kataria（2005）創立大笑瑜伽社團，讓全世界的成年人可以享受大笑的好處。大笑瑜伽技術包含四個元素：跟著「呵—呵—哈—哈—哈」的節奏拍手、呼吸、伸展，以及像兒童一樣的遊戲及大笑運動。一次典型的大笑瑜珈單元必須大笑約 20 分鐘左右。

親子搔癢遊戲

　　搔癢遊戲是由一人給對方搔癢的人際活動（例如，用羽毛搔對方的腳底）。人沒辦法給自己搔癢，所以需要自己信任的人幫忙。搔癢大概是使人發笑的方法中最古老又最有效的一種，也增加了對方跟自己的正向感受及連結。親子搔癢遊戲的目的是讓兒童產生歡樂的笑聲，促進彼此感情。身體最怕癢的部位依序為：腋下、腰、肋骨、腳、膝蓋、喉嚨、脖子及手掌。

實證發現

1. Panksepp（2007）發現，大笑所引起的正向心理狀態會讓我們更能和他人產生友善的互動。

2. Neuhoff 和 Schaefer（2002）的報告中指出，大學生只要模擬大笑一分鐘，就可以增加快樂感。

3. Nevo 和 Shapira（1989）發現兒童牙醫通常會用各種有趣、幽默的技術來減少兒童在診間的焦慮。

4. Vagnoli（2005）的報告中指出，執行醫療程序的 30 分鐘前，若有小丑醫生變魔術、玩遊戲、表演木偶戲，會減低住院病童的術前焦慮。

5. Golan、Tighe、Dobija、Perel 和 Keidan（2009）發現受過醫療訓練的小丑可以顯著降低即將接受門診手術的 3～8 歲兒童之術前焦慮。

應用

　　無論是個別或團體治療，有壓力、焦慮、緊繃、憂鬱、依戀議題及社交關係不良的個案特別適合進行大笑療法。

參考文獻

Ayers, L., Beyea, S., Godfrey, M., & Harper, D. (2005). Quality improvement learning collaboratives. *Quality Management in Health Care, 14*, 234–247.

Ellis, A. (1977). Fun as psychotherapy. *Rational Living, 2*(1), 2–6.

Golan, G., Tighe, P., Dobija, N., Perel, A., & Keidan, I. (2009). Clowns for the prevention of preoperative anxiety in children: A randomized controlled trial. *Pediatric Anesthesia, 19,* 262–266.

Kataria, M. (2005). Laughter Clubs. Available at *www.laughteryoga.org.*

Mora-Ripoli, R. (2011). Potential health benefits of simulated laughter: A narrative review of the literature and recommendations for future research. *Complementary Therapies, 19*(3), 170–177.

Neuhoff, C., & Schaefer, C. E. (2002). Effects of laughter, smiling and howling on mood. *Psychological Reports, 91,* 1079–1080.

Nevo, O., & Shapira, J. (1989). The use of humor by pediatric dentists. *Journal of Children in Contemporary Society, 20*(1–2), 171–178.

Panksepp, J. (2007). Neuroevolutionary sources of laughter and social play: Modeling primal human laughter in laboratory rats. *Behavioural Brain Research, 182*(2), 231–244.

Provine, R. (2001). *Laughter: A scientific investigation.* New York: Penguin Books.

Vagnoli, L. (2005). Clown doctors as a treatment for preoperative anxiety in children: A randomized, prospective study. *Journal of the American Academy of Pediatrics,* e563–e567.

VanFleet, R. (2001). Make me laugh. In H. G. Kaduson & C. E. Schaefer (Eds.), *101 more favorite play therapy techniques* (pp. 203–206). Northvale, NJ: Jason Aronson.

52
壓力免疫遊戲

簡介

　　壓力免疫治療（stress inoculation therapy）是由心理學家 Donald Mei-chenbaum（1985）提出的治療方法，旨在透過事前暴露於壓力情境的過程幫助人們發展出對抗壓力的能力。這裡用了「免疫」一詞，是因為心理治療師協助個案準備好抵抗眼前壓力的方式，就像疫苗讓病人抵抗特定疾病的方法。此治療過程讓兒童個案有機會在遊戲中練習因應技巧，直到滾瓜爛熟、信手捻來為止。

原理

　　當兒童面對即將到來的壓力經驗所帶來的未知與煩惱，例如開學、接受醫療處置時，與其替他們擋下來，更利於適應的方法是提供資訊給他們，讓他們做好準備。這就是 Janis（1958）的壓力免疫理論及「擔心的工作」（work of worrying）。「擔心的工作」是一種因應策略，透過擔心，內在的準備會增加對後續威脅的承受度（Burstein & Meichenbaum, 1979）。提供兒童壓力事件中可預期的細節，可以增加熟悉程度，減少對於未知的恐懼；這種方法也給兒童

時間來發展並練習因應壓力經驗的各種方式。「擔心的工作」在事前所引發的中度焦慮，可以避免遇到真實事件時所產生的嚴重情緒影響。

描述

年齡
4 歲以上。

技術

　　未來已知的壓力事件在兒童身上引發的預期性焦慮，可以透過事前演出來降低。因此，治療師可以使用迷你物件、校園遊戲組（老師、學生、校車、教室等）來模擬各種活動，例如搭車上學、向老師問好、掛外套等。藉著用迷你玩具演出可預期的場景，遊戲治療師能讓陌生的學校環境變得熟悉，因此變得較不可怕。除了提供訊息及支持，治療師可以教兒童應對各種情境的技巧。類似的方法是提供將接受手術的兒童有關手術的細節，給他看看醫生玩具／制服，讓他在術前幾天先模擬遊戲。

實證發現

1. Hodgins 和 Lander（1997）發現，沒有經過準備就接受抽血的兒童中，有 27% 因為對處置的未知而感到焦慮。
2. 許多研究顯示，壓力免疫遊戲技術對於減少術前（Athanassiadou, Giannakopoulos, Kolaitis, Tsiantis, & Christogiorgos, 2012; Li, Lopez, & Lee, 2007; Lockwood, 1970）及住院前（Jolly, 1976）的焦慮特別有效。

應用

　　在任何可能使兒童焦慮的事件發生前，都可使用壓力免疫遊戲技術，包括：

- 住院前。
- 開學或去露營活動前。
- 搬家前。
- 第一次去髮廊理髮前。
- 看醫師／牙醫前。
- 弟弟妹妹出生前。

參考文獻

Athanassiadou, E., Giannakopoulos, G., Kolaitis, G., Tsiantis, J., & Christogiorgos, S. (2012). Preparing the child facing surgery: The use of play therapy. *Psychoanalytic Social Work*, *19*, 91–100.

Burstein, S., & Meichenbaum, D. (1979). The work of worrying in children undergoing surgery. *Journal of Abnormal Child Psychology*, *7*(2), 121–132.

Hodgins, M., & Lander, J. (1997). Children's coping with venipuncture. *Journal of Pain and Symptom Management*, *13*, 274–285.

Janis, I. L. (1958). *Psychological stress*. New York: Wiley.

Jolly, J. D. (1976). Preparing children for hospital. *Nursing Times*, *72*, 1532–1533.

Li, H., Lopez, V., & Lee, T. (2007). Effects of preoperative therapeutic play on outcomes of school-age children undergoing day surgery. *Research in Nursing and Health*, *30*, 320–332.

Lockwood, N. L. (1970). The effect of situational doll play upon the preoperative stress reactions of hospitalized children. *American Nursing Association Bulletin*, *9*, 113–120.

Meichenbaum, D. (1985). *Stress inoculation training*. Elmsford, NY: Pergamon Press.

53

重演遊戲

簡介

　　Freud（1922）最早發現，藉著遊戲，兒童可以在安全的環境中重新經歷壓力或創傷事件，並獲得對抗這些事件的力量與控制感。透過重複的遊戲再次體驗，兒童可以逐漸在心理上消化、發洩／釋放負面感受，並發展出對這些擾人想法及感受的掌控感（Waelder, 1932）。Piaget（1962）亦提出，假扮遊戲（make-believe play）讓兒童在幻想中重現真實生活困擾、找出適當的解決方案，並且減少負面情緒。

　　David Lavy（1939）是最早提出結構式遊戲治療形式的兒童臨床工作者之一，他稱之為「釋放治療」（release therapy）。釋放治療的目標是協助兒童在經歷特定的壓力或創傷事件後，表達自己的想法與感受。雖然兒童可以自由選擇要玩什麼，但遊戲材料有限定，由治療師事先選好，鼓勵兒童把創傷經驗演出來。對於面臨住院壓力的兒童，Levy 提供與醫院相關的娃娃和玩具，以便將遊戲單元結構化，然後他會要求兒童談論或表演病床上的小男孩娃娃發生了什麼事。

原理

　　兒童常會經歷壓力或創傷事件，這些事件會導致困惑、無助、脆弱與恐懼。家長或許不知道如何幫助有這些情緒的兒童，而認為最好不要去談這些創傷事件。與其鼓勵兒童埋藏並遺忘這種可能不斷侵擾意識的創傷記憶，更健康的方式反而是協助兒童在遊戲中重演創傷事件，讓他們心理上能重複並緩慢的消化這些經驗、表達負面情緒、創造滿意的結局，並對此經驗產生掌控感。

　　重演遊戲的背後是 Freud（1922）的強迫性重複（repetition compulsion）理論，認為只要提供相關的遊戲材料及安全的環境，兒童就會重複演出壓力或創傷事件，直到心理上可以消化這些痛苦的想法及感受為止。重複的過程中也能發洩，也就是完整表達對於創傷經驗的情緒反應（Terr, 2003）。

描述

年齡

4～12 歲。

技術

　　兒童天生就能透過遊戲來處理創傷。舉例來說，許多兒童目睹電視上 911 恐怖攻擊事件的影像後，會用積木堆成高樓，然後用玩具飛機將高樓撞倒。另一個例子中（Goldman, 1995），經歷過槍手 Patrick Purdy 校園槍殺後自殺事件的兒童，被觀察到會玩一個自創的遊戲「Purdy」，遊戲中會像重演該事件般在操場上往不同方向跑，也有另一版本是用玩具槍殺死 Purdy。這類重演遊戲又名為發洩遊戲（abreaction play），是兒童處理特殊創傷或壓力經驗時最有效的方法之一（Prendiville, 2014; Terr, 1990）。

在一個最近經歷父母車禍重傷的兒童重演遊戲治療中，治療師先安排好遊戲室，讓這個兒童在裡面玩的都是跟車禍有關的物件（例如玩具車、交通號誌、救護車、警車、醫療器材、醫師和警察）。兒童接下來就會投入自由遊戲，以便建立對車禍的控制感，而這種感覺是真實生活中所沒有的。一般來說，兒童需要在接連幾次單元中重複這個重演遊戲，才能完全消化並掌握此創傷經驗。

實證發現

1. 在義大利一場毀了六個村莊的大地震過後六個月，Galante 和 Foa（1986）為來自兩個受創最重村莊的兒童進行遊戲治療。在每月一次、總共七次的團體單元中，這些一到四年級的兒童有機會在遊戲中重演地震經驗，並表達他們對此經驗的感受。他們搖動桌子震倒迷你玩具屋來重現地震，然後扮演消防員或搜救人員來協助倖存者與重建村莊。和沒有接受治療的村莊兒童比起來，接受重演遊戲的兒童的焦慮症狀顯著降低。18 個月後的追蹤發現治療效果仍然存在。

2. Saylor、Swenson 和 Powell（1992）的報告指出，雨果颶風來襲後，學齡前兒童常會自發的重演與颶風相關的遊戲主題。例如，颶風發生八週後，有位母親說她的 4 歲兒子反覆用各種手邊的媒材重演此風災，包括用餐桌上的花椰菜葉代表被時速 175 英里的狂風一再掃過的樹木。

應用

此技術使用在經歷過單一壓力或創傷事件（例如車禍、被狗咬、醫療處置或虐待）的兒童，並可以在個人、家庭及團體治療中進行。

禁忌

　　此釋放治療技術對於正經歷或曾經歷多次或重複創傷（例如反覆性侵害）的兒童來說並不適合。

參考文獻

Freud, S. (1922). *Beyond the pleasure principle*. London: International Psychoanalytical Press.

Galante, R., & Foa, E. (1986). An epidemiological study of psychic trauma and treatment effectiveness of children after a natural disaster. *Journal of the American Academy of Child Psychiatry, 25*, 357–363.

Goldman, D. (1995). *Intelligence: Why it can matter more than IQ*. New York: Bantam Books.

Levy, D. (1922). Trends in therapy: The evolution and present status of treatment approaches to behavior and personality problems: III. Release therapy. *American Journal of Orthopsychiatry, 9*(1), 713–736.

Piaget, J. (1962). *Play, dreams, and imitation*. New York: Norton.

Prendiville, E. (2014). Abreaction. In C. E. Schaefer & A. A. Drewes (Eds.), *The therapeutic powers of play: 20 core agents of change* (pp. 83–102). Hoboken, NJ: Wiley.

Saylor, C., Swenson, C., & Powell, P. (1992). Hurricane Hugo blows down the broccoli: Preschoolers' post-disaster play and adjustment. *Child Psychiatry and Human Development, 22*(3), 139–149.

Terr, L. (1990). *Too scared to cry: Psychic trauma in childhood*. New York: Basic Books.

Terr, L. (2003). "Wild child": How three principles of healing organized 12 years of psychotherapy. *Journal of the American Academy of Child and Adolescent Psychiatry, 42*(12), 401–409.

Waelder, R. (1932). The psychoanalytic theory of play. *Psychoanalytic Quarterly, 2*, 208–224.

54

捉迷藏遊戲

躲貓貓的時候媽媽消失又出現，現在平常媽媽也可以真的消失，但小孩知道她還在，還會回來。孩子的心靈之眼可以創造媽媽的意象……

—— 自「成功家長」（Successful Parent）網頁

簡介

捉迷藏是沿襲了許多世代的兒童遊戲。傳統的玩法是由一名玩家當鬼，蒙眼數數字，其他人躲。數到特定數字後，「鬼」開始去找躲起來的人。遊戲治療中的兒童常會在遊戲中自動玩起捉迷藏。他們可能會躲起來等治療師找、要求治療師躲起來讓他們表現自己找人有多厲害、在沙盤遊戲中建立尋寶場景、把東西藏在遊戲室或沙盤中，或者自己藏在太陽眼鏡、面具或戲服後面。同理，兒童也會玩躲貓貓，假裝消失，然後從某個東西後面跳出來嚇治療師。

消失與重現的主題是捉迷藏與躲貓貓遊戲的核心，常見於有依戀議題以及有失落、分離和創傷史的兒童所玩的遊戲。這些遊戲通常傳達了兒童對控制的需求、對孤獨的焦慮、對親密關係的逃避、矛盾的依戀型態，以及內化重聚喜悅的困難（Allan & Pare, 1997）。

原理

捉迷藏有多方面的療效助益，包括：

- **物體恆存**（object permanence）：嬰兒研究強調，消失與重現的早期經驗會影響物體恆存，此概念意味著理解儘管看不到、聽不到或碰不到，但物體、事件與人會持續存在（Piaget, 1954）。此外，分離與重聚在客體恆常（object constancy）扮演關鍵的角色；兒童知道照顧者會離去或消失，但他／她還是會再回來。根據 Mahler、Pine 和 Bergman（1975）表示，有客體恆常概念的兒童對於提供支持、安撫及自信的照顧者會產生內化表徵。缺乏客體恆常概念的兒童常會苦於不安全感及低自尊。捉迷藏和躲貓貓之類的分離／重聚遊戲是幫助兒童練習與母親分離的極好方法（Israelievitch, 2008）。

- 消失與重現遊戲始於嬰兒的躲貓貓遊戲。研究發現，這個全世界嬰兒都在玩的遊戲可以幫助兒童發展物體恆存概念（Fernald & O'Neill, 1993; Lacy, 2014）。與有回應的治療師玩躲貓貓和捉迷藏，讓兒童有機會演出自己對分離與重聚的需求，協助他們在分離中內化安全與舒適感。藉此，兒童可以從需要成人實體存在，過渡到建立內在的安全感（Allan & Pare, 1997; Israelievitch, 2008）。

- Ainsworth、Blehar、Waters 和 Wall（1978）注意到，有安全依戀的兒童知道自己可以從依戀對象尋得並滿足安全與親密的需求。這些兒童站在安全的基礎上探索世界。反之，不安全依戀的兒童缺乏這種舒適、自信與安全感。捉迷藏遊戲可以很自然的讓兒童發展安全依戀關係。這個遊戲幫助兒童理解他人可被信賴、自己不會被遺忘、自己值得被找到。消失與重現遊戲也向兒童保證，在關係中的人會分開，但之後又會聚在一起。

- **依戀**（attatchment）：捉迷藏和躲貓貓都是有趣的遊戲，提供了歡笑與

喜悅，這些都有助於依戀關係。倫敦寶寶大笑計畫（Baby Laughter Project）的總監 Caspar Addyman 發現，躲貓貓是最好玩的寶寶遊戲（Philby, 2012）。

- **自我表達**（self-expression）：透過捉迷藏，兒童可以傳達因為早期依戀失敗而無法口說和無意識的訊息。

- **治療關係**（therapeutic relationship）：Vollmer（2009）主張，捉迷藏可滿足兒童對自主的需求，並讓兒童知道自己可以自由探索。此外，兒童從「被找到」中也可獲益，因為這意味著有人關心自己。Allan 和 Pare（1997）寫道：

我們發現這個遊戲的背後埋藏著許多情緒：有兒童身體的覺醒、被需要與尋找的興奮、大吃一驚的樂趣、掌控互動的力量、對失落的焦慮、失去所愛之人的痛苦、重聚的喜悅與輕鬆、對孤獨的恐懼、對恐懼的征服、瞞過大人的狂喜，最後還有隨此魔法而來的賦權。（p. 160）

描述

年齡
嬰兒以上。

技術

行動捉迷藏

　　Allan 和 Pare（1997）提到，治療室必須留有空間，以利行動捉迷藏（Behavioral Hide-and-Seek）的進行。這裡所說的空間包括把沙發轉個角度挪離牆

邊、使用落地長簾，或用窗簾和毯子在遊戲室一角隔出小空間。此外，兒童遊戲時治療師也要注意觀察是否有口語或非口語的捉迷藏主題。例如，兒童可能躲在桌子底下或說：「假裝你看不到我。」當出現這類邀請時，治療師的回應必須表達出因兒童不見而驚慌與失望、因為找不到兒童而擔心、因兒童消失而難過，以及因重聚而喜悅（Allan & Pare, 1997）。

想像捉迷藏（Prat, 2001）

想像捉迷藏（Imaginary Hide-and-Seek）是兒童先想像自己躲在治療師工作室或遊戲室的一角，例如：「書架頂端」、「椅墊下」、「娃娃屋裡」，以及「烏龜玩偶肚子裡」。兒童選好後說聲「好了」，然後由治療師猜，兒童回答「對」、「不對」。接下來換治療師挑地方，兒童來猜。

感覺捉迷藏

感覺捉迷藏（Feelings Hide-and-Seek）的這個治療用版本（Kenney-Noziska, 2008）可促進情緒表達。準備此活動時，治療師在卡片上寫好情緒詞彙，將卡片藏在遊戲室各個角落。兒童找到卡片時，討論該情緒以及之前感受到此情緒的情境。

躲貓貓遊戲

翻翻書和 Jack-in-the-Box、Peek-a-Boo Panda（Melissa & Doug）等幼童玩具，以及 Night and Day Studios, Inc.出品的 Peekaboo Friends 等電腦應用程式，都可用來進行躲貓貓遊戲（peekaboo play），強化嬰兒及幼兒的物體恆存概念。

沙丁魚遊戲

此沙丁魚（Sardines）團體遊戲類似於捉迷藏，不同之處在於由一名兒童躲起來，其他人找；找到躲起來的人時就跟他一起躲，直到每個人都躲在一起為止。

實證發現

此技術尚需進一步的實證研究。

應用

對於因創傷、遺棄、收養、死亡或離異而有不安全依戀的兒童來說，捉迷藏和躲貓貓遊戲特別有療效。這些兒童常覺得自己微不足道、不被需要、不值得被找到。他們被捉迷藏吸引的原因是這個遊戲讓他們能外化這些情緒，並掌握附隨的傷痛。與能產生情緒共鳴的治療師玩捉迷藏提供了新的體驗，協助這些兒童內化自己很重要且被珍視的感受，進而增加兒童的自信、安全感及自尊。即使是所謂有安全依戀的兒童，碰到與家長分離的時候，也可以透過分離／重聚遊戲表達自己對安撫與保證的需求。

參考文獻

Ainsworth, M. D. S., Blehar, M. C., Waters, E., & Wall, S. (1978). *Patterns of attachment: A psychological study of the strange situation*. Hillsdale, NJ: Erlbaum.

Allan, J., & Pare, M. A. (1997). Hide-and-seek in play therapy. In H. G. Kaduson & C. E. Schaefer (Eds.), *101 play therapy techniques* (pp. 158–162). Northvale, NJ: Jason Aronson.

Fernald, A., & O'Neill, D. K. (1993). Peek-a-boo across cultures: How mothers and infants play with voices, faces, and expectations. In K. B. MacDonald (Ed.), *Parent–child play: Descriptions and implications*. Albany: State University of New York Press.

Israelievitch, G. (2008). Hiding and seeking and being found: Reflections on the hide-and-seek game in the clinical playroom. *Journal of Infant, Child, and Adolescent Psychotherapy*, 7, 58–76.

Kenney-Noziska, S. (2008). *Techniques–techniques–techniques: Play-based activities for children, adolescents, and families*. West Conshokocken, PA: Infinity.

Lacy, A. (2014, March 11). Peek-a-boo: A window on baby's brain. Retrieved from *www.bbc.com/news/health-24553877*.

Mahler, M. S., Pine, F., & Bergman, A. (1975). *The psychological birth of the human infant*. New York: Basic Books.

Philby, C. (2012). Peekaboo!: Why do babies laugh? Retrieved from *www.iol.co.za/lifestyle/family/baby-toddler/peekaboo-why-do-babies-laugh-1.1420745#.VNF9Lyx0xjo*.

Piaget, J. (1954). *The origins of intelligence*. New York: Basic Books.

Prat, R. (2001). Imaginary hide and seek: A technique for opening up a psychic space in child psychotherapy. *Journal of Child Psychotherapy*, 27(2), 175–196.

Vollmer, S. (2009, December 23). Hide and seek. *Psychology Today*. Retrieved from *www.psychologytoday.com/blog/learning-play/200912/hide-and-seek*.

55

魔術戲法

所有的魔術都和轉變有關……魔術師要說的是，你是你自己生命的魔術師。你是轉變的代言人——你自己的轉變。

——Eugene Burger

簡介

自古以來，全世界都著迷於錯覺的藝術。早在西元前 5000 年，魔術師就為法老表演；歐洲巖洞牆上的原始圖畫畫著魔法師；魔術師也在古希臘和羅馬的街頭表演。西元 1584 年 Jean Prévost 出版了第一本關於實用魔術的書籍 *La Première Partie des Subtiles et Plaisantes Inventions*（*The First Part of Subtle and Pleasant Tricks*）。當時，街頭魔術師活躍在全球各地，從英國的露天市場到印度的小村莊都看得到。

西元 19 世紀中期，人稱「現代魔術之父」的 Jean Eugene Robert-Houdini 將街頭魔術和馬戲團表演引入優雅的巴黎舞台與大廳。差不多在同一時期，John Henry Anderson 領導著倫敦的魔術藝術發展。20 世紀早期，紐約的美國魔術師協會（Society of American Magicians）和倫敦的魔術圈（The Magic Circle）等魔術界組織成立，推動舞臺魔術藝術的發展。自那時起，全世界的舞台和電視節目都有魔術表演，魔術也成為兒童聚會和社交場合中常見的娛樂（All About

Magicians.com, n.d.）。

　　1988 年，獲獎的幻術家Kevin Spencer苦於頭部和脊髓損傷，接受了數個月的物理和職能復健治療。好轉之後，他和太太創立了 Healing of Magic，此計畫協助病人提高動機與自信，並重拾身體功能。1977 年，Howard 出版了第一本魔術應用於兒童心理治療的書籍。現在，「魔術治療」被運用在許多國家的醫院、復健機構與學校（Healing of Magic, 2014）。

原理

　　兒童天生就對魔術戲法有興趣，因為魔術神奇、迷人又富挑戰，也因此魔術是遊戲治療的理想工具。魔術戲法的療效助益有幾個方面，包括：

- **關係建立**（rapport building）：魔術是迷人的活動，所以是治療中邀請抗拒的兒童以及建立治療同盟的極佳辦法（Bow, 1988; Frey, 2008）。此外，魔術戲法既沒有威脅性，又很有趣，讓兒童知道治療也可以是開心的經驗，因而提高持續治療的動機（Stehouwer, 1983）。
- **隱喻教導**（metaphorical teaching）：魔術戲法可當作隱喻或象徵來傳達某些訊息，如改變的力量、將負向轉換為正向、看到表面之後本質的重要性，以及耐心的美德（Bow, 1988）。魔術戲法幫助兒童了解，儘管是看來不可能的事，外來的知識也可能讓這些事成真。就算兒童自己覺得無助，治療師也能幫助他找到新的方法來處理和解決問題。
- **勝任感**（competence）：告訴兒童戲法的「祕密」有賦權（empowering）的效用，可以增加兒童的自尊心，讓兒童有自信解決其他的生活問題。
- **灌注希望**（instillation of hope）：魔術戲法象徵樂觀與改變的可能，提醒兒童問題的解決方法不總是像表面看起來那樣複雜。
- **團體凝聚**（group cohesion）：魔術是新團體建立時很好的破冰工具。

- **執行功能**（executive functioning）：魔術戲法需要專注、計畫、記憶、知覺、手眼協調、動作規劃、排序，以及執行簡單與複雜指令的能力。
- **正向情緒**（positive emotions）：魔術戲法有趣、具挑戰性，且好玩，可以提升心情。

描述

年齡

4 歲以上。

技術

　　Gilroy（2001）列出選擇魔術戲法作為遊戲治療工具時，需要考慮的因素。他提到這些戲法要單純、易學易用、可被檢查、步驟少、適合重複使用。此外，這些戲法必須是近距離魔術（close-up magic），準備起來迅速簡單、吸引兒童，並促進互動。請參考 Stehouwer（1983）其中描述幾種治療師和兒童都可以輕易上手、非常簡單的戲法。

　　過去所發表的遊戲治療使用魔術戲法準則（Frey, 2008; Gilroy, 2001; Pogue, 1998）包括：

- **同意**（consent）：為了避免兒童覺得自己被耍了，變魔術戲法前一定要先取得兒童的同意。你可以問兒童是否願意看你變魔術。
- **分享**（sharing）：變完魔術後若兒童問起，就告訴他戲法的訣竅，這樣有助於建立信任並鞏固治療聯盟。和多疑或防衛的兒童進行治療時這點特別重要。6 歲以下的兒童對某戲法感興趣的原因，通常是因為他們在看戲法的時候有喜悅的經驗。然而，6 歲以上的兒童最感興趣的通常是魔術怎麼變（Stehouwer, 1983）。

- **適合年齡**（age appropriateness）：使用適合兒童年齡並能讓兒童觸摸、檢查與操作的魔術戲法很重要。
- **社交互動**（social interaction）：魔術戲法會促進治療師和兒童之間的互動，讓兒童參與變魔術可強化這個過程。一定要避免「欺騙」，如使用假牌。
- **隱喻溝通**（metaphorical communication）：魔術技法可作為暗喻、傳達訊息給兒童、推動治療及兒童的成長。例如，看來不可能的事卻有人告訴你有其他方法可以做到。
- **安全及可近性**（safe and accessible）：使用材料簡單可近、兒童可以輕鬆拿到的魔術技法，不要用危險的材料。此外，不要對現實感不佳或有精神病的兒童使用魔術。

特定魔術戲法

- **D'lite**：Gilroy（2001）介紹了這個可用於 5 歲以上兒童團體諮商的魔術戲法。這個戲法在多數魔術商店都買得到，可用來教導兒童容忍、尊重、衝突化解，以及羞辱無用。治療師給兒童看兩個燈，一手一個。他把右手的燈舉起來說：「這是你的蠟燭。」把左手的燈舉起來說：「這是我的蠟燭。」然後把兩個燈放在一起說：「你看，我們兩個的蠟燭一樣亮，對不對？」團體成員依照指令專心看左邊蠟燭（治療師的蠟燭），然後治療師吹熄右邊的蠟燭，並說：「我剛剛吹熄了你的蠟燭，你看我的蠟燭也沒有更亮，對不對？」右邊的蠟燭再點亮，團體成員依照指令專心看這個蠟燭。治療師再把左手蠟燭吹熄，說：「我的蠟燭被吹熄了，你的蠟燭也沒有變更亮，對不對？」
- Frey（2008）介紹了下列三個魔術戲法，可用於 5 歲以上的兒童，建立治療同盟、增加病識感（知道改變是可能的），並促進創意的問題解決能力。

1. **跳橡皮圈戲法**：治療師告訴兒童要讓橡皮筋從小姆指跳到大拇指或中指，然後把橡皮圈放在小指，將其餘四指指尖彎曲套進橡皮圈，並握住手指。橡皮圈於是從小指跳到大拇指和中指。

2. **喝水戲法**：治療師伸出右手，手上放一杯水，要求兒童用雙手抓住他的手臂，告訴兒童無論他多用力把治療師的手往下拉，治療師還是可以舉起杯子喝水。當兒童用力拉的時候，治療師伸出左手，舉起杯子，喝水。

3. **馬鈴薯裡的吸管戲法**：治療師要兒童把吸管插進馬鈴薯，兒童做不到時換治療師試試看。治療師於是把吸管一端折起來握在手裡，拿起另一端塞進馬鈴薯。這時，因為吸管一端被折起，空氣被壓縮，所以吸管就可以穿過馬鈴薯了。

變化技術

治療隱喻

　　魔術戲法可作為生活經驗的隱喻，比如，當你覺得有些事情很難達成，但在引導下你發現其實不然；或是當你覺得你可以自由選擇，但實際上卻遇到瓶頸。

實證發現

1. Vagnoli、Caprilli、Robiglio 和 Mestri（2005）比較 40 個 5～12 歲、即將接受小手術的兒童之術前焦慮程度。半數兒童在等待手術和進行麻醉時，有家長和一名表演魔術的小丑陪伴。另外半數兒童身邊只有家長和醫療人員。結果顯示，有小丑或魔術師在場陪到睡著的兒童經歷到較輕微的術前焦慮，因此需要的麻醉劑量也較低。

2. Peretz 和 Gluck（2005）實驗將魔術用於拒絕進入牙科診間、坐在牙科診療椅上的兒童，以增加他們的配合度。70 名年紀 3～6 歲的兒童被隨機分配到實驗組或對照組；實驗組的兒童坐上診療椅前，先用魔術書變魔術（用魔術手法擦掉圖片，再重新畫上）。控制組的兒童則是被直接要求坐上椅子，並給予正向回饋。研究者檢視兒童需要多久才願意坐在牙科診療椅上、他們配合 X 光的程度，以及他們的 Frankl 行為量表分數。比起控制組，讓魔術組兒童坐上診療椅的時間顯著較短，且較多兒童成功照完 X 光。Frankl 量表也顯示，魔術組兒童比較合作。

應用

　　魔術戲法是兒童與青少年治療中建立關係與增加動機的理想方式，特別是對於抗拒參與治療的個案而言。魔術戲法也很適合用於教導注意力不足過動症兒童注意力技巧、對立反抗障礙症、衝動控制困難及挫折忍受度低的兒童。最後，魔術戲法是團體諮商的有效工具，可以促進團體凝聚力。

禁忌

　　魔術戲法幾乎可用於所有兒童，除了有妄想或精神病的兒童，因為魔術在他們身上可能會模糊幻想與現實的分野。

參考文獻

All About Magicians.com. (n.d.). History of magicians—timeline. Retrieved from *www.all-about-magicians.com/history-of-magicians.html*.

Bow, J. N. (1988). Treating resistant children. *Child and Adolescent Social Work*, *5*(1), 3–15.

Frey, D. (2008). Therapeutic magic tricks. In L. Lowenstein (Ed.), *Assessment and treatment activities for children, adolescents, and families* (Vol. 1, pp. 34–35). Ontario, Canada: Champion Books.

Gilroy, B. D. (2001). Using magic therapeutically with children. In H. G. Kaduson & C. E. Schaefer (Eds.), *101 more favorite play therapy techniques* (pp. 429–438). Northvale, NJ: Jason Aronson.

Healing of Magic. (2014). What is the healing of magic? Retrieved from *www.magictherapy.com*.

Howard, T. (1977). *How to use magic in psychotherapy with children*. Long Beach, MS: Emerald.

Peretz, B., & Gluck, G. (2005). Magic trick: A behavioural strategy for the management of strong willed children. *International Journal of Pediatric Dentistry*, *15*, 429–436.

Pogue, D. (1998). *Magic for dummies*. New York: Hungry Minds.

Stehouwer, R. C. (1983). Using magic to establish rapport and improve motivation in psychotherapy with children: Theory, issues, and technique. *Psychotherapy in Private Practice*, *1*(2), 85–94.

Vagnoli, L., Caprilli, S., Robiglio, B. A., & Mestri, A. (2005). Clown doctors as a treatment for preoperative anxiety in children: A randomized, prospective study. *Pediatrics*, *116*(4), 563–567.

56

感覺臉譜

未出口的情緒不會消失，只會被生生埋藏，然後以更醜陋的方式再度出現。

——Sigmund Freud

簡介

西元 1963 年，美國插畫藝術家 Harvey Ball 首創黃色笑臉。當時他受國家人壽保險公司（State Mutual Life Assurance Company，現名為 Allmerica Financial Corporation）委託，要設計一套圖案用在海報、按鈕和標誌上來提高員工士氣。之後，這個笑臉圖案吸引了廣大群眾。1970 年代初，費城兩間賀卡店的老闆 Bernard Spain 和 Murray Spain 在笑臉上加了標語「Have a Happy Day」，將此圖案註冊了商標，並衍生出許多相關新商品。笑臉風靡大眾，變成了越戰時期國際通用的樂觀象徵，也成為流行文化的圖標。

這個簡單笑臉的誕生帶來了成千上萬的變化，且出現在數不清的物品上，從衣服、居家裝飾、貼紙、珠寶，到各種新器具。藝術家 Dave Gibbons 寫道：「這只是個黃色圖案加上三道記號，再簡單不過了。看起來沒什麼，卻可以代表很多意思。」（Stamp, 2013）。因此，這是個與兒童進行遊戲治療時很重要的工具。

原理

心理治療的主要目標之一是幫助兒童認識、表達並管理情緒。幼童因為認知和語言能力有限，因此不容易做到這些。此外，兒童跟治療師說話常會焦慮。在這些議題上感覺臉譜是幫助兒童的一種迷人又有趣的方式。感覺臉譜的療效助益有幾方面：

- **溝通**（communication）：幼童的情緒詞彙有限，感覺臉譜提供了具體的工具，教導兒童感覺像什麼，並分辨不同的情緒狀態。藉著指出感覺臉譜的圖片，兒童更能表達情緒，進而有更豐富的詞彙及更好的情緒能力。
- **情緒調節**（emotional regulation）：文獻顯示，使用語言描述內在感覺的人通常比較有彈性，能夠用不同方式調整情緒（Siegel, 2007）。感覺臉譜是教育兒童何謂感覺的理想方式，可幫助兒童表達與調節內在經驗。顯然，假如兒童對某件事物不知如何稱呼，他就比較不容易辨認、理解及掌控它。
- **增進關係**（relationship enhancement）：辨認他人情緒及表達自己情緒的能力可以提升溝通技巧、合作以及對他人的同情心。這些重要特質有助於正向的同儕關係。
- **了解診斷**（diagnostic understanding）：感覺臉譜幫助兒童討論情緒經驗與情境，提供治療師關於兒童內在世界與情緒需求的重要資訊。

描述

年齡

4 歲的兒童可以認識四種基本情緒：喜、怒、哀、懼。到了 5 歲，兒童可

以辨認情緒表達間的關聯、引發特定情緒的情境，以及這些情緒表達的後果（Denham, 1986; Denham & Couchoud, 1990）。

材料

不同表情臉孔的海報或圖片（例如開心、悲傷、憤怒）。

技術

許多治療師會在遊戲室的牆上掛著感覺臉譜的海報以備不時之需，可以要兒童指出最近幾天自己的感覺最像哪一張臉。有些治療師在單元開始時會要求兒童畫一張臉以表達自己的感覺，或描述何時曾有過這個情緒。這種做法通常會引發一連串有關感覺經驗的前情與後果的討論。

變化技術

翻轉表情圖案

翻轉表情圖案（Flip-Flop Feeling Faces），這個迪士尼出品的沙包遊戲是為 4 歲以上的兒童而設計，教導兒童理解各種表情並促進情緒的表達。把沙包放進碗裡或把碗翻過去蓋住沙包都可以得一分。這個遊戲也鼓勵合作遊戲（cooperative play）、顏色／感覺連結（如憤怒的臉），以及社會認知（social awareness）。

感覺比一比

感覺比一比（Feelings Charades）這個團體技術中，在約 20 張卡片上寫著感覺字眼（例如擔心、興奮、勇敢）。每名兒童都選一張卡片，無聲的演出卡片上的感覺；其他團體成員有一分鐘時間可以猜猜是什麼感覺，並分享之前自己有過這個感覺的經驗。演、猜或分享該感覺都可以得分。感覺比一比也可以和治療師一起玩，或是在家和家人一起玩。

感覺貼紙

Lowenstein（2001）提出這個通用於各年齡兒童的技術。感覺貼紙（Feeling Stickers）需要一大張厚紙、笑臉（快樂感覺）、悲傷臉孔（悲傷感覺）、蜥蜴（害怕感覺）與星星（驕傲感覺）的貼紙。治療師在厚紙上畫出兒童的身體，說：「我們要用貼紙來幫忙說出感覺。」治療師要求兒童談談什麼讓他快樂、悲傷、憤怒及驕傲。討論過各種感覺後，要求兒童把貼紙貼在人型輪廓上，表達他覺得身體的哪個部位有什麼感覺。

感覺套圈圈

Pam Dyson 發明這種技術來增加 3 歲以上兒童的情緒字彙。感覺套圈圈（Feelings Ring Toss）需要的材料包括：四個塑膠瓶（汽水瓶最好），米、沙子或豆子，透明封箱膠布（寬度足以蓋住感覺臉譜），四種不同感覺臉譜（每種各兩個），四個圈圈（用兩碼長的乾淨管子或四個紙盤做），熱熔膠槍、色紙、蠟筆或色筆，以及剪刀。治療開始前，治療師把瓶子沖好烘乾，在裡面倒入米或沙子增加重量以免打翻，把瓶蓋黏回去，在色紙上畫好感覺臉譜（喜、怒、哀、懼），每個瓶子上貼兩張，並用透明膠布固定。把紙盤的中心割掉就可以當成圈圈。遊戲的玩法是，在開闊空間放好瓶子，兒童站在幾英尺外，拿四個圈圈，一次丟一個。當兒童將圈圈套進瓶子時，大聲說出瓶子上的感覺符號。接著，討論這個感覺。

感覺中心

Benedict（1997）設計此技術——感覺中心（Feeling Center），作為干擾教室秩序行為的學齡前兒童的輔助遊戲治療。在教室裡布置感覺區，就像閱讀區、家事區一樣。用矮牆或表情海報之類的裝飾，將此區和其他區域清楚隔開；感覺區裡面放有枕頭或豆袋椅，有畫板可以亂寫，有橡皮圖章、敲擊玩

具，一組可傳達憤怒、悲傷、嚴肅、開心與驚訝等感覺的彩色圖表；還有其他可表達情緒的玩具。老師或治療師可以讀一本有關感覺的書，帶領兒童討論如何控制不悅的感覺，藉此讓兒童熟悉這個感覺區。

實證發現

1. Lieberman 和同事（2007）使用 fMRI 的研究發現，透過某個可能的神經認知徑路，標記感覺有助於管理負面情緒經驗。30 名受試者觀看不同情緒表情的人臉圖片，圖片底下若看到兩個感覺詞彙（例如憤怒和恐懼），就選擇圖片描述的情緒，若看到兩個名字（如哈利和莎莉），就選擇符合圖片性別的名字。研究者發現，當受試者用文字標記臉譜的情緒，即他們稱之為情緒標記（affect labeling）的過程，杏仁核（與情緒低落相關的區域）的活性較低，與語言及口語表達相關的右腹側前額葉活性則增加。作者總結，口說情緒可活化右腹側前額葉（right ventrolateral prefrontal cortex），藉此抑制與情緒痛苦相連的腦區。Lieberman 說明：「就好像開車時看到黃燈踩剎車一樣，當你把感覺付諸語言，似乎就能踩下情緒反應的煞車。」（UCLA College Report, 2010, p. 19）

2. Parker、Mathis 和 Kupersmidt（2013）讓學齡前兒童做一件需要從面部表情或肢體動作辨識情緒的情緒認知任務。結果顯示，他們從兩種圖片辨識情緒的精確程度和老師對他們的社交技巧評語有相關。

3. Pennebaker、Kiecolt-Glaser 和 Glaser（2008）發現，透過談話或書寫來積極面對不悅經驗，可以減少壓抑帶來的負面影響。他們的實驗中要求 50 名大學生連續四天寫下一件創傷經驗或一件很表面的事情。健康檢查以及兩項細胞免疫系統功能指數均顯示，直接面對創傷經驗對身體有益。

4. Philippot 和 Feldman（1990）發現學齡前兒童辨認面部情緒表情的能力和社交能力相關。

應用

感覺臉譜可用於各種年齡層及臨床族群的兒童，協助兒童認識與表達情緒狀態，包括憤怒、憂鬱、恐懼與焦慮。感覺臉譜可讓治療師幫助兒童討論、釋放並調整情緒，而非隱忍或叛逆。

參考文獻

Benedict, H. E. (1997). The feelings center. In H. G. Kaduson & C. E. Schaefer (Eds.), *101 favorite play therapy techniques* (pp. 383–387). Northvale, NJ: Jason Aronson.

Denham, S. A. (1986). Social cognition, prosocial behavior, and emotion in preschoolers: Contextual variation. *Child Development, 56*, 197–201.

Denham, S. A., & Couchoud, E. (1990). Young preschoolers' ability to identify emotions in equivocal situations. *Child Study Journal, 20*(3), 153–165.

Dyson, P. (n.d.). Feelings ring toss. Retrieved from *http://stlplaytherapy.com/files/Feelings_Ring_Toss.pdf.*

Lieberman, M. D., Eisenberger, N. I., Crockett, M. J., Tom, S. M., Pfeifer, J. H., & Way, B. M. (2007). Putting feelings into words: Affect labeling disrupts amygdala activity in response to affective stimuli. *Psychological Science, 18*(5), 421–428.

Lowenstein, L. (2001). Feeling stickers. In H. G. Kaduson & C. E. Schaefer (Eds.), *101 more play therapy techniques* (pp. 88–91). Northvale, NJ: Jason Aronson.

Parker, A., Mathis, E. T., & Kupersmidt, J. B. (2013). How is this child feeling?: Preschool-aged children's ability to recognize emotion in faces and body poses. *Early Education and Development, 24*, 188–211.

Pennebaker, J. W., Kiecolt-Glaser, J. K., & Glaser, R. (2008). Disclosure of traumas and immune function: Health implications for psychotherapy. *Journal of Consulting and Clinical Psychology, 56*(2), 239–245.

Philippot, P., & Feldman, R. (1990). Age and social competence in preschoolers' decoding of facial expressions. *British Journal of Social Psychology, 29*, 43–54.

Siegel, D. (2007). *The mindful brain: Reflection and attunement in the cultivation of well-being.* New York: Norton.

Stamp, J. (2013). Who really invented the smiley face? *Smithsonian.* Retrieved from *www.smithsonianmag.com/arts-culture/who-really-invented-the-smiley-face-2058483/?no-ist.*

What happens when we put feelings into words? (2010, Winter). *UCLA College Report, 13*, 18–19. Retrieved from *www.college.ucla.edu/report/uclacollegereport13.pdf.*

57

行動遊戲箱

「好好笑的袋子！」麥可說。袋子裡面空無一物。但隨即魔法保姆瑪
麗・包萍拿出一條白圍裙、一大塊肥皂、一把牙刷、一袋髮夾、一罐
香水和一把小椅子。珍和麥可都大吃一驚。

——P. L. Travers

簡介

　　兒童治療師常會承租或共用辦公空間，在醫院、學校、家裡工作，或在辦
公室之間遊走。因此，他們常缺乏儲藏和整理遊戲材料的空間。Cassell
（1979）介紹行動遊戲箱，提供沒有固定遊戲室的兒童治療師使用。她推薦一
系列玩具與美術材料，都是已知可以促進自我表達並有助於治療進展的材料。
用三個箱子裝滿這些材料，就可以讓遊戲治療更機動、隨時可為兒童所用。

原理

　　行動遊戲箱讓沒有治療室或辦公空間的兒童治療師滿足兒童的需求。根據
Cassell（1979）所列出行動遊戲箱包括的玩具和美術材料，可用於自我表達、
角色扮演、創意思考、幻想、隱喻教學、主控，以及關係促進。此外，行動遊

戲箱有這些療效助益：

- **正向情緒**（positive emotion）：幼兒對於箱子可以裝玩具和遊戲材料這件事會覺得很興奮。探索箱子裡的東西是很有趣的活動，可以吸引他們的興趣和合作。
- **工作同盟**（working alliance）：「治療師帶玩具來」這件事讓兒童感覺自己被照顧、被重視，也讓兒童看到治療師為了治療而準備與認真投入。這些因素都有利於工作同盟。
- **溝通**（communication）：治療師根據兒童的興趣、發展需求與能力選擇玩具，藉此傳達出自己的體諒、同理與同情。反過來說，兒童也透過玩具溝通，並重整其感受、思考與需求。
- **問題解決／創意思考**（problem solving/creative thinking）：看到治療師帶東西到治療中，兒童知道創意、計畫和努力可以克服挑戰。玩玩具的回饋也告訴兒童，面對挑戰可以帶來喜悅與龐大的獎勵。

描述

年齡

4 歲以上。

材料

　　Cassell（1979）的行動遊戲箱材料包括一個大手提箱（20.5×7 英寸）、兩個不同顏色的小箱子（5.5×10 英寸）、可攜式舞台、手提的攜帶式娃娃屋（收起來約 9×15 英寸）。

　　大手提箱裝的是：

- 一個小盒子，內有 15 輛玩具車和卡車（包括救護車、工事車和郵務

車），以及一組可以放在娃娃屋的迷你娃娃。

- 一個大盒子，裝滿樂高積木，以及可組成兩個家庭（黑人與白人）與
  社會人士的六英寸高木頭公仔。
- 一個大盒子，內裝軍隊玩具，包括士兵、四輛坦克、四台卡車、兩台
  吉普車、小型玩具槍枝，以及有浴缸、馬桶和水槽的玩具屋浴室。
- 美術材料，包括大畫板、蠟筆、彩色筆、橡皮黏土、黏土（放在箱子
  的拉鍊夾層中）。

兩個小箱子裝的是：

- 每個箱子各裝一個娃娃家庭（白人與黑人）。
- 塑膠頭的家庭布偶（包括一個附奶瓶的嬰兒）。
- 其他布偶，包括醫生、工人、警察。
- 各種用於認同與自我表達的動物布偶，例如凶猛的鱷魚、可愛的臭鼬
  與毛茸茸的棕熊。

　　拿出箱中的材料之前，治療師必須先用小毯子或其他東西幫兒童圈定遊戲
空間。

變化技術

遊戲櫥櫃

　　Kuntz（2003）提出遊戲櫥櫃（Play Cabinet）這個適用年齡從嬰兒到青少
年的長期住院兒童的技術。在兒童病房使用遊戲櫃，可提供住院兒童融入每天
治療進度的治療遊戲體驗。這個櫥櫃裝滿毯子、枕頭、符合年紀的玩具、書籍
與音樂，將病房變成治療空間。將遊戲納入每天的醫療照護可以讓醫護人員了
解兒童的發展與情緒，幫助兒童表達恐懼與焦慮。Kuntz 提到，櫃子裡可以放
入四個年齡層兒童用的玩具：嬰兒、學步兒與學齡前兒童、學齡兒童、青少

年。嬰兒用的玩具包括墊子、球、玩具、布偶、吊飾和波浪鼓。學步兒與學齡前兒童的玩具包括積木、玩具車、推車、玩具衣服、杯盤、娃娃組合、推拉玩具、拼圖、木馬、工具箱和戲水用具、印章與墨水。學齡兒童的玩具包括戲偶、桌遊、謎語、軟球與手工用具。青少年的材料包括遊戲、影片、手工藝、拼貼、雜誌、珠寶箱、印章、墨水與遊戲機。所有年齡通用的材料包括柔軟的毯子與枕頭、適齡書籍與音樂，以及各種美術材料如蠟筆、彩色筆和水彩。

豪華版遊戲治療捲／含毛毯捲的行動遊戲治療組

此遊戲組（Deluxe Rolling Play Therapy Kit/Mobile Play Therapy Kit with Rolling Duffle）可在 childtherapytoys.com 購得，提供行動治療師或有多個工作地點的治療師使用，內含可攜式的毛毯捲，以及防水布、娃娃屋、玩具家庭（不同膚色）、男女娃娃、卡片遊戲組〔老侍女（Old Maid）、動物紙牌遊戲（Animal Rummy）及釣魚趣（Go Fish）〕、棋盤遊戲、泡綿球、社交與情緒能力遊戲（Social and Emotional Competence Game）、軍隊玩具、工作箱、塑型黏土、木頭積木、一組廚房玩具、食物組、彩蛋、玩具錢、醫生玩具、手機、彩色筆、畫板、士兵組、恐龍、家貓家狗玩偶、西部野地玩具組，以及一張小型「你有什麼感覺」的海報。

實證發現

此技術仍需進一步的實證研究。

應用

　　行動遊戲箱可調整到適用於各種年齡、各種問題的兒童與青少年。因為箱子可以裝各種需要的玩具和材料，所以這個技術的好處無窮。行動遊戲箱讓兒童治療師能夠在沒有玩具的情況下滿足兒童的需求，如窮困的社區、災後現場等，也方便教師和資深臨床人員訓練遊戲治療師。

參考文獻

Cassell, S. (1979). The suitcase playroom. In C. E. Schaefer (Ed.), *Therapeutic use of child's play* (pp. 413–414). Northvale, NJ: Jason Aronson.

Kuntz, N. (2003). Play cabinet. In H. G. Kaduson & C. E. Schaefer (Eds.), *101 favorite play therapy techniques* (Vol. 3, pp. 263–267). Lanham, MD: Jason Aronson.

58

遊戲治療儀式

透過這種儀式行為，我們宣告自己是誰；藉由分享與重演，將我們自己與他人相繫。

——Kevin Chandler

簡介

儀式是以固定模式進行的典禮、程序或活動，可見於宗教活動、結婚典禮與葬禮的進行、假日與紀念日的慶祝、家族聚餐與結束一天的方式。心理治療中常忽略了儀式的療效價值，而較著重於治療的內容。遊戲治療的儀式提供兒童可預測性、安全感與包容，這些都可以降低焦慮，建立自我控制的感受（Gallo-Lopez, 2006）。許多接受遊戲治療的兒童都較衝動，也難以處理活動間的轉換。他們需要協助才能在治療開始時安定下來，並在治療結束時脫離遊戲活動。遊戲治療的儀式一般包括開案、治療開始與結束、慶祝個案進步，以及結案。

原理

儀式有許多目的，在遊戲治療中也有多種益處，包括：

- **治療同盟**（therapeutic alliance）：遊戲治療起始的儀式可減低抗拒、建立治療同盟，以及幫助兒童感到舒適、被尊重及安全。這些儀式讓兒童知道治療師是穩定、可依賴、值得信任的，讓兒童熟悉治療，以及讓兒童覺得安心且被關注。

- **歸屬感／團體凝聚**（belonging/group cohesiveness）：點心時間、玩兒童最愛的遊戲或自創遊戲，或團體諮商的團體時間等儀式，可以促進歸屬感與團體凝聚。

- **正向情緒**（positive emotion）：派對或點心等儀式很有趣，有助於讓兒童產生幸福感，也可以讓現實中壓力太大的兒童暫時休息。此外，提供食物有滋養的意義，對於曾經歷失落以及貧窮的兒童有非常好的療癒效果。

- **轉換議題**（transition issues）：開始治療的儀式幫助兒童從日常生活轉換到治療室。這些儀式代表「現在我們要開始了」，幫助兒童進入單元，重新專注於治療工作。同樣的，結束治療的儀式讓兒童準備好離開，並提供結尾，讓兒童有機會整理關於治療的感受，幫助他們冷靜、放鬆、愉快的離開。

- **安全**（safety）：能夠預測接下來會發生的事會讓兒童感覺自己有能力。知道情境如何以及何時發生可以幫助兒童準備好，覺得安心。對於家庭狀況不穩定、常常感到不安全與掙扎的兒童來說，這點特別有用。

- **自尊**（self-esteem）：當兒童達到治療目標或其他生命里程碑時的慶祝儀式都很令人開心，讓兒童感到自豪。這會讓兒童有力量去達成未來的目標，並建立自信及自尊。

- **結案議題**（termination issues）：治療的終止期是幫助兒童有機會整理自己的成就、過去的分離和失落以及未來。結案儀式有助於讓治療具體劃下句點、強調兒童的成就、讓兒童自豪、提供健康的道別方式、處理失落議題，以及預期未來如何解決問題（Cangelosi, 1997）。因此，勢必要有結案儀式，也要給兒童二到四週的時間準備結案。

描述

年齡

所有年齡。

技術

儀式依其目的有許多不同的執行方式。單元開始時，正面意義的基本儀式之一就是用笑容、眼神接觸和稱呼兒童的名字，溫暖的歡迎兒童。這個歡迎儀式一般包括問問題或發表看法（例如「我喜歡你的笑容」），以期開啟言語的互動。治療師可以提供果汁和小點心，因為有些兒童是一放學就過來，餓到整個單元都很難專心。其他開始單元的儀式包括脫鞋、探索玩具、引入繪畫活動、互相擊掌，或玩個熟悉的遊戲。塗鴉遊戲等投射技巧是開始單元的極佳方法，因為它們很有趣、可互動，且提供治療師關於兒童思考與內在世界的訊息。治療師也可以玩球、說故事，用毯子、枕頭或填充玩偶來安撫兒童。在團體中，有助於開始治療的儀式包括圍成圓圈、玩信任遊戲，或討論兒童來到團體的原因。

慶祝兒童於遊戲治療中的成就可採用的儀式包括舉辦派對、發給兒童證書或獎品。結束單次治療的儀式可利用吃點心、閱讀治療、以簡單的繪圖活動作緩和、從藏寶箱裡挑一個小獎品（例如氣球、派對小物或貼紙）。結案儀式可採用的形式包括由治療師和兒童一起設計的歡送會、回顧兒童於治療中的成就、將近離別時討論對彼此的感覺，以及類似過渡性客體的兒童成績證書或治療師送的小禮物。還有一種可行方法，是為兒童準備一個儀式盒帶回家，裡面放的是從第一次治療開始在遊戲室裡的工作作品。

變化技術

創意整理技術

　　Pehrsson（2003）提出創意整理技術（Creative Cleanup Technique）這個技巧，以處理每次遊戲治療結束時的整理議題。在每次單元結束前 5～10 分鐘，治療師告訴兒童：「今天時間快到了。我們只剩下一點點時間，現在我要來清理，你來結尾。」然後治療師就打掃房間，讓兒童有時間完成活動。需要設限時，治療師說：「清理時沒有新玩具可以用了。」遊戲室整理乾淨後，治療師告訴兒童時間到，問兒童是否要開門。

小葉子過渡儀式

　　Cerio（2001）用小葉子過渡儀式（The Little Leaf Transition Ritual）來協助兒童從遊戲治療回到課堂或家庭，對於太興奮或難以停止遊戲的兒童來說通常格外有效。治療師跟兒童說一個輕鬆的寓言故事《小葉子》（*The Little Leaf*），語調要像歌唱般，從高到中到低，音量則從中等降到低語。加上故事的內容是一片葉子飄落地面最後靜止，可以讓兒童進入放鬆的狀態。然後告訴兒童：「現在，當你回學校上課，你還會繼續覺得放鬆而清醒。」（p. 40）

治療標題

　　治療標題（The Title of Therapy）這個技術（Dee, 2001）協助兒童發現及說出自己在治療中的經驗，並描述對自己的影響。在最後兩次諮商中，治療師給兒童看整個療程中所完成的畫作，鼓勵兒童討論當時發生的事、畫圖時的感受，以及現在對圖畫的感覺。然後，治療師要兒童為每張畫命名，並依時序將畫排在地上。兒童討論圖畫之間的異同等相關議題，然後決定要把這些作品帶回家或留給治療師。

道別——打斷鏈上的環

　　Lawrence（2003）發展道別——打斷鏈上的環（Saying Goodbye—Breaking the Links in a Chain）這個技巧，藉以協助 4～8 歲的兒童準備結案。最末次單元的三或四週前，兒童用色紙條做成鏈子，然後由兒童自己或治療師在鏈子的第一個環寫上當天日期，在其他環上寫接下來幾次單元的日期。每次兒童來治療時，就扯下當次的環，以記錄還剩幾次單元。

手掌圖

　　在手掌圖（Hand Drawings）技術中，治療師與兒童在紙上相鄰的地方描下各自的手掌輪廓。結案後，這個紀念品仍可提醒兒童治療合作關係，也可作為自我支持的泉源（Shelby, 1996）。治療師也保留一份影本，讓兒童知道自己會被記住。

臨別贈禮

　　結案時，治療師可能會想送兒童小禮物。挑選禮物時，重要的是要考慮禮物傳達的訊息，以及這個禮物如何影響兒童，例如，送雜誌或素描板強調自我表達的重要性，鼓勵兒童持續探索並表達自己的感受、想法、計畫與印象。這類型的禮物也讓兒童知道治療師很重視他們的感覺及想法。同樣的，送給嗜書的兒童一本他最愛作者的書，代表治療師聽到、也鼓勵兒童的喜好。治療師也可以直接從遊戲室中挑個兒童喜歡、或在治療中有重大意義的玩具作為禮物，例如，治療師（DC）在一位青少年要結束療程上大學時，送她的是遊戲室裡她最愛的魔杖。治療初期，這根魔杖曾幫助這個女孩討論她的困擾，她也常常把玩這根魔杖，用它許下願望。送這根魔杖給女孩，是要提醒她曾經共同進行的工作、在她轉換生命跑道上大學時提供她安慰，也是暗示她要繼續表達自己的願望與需要。

實證發現

1. Eilam、Izhar 和 Mort（2011）發現籃球員、籠中動物以及強迫症病人都會利用儀式行為，來管理失控狀況下的壓力與焦慮。健康使用儀式的例子是，研究人員發現籃球員在罰球前常習慣先運球特定的次數，這種儀式行為也會提高球員專注力及對動作的掌控能力。

2. Norton 和 Gino（2014）發現投入儀式行為可以減輕失落帶來的悲傷，無論該失落是嚴重到改變生活（所愛之人的死亡或分離）或平凡的（如沒中樂透）。某實驗中，受試者被要求寫下所愛之人的死亡或親密關係的完結；另一組受試者也同時寫下經歷該失落後所進行的儀式行為。研究者發現，寫下進行儀式行為的人較只寫下失落的人而言，悲傷感受較輕微。

　　　　研究者也探討沒中樂透時為了減少失望所採用的儀式行為有多大力量。受試者被告知他們參與一項可能贏得 200 美元的隨機抽獎，並被要求寫下要如何運用這筆錢。抽獎後，得獎者離開，其餘受試者被分成兩組。一組參與四步驟儀式，而控制組則參與一般抽籤活動。參與儀式的受試者之悲傷感受較輕微。

應用

　　儀式協助治療中的兒童適應環境轉換與改變的壓力。開案儀式提供治療結構及可預測性，協助害羞慢熱的兒童適應開始單元。在治療中以固定的方式進行儀式，可給予注意力不足過動症或有不穩定、紛亂或受虐背景的兒童平靜、可預測及安全的感覺，並建立健康的依戀關係。慶祝儀式提供有失落和創傷議題的兒童從壓力情緒中放鬆的機會，對於達到治療目標的兒童可提升其自尊與自豪感。每次單元結束時的儀式對於有依戀困擾和分離焦慮的兒童來說格外重

要。最後，結案儀式灌輸了成就感、自豪感及希望，讓所有進行治療的兒童有時間整理自己對於治療關係結束的感受。

參考文獻

Cangelosi, D. (1997). *Saying goodbye in child psychotherapy: Planned, unplanned and premature endings.* Northvale, NJ: Jason Aronson.

Cerio, J. (2001). The little leaf transition ritual. In H. G. Kaduson & C. E. Schaefer (Eds.), *101 more play therapy techniques* (pp. 37–40). Northvale, NJ: Jason Aronson.

Dee, R. (2001). The title of therapy. In H. G. Kaduson & C. E. Schaefer (Eds.), *101 more play therapy techniques* (pp. 146–149). Northvale, NJ: Jason Aronson.

Eilam, D., Izhar, R., & Mort, J. (2011). Threat detection: Behavioral practices in animals and humans. *Neuroscience and Biobehavioral Reviews, 35*(4), 999–1006.

Gallo-Lopez, L. (2006). A creative play therapy approach to the group treatment of young sexually abused children. In H. G. Kaduson & C. E. Schaefer (Eds.), *Short-term play therapy for children* (pp. 245–272). New York: Guilford Press.

Lawrence, B. (2003). Saying goodbye: Breaking the links on a chain. In H. G. Kaduson & C. E. Schaefer (Eds.), *101 favorite play therapy techniques* (Vol. 3, pp. 413–416). Lanham, MD: Jason Aronson.

Norton, M., & Gino, F. (2014). Rituals alleviate grieving for loved ones, lovers and lotteries. *Journal of Experimental Psychology General, 143*(1), 266–272.

Pehrsson, D. E. (2003). The creative clean-up technique. In H. G. Kaduson & C. E. Schaefer (Eds.), *101 favorite play therapy techniques* (Vol. 3, pp. 413–416). Lanham, MD: Jason Aronson.

Shelby, J. (1996, July). *Post-traumatic play therapy for survivors of acute abuse and community violence.* Paper presented at the 11th annual Summer Play Therapy Seminar, Hackensack, NJ.

國家圖書館出版品預行編目（CIP）資料

遊戲治療必備技術：經過時間考驗的方法／
Charles E. Schaefer, Donna Cangelosi 著；
陳信昭等合譯. -- 初版. -- 新北市：心理, 2019.12
面；　公分. --（心理治療系列；22171）
譯自：Essential play therapy techniques : time-tested
approaches
ISBN 978-986-191-893-8（平裝）

1.遊戲治療　2.兒童心理學

178.8　　　　　　　　　　　　　　　　108020130

心理治療系列 22171

遊戲治療必備技術：經過時間考驗的方法

作　　者：Charles E. Schaefer、Donna Cangelosi
策　　畫：自然就好心理諮商所
總 校 閱：陳信昭、陳碧玲
譯　　者：陳信昭、王璇璣、蔡翊楦、謝秋雯、蔡若玫、陳碧玲
執行編輯：高碧嶸
總 編 輯：林敬堯
發 行 人：洪有義
出 版 者：心理出版社股份有限公司
地　　址：231 新北市新店區光明街 288 號 7 樓
電　　話：(02) 29150566
傳　　真：(02) 29152928
郵撥帳號：19293172　心理出版社股份有限公司
網　　址：http://www.psy.com.tw
電子信箱：psychoco@ms15.hinet.net
駐美代表：Lisa Wu（lisawu99@optonline.net）
排 版 者：辰皓國際出版製作有限公司
印 刷 者：辰皓國際出版製作有限公司
初版一刷：2019 年 12 月
I S B N：978-986-191-893-8
定　　價：新台幣 420 元